過去をきちんと過去にする
EMDRのテクニックでトラウマから自由になる方法

フランシーン・シャピロ 著

市井雅哉 監訳

GETTING PAST YOUR PAST

TAKE CONTROL of YOUR LIFE with SELF-HELP TECHNIQUES from EMDR THERAPY

二瓶社

GETTING PAST YOUR PAST:
TAKE CONTROL of
YOUR LIFE with
SELF-HELP TECHNIQUES
from EMDR THERAPY
by FRANCINE SHAPIRO, PhD
Copyright © 2012 by Francine Shapiro, PhD.
Published by arrangement with RODALE INC., Emmaus, PA, U.S.A
through Tuttle-Mori Agency, Inc., Tokyo.

愛する夫、ボブ・ウェルチに捧げる

賛　辞

「フランシーン・シャピロ氏によるEMDRの発見は、心理療法の歴史における、最も重要な出来事のひとつである。過去15年間、治療に使用してきたが、私と多くの患者は、それが奥深くから、しかも短時間で心と脳の治癒と変化を可能にし、何十年間も悩んできた身体的症状やトラウマでさえ癒すことに未だに驚いている。本書は、精神的治癒がどのように生じるかを理解する第一歩として最適な本であり、誇張ではないかと思うほど劇的に変化した人々の症例を豊富に紹介している。それらは誇張ではない。本書は、熟練したセラピストがトラウマの分野で何十年も努力を重ねてきた成果であり、わかりやすく、真剣、有用であるとともに、すでに何百万人も助けてきたトラウマ治療方法を読者と共有するものである」

―― ノーマン・ドイジ医学博士
『脳は奇跡を起こす』著者（2008, 講談社インターナショナル）
(編注：『脳はいかに治癒をもたらすか―神経可塑性研究の最前線』著, 2016, 紀伊國屋書店)

「フランシーン・シャピロ氏は、世界の多くの人々に、人生を変えるほどの贈り物をした。彼女は、大小さまざまなトラウマが人々にもたらす苦痛を癒す方法を、科学に基づいて厳密に確立したのである。人間の体験は、相互に結び付いた神経パターンのネットワークに記憶され、後になってから融通の利かない思考、感情、行動の原因となり、心の牢獄を作り出す場合がある。そうなると、人間は、常に自動的に動き、自分では変えられないと思い込む。しかし、心の集中のさせ方によっては、脳そのものの構造を変化させることができる。重要なのは、どのように意識を利用し、この重要な治癒を起こすかである。本書は、症例の紹介と明確な説明により、強力かつ実用的な手順を手ほどきしてくれる優れたガイドである。これらの手順は、文字通り何百万もの人々の治療から導かれたものであり、トラウマを人生における勝利に変えるものである。愛する人と一緒に、本書を使ってみてほしい……まずは自分から！」

―― ダニエル・J・シーゲル医学博士
カリフォルニア大学ロサンゼルス校医学部精神医学臨床教授
『The Developing Brain and Mindsight』 **著者**

「実在の人々、実際の体験談、心が受けた過去の傷やトラウマに対する本当の癒し！　シャピロ博士は、本書で、EMDR療法に基づき、心の癒しを促進する数々の自助テクニックを紹介している。これらは、何千人もの臨床家に利用され、有効性が実証されている。彼女の真実の物語は、強いストレス、苦痛、衝撃を味わった体験が、どれほど人生に影響を与え、可能性を閉ざすか、そして、それを変え、解決することも可能であることを示している。専門家でない人にとって、まさに目が開く一冊！」

―― ルース・コルヴィン
米国大統領自由勲章受賞者
ProLiteracy 共同設立者

「私は、恐ろしいパニック障害を治してくれたフランシーン・シャピロ氏とEMDR療法に永遠に借りがある。今後、苦しむ人々は、この画期的な本を読み、不快な記憶をどうすれば再処理できるかを理解できるだろう。人生は恐怖ではなく、喜びに満ちたものになりうる。過去ではなく、現在に生きることが可能になるのである」

―― プリシラ・ワーナー
『Learning to Breathe』著者
『The Faith Club』共著者

「フランシーン・シャピロ博士は、心と身体の深い結び付きを発見し、だれもが治る可能性があることを発見した。バランスと生気を取り戻す人間の動的な性質を描いた本書は、有効な治療方法が存在し、すばらしい効果を上げていることを思い出させてくれる」

―― スティーブン・レヴァイン、オンドレア・レヴァイン
『Who Dies?: An Investigation of Conscious Living and Conscious Dying』著者

「本書で、EMDRの創始者であり、心理療法における革新の第一人者であるフランシーン・シャピロ博士は、過去の出来事から自由になれず、行き詰ってしまった人のために、自身の画期的なメソッドに基づく実用的なアドバイスを提供している。とても読みやすく、心理療法関係者だけに限らず、助けを必要としている人たちにとってすばらしいリソースである。過去がどのように記憶ネットワークに保存され、

賛　辞

世界に対する認識に影響を与えるかを理解したい人にとって貴重な本であり、成長するための実用的な方法も提案している」

　　　　　　　　　　　　　── ジェフリー・J・マグナヴィタ博士
　　　　　　　　　　　　　　　アメリカ専門心理学委員会（ABPP）
　　　　　　　　　アメリカ心理学会（APA）心理療法部門元責任者
　　　　　　　　　　　　　　Unified Psychotherapy Project 設立者

「フランシーン・シャピロ氏が本書を書いてくれたことをうれしく思う。この本は、わかりやすく、実用的であり、人々の人生を変え、現在の暮らしを楽しむ手助けとなるだろう。EMDR は、過去の心の傷を癒す非常に有効な療法である」

　　　　　　　　　　　　　── ベッセル・ヴァン・ダー・コーク医学博士
　　　　　　　　Justice Resource Institute トラウマセンター医学責任者
　　　　　　　　　　　　　　　複雑性心的外傷治療ネットワーク責任者
　　　　　　　　　　　　　　　　　　ボストン大学医学部精神医学教授

「本書は、トラウマなどさまざまな動揺が人間の可能性をどれほど阻害するか、そして、どうすれば自分の不安に対処できるかを理解する上で、強力な情報を提供してくれる。読者は、厳選された症例を通じてクライエントの奥深い体験を共有し、彼らが記憶に起因する自動的な感情を取り除き、自律した安全な人生を歩む転機となった EMDR 治療の手順について学ぶことができる」

　　　　　　　　　　　　　── スティーブン・W・ポージェス博士
　　イリノイ大学シカゴ校精神医学教授およびブレイン・ボディ・センター長
『The Polyvagal Theory: Neurophysiological Foundations of
Emotions, Attachment, Communication, and Self-Regulation』著者

「フランシーン・シャピロ氏は、本書で、自身の革新的な療法である EMDR を広く紹介し、EMDR 療法の考え方や方針を多くの人々に提供している。EMDR 療法を自助テクニックに応用することは、トラウマ治療をすべての人に提供するというシャピロ氏の取り組みを一歩前進させるものである。セラピストにとっても、クライエントにとっても、そして、辛い体験の後遺症に悩みつつも正式な治療に踏み切れずにいる多くの人にとっても、貴重な情報源となるだろう」

　　　　　　　　　　　　　── ローラ・S・ブラウン博士
　　　　　　　　　　　　　　　アメリカ専門心理学委員会（ABPP）

アメリカ心理学会（APA）心理学部門元責任者
Fremont Community Therapy Project 責任者

「精神的な障害物に悩み続け、悪い相手と付き合ってばかりいる人はいないだろうか？　未処理の記憶は問題となりうる……そして EMDR はその問題への解答となるかもしれない。EMDR は、有効性が高く、科学的に実証された治療法であり、すでに何百万人もが EMDR によって自由を取り戻している。本書で、フランシーン・シャピロ氏は、自身の実用的なメソッドを初めて一般に公開した。最高のハウツー本である」

―― ジェフリー・K・ザイク博士
ミルトン・エリクソン財団責任者
Evolution of Psychotherapy（21 世紀の心理療法）会議責任者
（編注：『ミルトン・エリクソンの心理療法－出会いの三日間』著, 1993, 二瓶社
『ミルトン・H・エリクソン書簡集』編, 2008, 二瓶社）

「このハウツー本は、多くの人に、未来への希望を抱かせるだろう。EMDR によって、世界は初めて、トラウマの苦痛に対処する治療法を得た。EMDR は、科学的に有効性が実証され、短時間、低コストで、状況や文化的背景にかかわらず、広く応用可能な療法である。人間、そして世界の未来は、フランシーン・シャピロ氏による EMDR 発見のおかげで大幅に明るく見える」

―― ロルフ・C・カリエ
元国連開発専門家
アジア5カ国における UNICEF 代表

謝　辞

　本書は、数十年にわたる旅の成果だが、すばらしい夫、ボブ・ウェルチと、友人であり仕事仲間でもあるロビー・ダントン氏の温かいサポートのおかげで楽しい道のりだった。本書の出版にあたっては、まずスーザン・ゴラント氏に感謝したい。本書が無事に完成したのは、彼女の編集の腕が光となり、多くの作業における手助けが星となって導いてくれたおかげである。出版元であるロデールの編集者、シャノン・ウェルチ氏は、機敏に提案をし、マリー・クルーシラット氏、エイミー・キング氏という有能なスタッフとともに慎重に制作工程を進めてくれた。私のエージェントであるスザンヌ・グラック氏の効果的な指導とサポートにも心より感謝したい。また、コンピュータを危機から救い、技術的に手助けしてくれたデル・ポッター氏にもお礼を申し上げる。

　本書の執筆には、多数の研究者と臨床家が関与した。過去何年にもわたる彼らの貢献は、高い評価に値する。EMDRとREM睡眠の関係についてのロバート・スティックゴールド氏の思慮深い出版物と、本書における神経生物学の記述に関する貴重なアドバイスに感謝したい。ダニエル・シーゲル氏の貴重なアドバイスと、対人関係神経生物学の分野における先駆的な研究に感謝する。詳細な事例に貢献し、各専門分野の記述やアドバイスに力を尽くしてくれたホープ・ペイソン氏、ディーニー・ラリオティス氏、ジェニファー・レンドル氏、スーザン・ブラウン氏、トニー・マドリッド氏、ロナルド・リッチ氏にも感謝している。アド・デ・ジョン氏、スティーブン・シルバー氏、デボラ・ウェッセルマン氏、レノア・ウォーカー氏、ジュリー・ストワッサー氏は、専門知識を共有してくれ、具体的な章の読者としてアドバイスしてくれた。心よりお礼を申し上げる。

　さらに、ディーニー・ラリオティス氏とパティ・レヴィン氏は、途中のさまざまな段階で原稿全体を読み、臨床の観点から思慮深い助言をくれた。チャーリー・ヒット氏、ロビン・ロビン氏、ジェーン・シューラーレップ氏、ジョン・リンダーマン氏、ブライアン・ティッペン氏、クリスティーナ・ピーターソン氏は、非専門家の観点から各章を読み、本書が「ユーザーフレンドリー」であることを確認してくれ

た。心より感謝したい。また、漂い戻りのテクニックについてはシンシア・ブラウニング氏、4つのエレメントについてはイラン・シャピロ氏、バタフライハグの考案についてはルーシー・アルティガス氏とイグナシオ・ジャレロ氏に、独立した立場から専門的な貢献をしていただいた。30年以上前に光の流れのテクニックを教えてくれたスティーブン・レヴァイン氏とオンドレア・レヴァイン氏には、個人的にもお礼を申し上げたい。

　過去25年間にわたり、人々の苦しみを軽減することに人生を捧げる臨床家や研究者のグループが成長し、その一員であったことは、私の誇りである。私はその何人かに、脳の情報処理メカニズムと「心の構造」について自分たちが学んだことを、一般市民に説明する手助けをしてくれないかと頼んだ。彼らとそのクライエントは喜んで頼みを聞き入れ、世界中から事例を提供してくれた。それらを読むと、人間の症状が世界共通であるだけでなく、人間の精神がどんなに大きな障害にも何度も打ち勝っていることがわかり、私は非常にうれしく思った。そのような事例を提供してくれた方々に、心からお礼を申し上げたい。それらが実際に本に取り上げられたかどうかは、ひとつの例から別の例へと自然に流れていく執筆過程上の問題にすぎない。しかし私にとっては、すべての事例がすばらしいアイデアの源であり、なぜ自分たちがこの取り組みを続けているかを切実に思い出させてくれた。このことについて、私は生涯感謝を忘れないだろう。以下にお礼を申し上げたい方々の氏名を列記する。名前が漏れている方があれば、どうか許していただきたい。そして、私に知らせてほしい。

ジョージ・アボット	ルシナ・アルティガス・ディアス	ウェンディ・フライターグ
ロビー・アドラーテイピア	ユリア・ディレスキア	アイリーン・ガイゼル
ケイティー・アサートン	マーク・ドヴォルキン	デニース・ゲリナス
ウリ・バーグマン	ナンシー・エレボ	サラ・ギルマン
スーザン・ブラウン	イサベル・フェルナンデス	アナ・ゴメス
シェリル・クレイトン	エリー・フィールズ	バーブ・ヘンスリー
スーザン・カリー	キャロル・フォーガッシュ	シーマ・ヒンゴラニ
キャシー・デイヴィス	カレン・フォルテ	アーネ・ホフマン
アド・デ・ジョン	サンドラ・フォスター	E・C・ハーリー

謝　辞

マイク・ジェイムソン	クリスティン・マックイルワイン	ジェンス・シュナイダー
イグナシオ・ジャレロ	スシュマ・メーロトラ	カレン・シュアマンズ
アン・カフォウリ	リースベス・メヴィッセン	キャロリン・セトル
ロイ・キースリング	エディス・タボール・ムーア	イラン・シャピロ
ドーン・キンブラール	ジョアン・モリス・スミス	ヴァレリー・シーハン
フランキー・クラフ	ケイティ・マレイ	ジョセリン・シロモト
ジェイムズ・クナイプ	ウディ・オレン	ミッチェル・シルヴェスター
ナンシー・クヌードセン	エレイン・オートマン	グレッグ・スミス
シンシア・コン	バーバラ・パレット	ウテ・ソダーマン
デボラ・コーン	ホープ・ペイソン	ロジャー・ソロモン
レニ・クスマワルドハニ	バイロン・パーキンス	ジョン・スペクター
ディーニー・ラリオティス	A・J・ポプキー	シント・スキルナ
エレン・レイテンスタイン	アン・ポッター	カジャ・タヒル
ロクサン・リー	ジャリ・プレストン	ロザリー・トーマス
ジェニファー・レンドル	ジェラルド・プク	ローラ・トファニ
パティ・レヴィン	ゲイリー・クイン	リンダ・ヴァンダーラーン
マリリン・ルパー	モワダット・ラナ	デボラ・ウェッセルマン
トニー・マドリッド	ロン・リッチ	キャスリーン・ウィーラー
ジェフ・マグナヴィタ	モーディー・リシー	マーシャル・ウィレンスキー
スティーブン・マーカス	ジゼラ・ロス	クリスティン・ウィルソン
ナンシー・マーギュリー	カート・ルアンゾイン	ベネット・ウォルパー
ジェリ・マーロウ	リンダ・ラフ	ジャネット・ライト
プリシラ・マーキス	マーク・ラッセル	キャロル・ヨーク
ヘルガ・マテス	ゲイリー・スカボロー	モナ・ザグホルート
テレーズ・マックゴールドリック	ゾナ・シャイナー	アル・ズビック

CONTENTS

賛　辞　v
謝　辞　ix

Chapter 1：自動的な反応 ───── 1
苦痛の理由／無意識の心とは？／だれもが当事者／なぜ私が？／本書の目的

Chapter 2：心、脳、そして重要な何か ───── 15
時間がすべての傷を癒さない理由／行動計画／EMDR療法／EMDRが作用する理由／EMDRが記憶の処理を促す仕組み／人格と記憶処理／ネットワークが衝突するとき／自分とは何か

Chapter 3：気候？ それとも天気？ ───── 35
自分の中には何がある？／行き詰まり／バランスを維持する／一般的な苦痛の種／藪の中のヘビ／自動運転

Chapter 4：何が人間を動かすのか？ ───── 57
閉じ込められた箱の中／重要なのは子ども時代だけ？／試金石記憶を見つける／否定的認知／否定的認知を特定する／記憶を特定する／そこでどうする？／TICESログ

Chapter 5：隠れた風景 ───── 77
絆づくりと愛着／物理的な分離／感情的な分離／波長の違い／転落防止ネットを広げる／再び否定的認知について／自己探求／自己ケア

Chapter 6：できればしたいけれど、できない ───── 97
やはり両親？／とにかく安全ではない／トラウマの中のトラウマ／なぜ選べないのか？／自己探求／選ぶことを選ぶ／「安全／穏やかな場所」の各種テクニック

Chapter 7：脳、身体、心の結び付き ───── 123
やめて、殺さないで／過去の重荷／何も感じない／割れた鏡／どこかが悪いに違いない／自己探求／光の流れのテクニック

Chapter 8：私に何を望むの？ ───── 147
傷だらけのニーズ／空洞を埋める／破壊のダンス／持つ者、持たぬ者／あなたが悪い、私は腹が立つ／人間関係に関する最後のアドバイス／自己探求

Chapter 9：全体の一部 ───── 177
どのように始まる？／私は支配されている／仮面をかぶる／苦痛に満ちた家／性的虐待者／それが重要である理由

Chapter10：ストレス下から健全以上へ ───── 205
最大限のストレス下で／自己探求／ストレスを軽減する4つのエレメント／失敗から自由へ／勝つことを学ぶ／生き残りから成功へ

Chapter11：現実に役立てる ───── 229
人間のつながり／すばらしい平衡装置／ひとりではない／人生を満喫する

付録A ───── 251
用語集と自助テクニック／誘導視覚化と瞑想用の音声録音

付録B ───── 255
セラピストの選択／EMDR療法とトレーニングに関する情報／EMDR人道的支援プログラム（HAP）

付録C ───── 261
EMDR：トラウマ（心的外傷）研究の結果と参考資料／作用メカニズム

付録D ───── 267
主な参考文献

索　引　　287
監訳者あとがき　　293

Chapter. 1
自動的な反応

- 美しくて賢い女性が間違った男を選び続け、男が別れようとすると身を投げ出し、脚にすがりついて引き止めようとするのは、なぜだろう？
- ベンは優秀なビジネスマン。プレゼンのときに、いつも不安に陥るのはなぜだろう？
- ステーシーは、絶え間ない不安感、見捨てられる恐怖、摂食障害の理由を知ろうと、セラピストを何回も変えている。何よりも奇妙なのは、赤い色とキャンドルのイメージが繰り返し見えることだ。意味はわからないのだが、記憶にある限り、ずっと前から続いている。

興味深いことに、彼らの問題は脳の機能に関係があり、簡単に説明できる。本書では、苦痛の理由と対処方法を探ってみよう。

苦痛の理由

実際、だれでも苦痛を味わうことはある。自分にとってうれしくない状況は、常に起こっていると言ってもいい。しかし、その体験が終わって長い時間が過ぎても痛みを感じ続けるのは、脳の配線が心に影響を与えるためである。それを理解するために、次の実験をしてみよう。以下の文章を読んで、最初に何を思いつくか考えてみてほしい。

バラは赤い

たいていの人は「スミレは青い」と思っただろう。米国生まれの人にとっては、膝蓋腱反射に等しい。心理的な反応が身体的反応に基づ

くことを考えれば、これは重要な概念である。脳は、身体の他の部分と同様に反応するようプログラムされている。年齢や性別に関係なく、所定の方法で膝を叩けば、足がぴょこんと上がる。同様に、自分がどう意図しようと、心も自動的に反応する。例えば、前述のバラが出てくるマザーグースの詩を最後に聞いたのは、いつだろうか？ 覚えたのは、おそらく子どもの頃だろう。だから、今、小さな子どもが家にいないなら、何年も昔ということになる。それでも反射的に思いついた。このような自動的な反応は便利であり、人間の心のすばらしい力を証明しているが、常に自分に有利に働くとは限らない。

　マザーグースの詩には続きがある。「スミレは青い」の次を思い出してほしい。「砂糖は甘く、あなたも甘い」。優しい感情、それが自動的に心に沸き起こる。しかし、ご存じのように、砂糖は確かに甘くても、人間はもっと複雑である。甘くて、酸っぱくて、ありとあらゆる味がする。怒り、悲しみ、嫉妬、苦い思い、心痛、不安、喜び、優しさを味わったことのない人はいない。そして、その感情に従って行動する。あるときは相手を愛しく思い、キスの雨を降らせる。翌日には同じ相手に怒りを爆発させ、わめきちらすかもしれない。だから基本的に、成長過程で学んだことには真実もあるが、他の子ども時代の経験と同様、真実でないこともあるのだ。子どもの頃は判断がつかず、いじめや拒絶を受けると自分が劣っていると考えたり、両親の離婚は自分のせいだと考えたりする。実は勘違いであるにもかかわらず、そのような体験が生涯にわたって、自分の意識と無関係な自動的な反応をもたらすことがある。

　生涯におけるすべての体験は、人間の内的世界を構築し、あらゆるものや人に対する反応を決める。何かを「学ぶ」と、その体験が「ニューロン」と呼ばれる脳細胞のネットワークに物理的に保存されるのだ。このネットワークが形成する無意識が、周囲の世界に対する脳の解釈を決定し、感情を支配する。記憶には何年も前の体験も含まれ、意識では、それが影響を与えていることに気付かない場合もある。しかし、記憶は脳に物理的に保存されているため、「バラは赤い」を見ると勝手に出てきてしまい、新しい状況に出会ったときには勝手に視界に色を付けてしまう。だから事実に反して自分に魅力がないと思ったり、みんなが喜んでいるのに落ち込んだりする。あるいは、だれか

が自分から去ると悲嘆に暮れる。意識では、相手がひどい人間で、関係を続けていくことが大きな間違いだとわかっているのに。基本的に、幸福を妨げる感情や行動は、無意識を形成する記憶システムに由来することが多い。

1ページの最初の事例を考えてみよう。

・美しくて賢い女性が間違った男を選び続け、男が別れようとすると身を投げ出し、脚にすがりついて引き止めようとするのは、なぜだろう？

ジャスティンは、難なくボーイフレンドを見つけることができる。しかし、問題は関係を維持することだ。25歳の今まで、彼女は概して情の薄い「トゲのある」男を選んできた。そして関係を持つと男に付きまとい、最終的には男が別れを持ち出す。そうなると彼女はヒステリックに泣き叫び、ひざまずいて男の脚を抱え、別れないでほしいと懇願する。治療の結果、この原因は6歳のときの体験にあることがわかった。彼女は両親と一緒に二階建ての家に住んでいたが、ある日曜日の夜、ひどい雷と嵐があった。彼女は二階の寝室で震えあがり、泣いて両親を呼んだ。しかし、その声は嵐にかき消され、一階の台所にいた父母に届かなかった。両親は助けに来ることなく、彼女は泣きながら眠ってしまった。

こんなに平凡なことが、どうして問題になるのだろう？　子どもの頃に大きな嵐を経験する人はたくさんいるが、それに長年悩まされる人はごく一部である。この詳しい理由については、後の章で述べる。とりあえず、現在の否定的な（悲観的な、悪い、嫌な）反応や行動が、過去の記憶に起因する場合があることを知れば十分である。このような記憶は「未処理」であると定義される。つまり、過去に体験した感情、身体的な感覚、考えを維持したまま、脳に保存されているのだ。嵐の夜、子どもだったジャスティンはひどく怯え、自分が危険な状態にあると考えた。泣いたときに両親が来なかったことも、本当に必要なときに見捨てられるという感情を与えた。この6歳のときの記憶が、強い恐怖とともに脳に保存され、ボーイフレンドと別れるときになると刺激されるのだ。そうなると、もはや賢く成熟した25歳ではなく、

暗闇に取り残されて怖がっている幼い少女になってしまう。嵐と別れは、どちらもひとりぼっちになる、見捨てられるという感情でつながっている。だから彼女は無意識に、別れを「危険な状態」と捉えるのである。

このようなつながりは、だれにでも、どこにでもある。自分の中の、あるいは周囲の人に対する好き嫌いは、すべてそのつながりに起因すると言っていい。これは、世界を理解するための脳の働きのひとつなのだ。しかし、記憶のつながりを特定することは、考え方、行動、あるいは感情を変える出発点にすぎない。重要なのは、原因だけでなく、どうすればいいかを知ることである。本書では、個人的な問題や人間関係上の問題の根底にある記憶を特定する方法、その記憶を自分で管理する方法、そして専門家の助けを求めたほうがいいかどうかを判断する方法について述べたい。

心の働き、すなわち人間の意識を形成している複雑なつながりについても検討する。これについては、眼球運動による脱感作と再処理法（EMDR）と呼ばれる治療方法を実践する世界7万人以上のセラピストの何人かが寄稿してくれた。過去20年間で、この療法に助けられた人々は何百万人にものぼる。本書では、彼らの詳細な報告を紹介し、変化のプロセスの謎を解き明かしたい。研究では、たった1回のEMDR再処理セッションでも、大きな変化が起こり得ることが証明されている。クライエントの報告は「脳をのぞく窓」である。彼らの作ったつながりが、人間が多様な形で世界に反応する理由について、多くの疑問に答えてくれるからである。

EMDR療法は、否定的な感情、感覚、考えを伴う未処理の記憶をターゲットとする。脳の情報処理システム（Chapter.2で説明する）を活性化し、古い記憶を「消化」する。役に立つ意味は学習し、役立たないものは捨て、無害な形で記憶を保存しなおす。例えば、ジャスティンを治療したセラピストは、嵐と、それに伴う孤独で危険だという感情に集中した。嵐の記憶を処理すると、子ども時代の恐怖という感覚が消え、安全だという感情、自分は大人なのだから自分の面倒を見られるという考えが生まれた。同時に、恋人の問題も解決した。新しい自己意識のおかげで恋愛の仕方が変わったからである。もちろん、もしジャスティンの両親が日常的に虐待や育児放棄をしていたのなら、

もっと多くの記憶を処理しなければならなかっただろう。しかし、記憶の数に関係なく、EMDR療法では基本的に人の「無意識の」心に入り込むことにより、短時間の再処理を通じて理解を促したり、つながりや変化を生じさせたりする。

無意識の心とは？

無意識というと、多くの人は精神分析や、フロイト学派の心的葛藤を踏まえた映画、象徴的な夢やしぐさを思い起こすだろう。精神分析的な観点から言えば、見えない力を理解し、支配できるようになるには、通常何年ものトークセラピーと「克服」が必要である。このような治療は、すばらしい価値を発揮することがある。しかし、フロイトが初めて精神分析学の論文を発表したのは1900年であり、それから多くのことが変わった。過去1世紀の間、神経生物学は大きく進歩し、そのような「力」が具体的に何なのかの理解が深まった。本書で扱う無意識に対する調査は、脳自体の仕組みに基づいている。人間の体験が物理的な土台となり、感情的、身体的反応を引き起こす仕組みを理解することで、どのように「行き詰まり」や反射的な精神反応が生じ、どう対処すればいいかを判断するのである。

例えば、2番目の事例について考えよう。

・ベンは優秀なビジネスマン。プレゼンのときに、いつも不安に陥るのはなぜだろう？

以下に彼の言葉を紹介しよう。
「僕が覚えている限り、集団の前で何かを発表するときには、いつも不安を持っていた。手のひらは汗でべとべと、声は裏返り、心臓はドキドキ。『僕はバカだ。こんなのできない。みんなに嫌われてしまう』という考えが浮かぶ。生命が危険にさらされているように感じることもある。とんでもなく聞こえるかもしれないが、本当にそうなんだ。学校に行っているときは、当然ながら、みんなの前で発表しなければならないことがよくあった。社会人になってからも同じだ。どうにかやってきたが、楽しいとは言えない。発表の前も後もひどい気

分で、家族の前で何度も何度も練習した。家族はうんざりしていたよ。どれだけやっても、この問題は治りそうになかった。いろんな心理療法も試した。少しましになることもあったけれど、やっぱりまた襲ってくるんだ」

ベンはEMDR療法を始め、本書で紹介するさまざまな手順で問題の原因を特定し、反応を変えようと試みた。彼が発見したのは、以下のことである。「原因は、3歳半くらいのときの出来事だった。ノースカロライナ西部にある祖父の農場を祖父と一緒に歩いていた。僕はとても小さくて、祖父を見上げていた記憶がある。祖父を相手に延々とおしゃべりをしたのを覚えていないが、家族の話ではそうらしい。すると、道で知らない男に会った。年を取っていて、腰をかがめて、怒ったような顔つきで、鼻毛がたくさんあった。男は僕の祖父に向かってひどい南部訛りで言った。『よう、ワシにこんなにしゃべるガキがいたら、川に沈めてやるわい』僕は、祖父の脚に隠れ、男の鼻を見上げながら黙った。要らない子ネコが、本当に『川に沈められる』ことは知っていた。だから、知らない人の前でおしゃべりをするのは安全ではないと思った」

つまり、この幼少期の恐怖が問題の出発点だった。脳に保存された記憶が、失敗のお膳立てをする。「僕は、小学校3年生のとき、大好きなニーナー先生の前で初めて読書発表をすることになった。ニーナー先生は、新任で、若くて、きれいな女の先生だった。僕は先生が好きで、頑張って原稿を3枚も書いたことを自慢に思っていた。僕にはどもりの癖もあったが、それは6カ月ほど続いただけで、始まったときと同様、魔法のように消えてしまった。両親は上手に対処していて、僕はどもりを自分で気にしているとは思っていなかった。僕は、先生が褒めてくれて、クラスの前で僕のレポートがすばらしいと言ってくれると夢想していた。ところが先生は、発表の間、ずっと教室の後ろで笑い続けていたんだ。発表が進むにつれ、どもりはひどくなり、僕は自分がバカだと思った。そして2年後、学校で劇があって、僕は土壇場になって役をもらった。第1幕のど真ん中で、僕はセリフを忘れた。舞台の上で凍ってしまったんだ。『みんなに嫌われる。僕が劇を台無しにした。僕はバカだ』と思った」

40年経っても、ベンが仕事でプレゼンをするときに同じ考えを持

っていたことに注目してほしい。「僕はバカだ。こんなことできない。みんなに嫌われてしまう」EMDR療法を受ける前、ベンは自分がなぜそのように感じるのか見当がつかなかった。祖父の農場のことも、読書発表や学校の劇のことも、視覚的なイメージはないのに、そのときの感情と考えだけがよみがえる。これは、外的な「刺激」に対する自動的な反応であり、「バラは赤い」から「スミレは青い」と連想するのと同じである。

　真空状態では何も存在しない。非合理的に思える反応は、まさにその通りであることが多い。しかし、非合理的だからといって理由がないわけではない。脳の中で、合理的な心が支配していない部分から反応が生じているということなのだ。高度な論理的思考能力の影響を受けない記憶ネットワーク内の神経的な連想から、人間の感情を左右する自動的な反応が生じている。だから、後で後悔するとわかっていることをしたり、間違った相手に惹かれたり、くだらないと思っている人の言葉で傷ついたり、あるいは理由もなく愛する者を怒鳴りつけたり、取るに足らないことで落ち込んで立ち直れなかったりして、自分でも驚くのである。これは、非合理的なことだが、理解は可能であり、修正もできる。遺伝の影響もあるが、一般に苦痛の根本は、過去の体験がどのように脳に保存されたかにあるのであり、それは変更できる。また、楽しく適切に保存された記憶は、喜びと精神的な健康の土台となる。脳と記憶の仕組みについては、後で詳しく検討しよう。

だれもが当事者

　人間はだれでも、苦しみと幸福、病気と健康を繰り返し、家族の問題に悩んだり、家族の援助や愛情を喜んだりしている。私たちがこれまでに扱った体験も、子ども時代の屈辱、失敗、拒絶、口論などの日常的なものから、大事故、身体的、性的、感情的な虐待、戦争、自然災害など、心的外傷後ストレス障害（PTSD）の診断を要する大きな出来事までさまざまだった。PTSDと診断されるには、侵入思考、悪夢や反復夢などの睡眠障害、不安のほか、危険を極端に警戒し、大きな音で飛び上がってしまう「過覚醒」、あるいは感情がなくなり、人と関係を持てないと感じる「無感覚」などの症状がなければならない。

出来事を思い出させるものを避けようとするが、結局、そのことを考えてしまうという人もいる。

　PTSDを持つ人の脳には、否定的な体験が非常に厄介な形で保存されている。だから、PTSDを持つ退役軍人が、イラクやアフガニスタンで起こった3年前の出来事を思い出すときは、当時の考えやイメージとともに、それを身体で感じるのである。ベトナム戦争に従軍した兵士が、30年以上前の出来事を思い出す場合も、同じである。何度も従軍し、多くの死者を見てきた海兵隊員が、たった1人の死に悩まされることもある。そのことを思うと、当時と同じ絶望感、痛み、悲しみ、怒りを感じ、その感情を持ったまま周囲に接してしまう。

　同様に、1年前にレイプされた人も、50年前に性的虐待を受けた人も、PTSDになれば過去は現在に等しい。そのことを思い出すと、同じことが再び起こっているように感じたり、特定の人や場所に近づくと恐怖や不安を感じたりする。しかし、どれほど前に起こったことでも、症状がどれほど続いていても、永久的に続く必要はない。そのことは研究で証明されている。さらに重要なこととして、PTSDと正式に診断されるには強盗や暴力などの目立ったトラウマ（心的外傷）が必要なのに対し、近年の多くの研究で、人間関係の問題や失業といった日常的な出来事も、場合によってはそれと同じくらい、あるいはそれ以上にPTSDの症状を生じることが証明されている。

　これは、私たち全員にとって重要な意味を持つ。出来事の種類にも、症状にも、明確な区別はない。PTSDに苦しむ人と同様、だれでも、不安や恐怖を感じたり、臆病になったり、他人に心を閉ざしたりした経験がある。頭を離れない考え、罪悪感、安眠を妨げる夢もある。そのような反応は現在の状況に起因することもあり、よく検討した上で、対処するための情報を得る必要がある。状況が変われば、症状が勝手になくなる人もいる。しかし多くの人の場合、そのような感情は頻繁に、あるいは明らかな理由なしに襲ってくる。これは、心のどこかに原因となる未処理の記憶がある兆候である。未処理の記憶は特定され、処置される。だから、自分を悩ませる持続的で否定的な感情、考え、行動が何であれ、決してそれは苦痛の原因ではなく、「症状」だということを覚えておいてもらいたい。原因はおそらく記憶である。記憶は、否定的な症状、精神的健康のどちらの原因ともなる。違いは、

記憶がどのように脳に保存されたかである。未処理であれば、私たちは過剰に反応したり、自分や周囲を傷つける行動を取りかねない。「処理」されれば、自分にも愛する人たちにも彼らを大切にするように反応することができる。

なぜ私が？

　面倒見の悪い、あるいは虐待的な両親に育てられた人は、どのような体験が問題を引き起こすのか、だいたい見当がつく。逆に、荒れた家庭やめちゃくちゃな子ども時代の話を読んで、「自分は違う。私は良い家族を持ったのだから、こんなふうに感じる理由はない」と思う人もいるだろう。しかし、子どものためを思い、熱心に面倒を見る親に育てられたにもかかわらず、理解できない症状や苦痛に襲われる人もいる。セラピストが記憶の作用について明確に把握していなければ、治療で答を探そうとして行き詰まってしまうこともある。

　例えば、3番目の例を考えてみよう。

- ステーシーは、なぜ絶え間ない不安感、見捨てられる恐怖、摂食障害に悩まされるのだろう？　何よりも奇妙なのは、赤い色とキャンドルのイメージが繰り返し見えることだ。意味はわからないのだが、記憶にある限り、ずっと前から続いている。

　ステーシーは、何年もセラピストを渡り歩いている。治療法は100種類以上あり、それぞれのセラピストが個人的な見解に応じて治療方法を変える。適切な治療や適切なセラピストがなかなか見つからない場合がある。また、臨床的症状が複雑な場合もある。幼少期の出来事があまりに強烈な場合、脳の自然な処理能力を完全に圧倒してしまい、脳にまったく保存されないか、完全に消し去られ、本人がその出来事を思い出せないからである。それは、ステーシーの問題のひとつだった。何年も治療に通い、症状の改善がほとんどないまま、彼女はひとりのセラピストを訪れた。彼もさまざまな手段を使ったが、やはり結果は得られなかった。ステーシーは、原因に心当たりがないにもかかわらず、見捨てられることに対する恐怖、人と親密になれない問題、

摂食上の問題、パニックと不安を抱えていたため、セラピストは「あなたの話を聞く限り、性的虐待を受けたように思える」と言った。さらに、赤い色とキャンドルのイメージが反復することから、悪魔崇拝に見られるような儀式的な虐待だったかもしれないと言った。意外ではないが、これは彼女の不安を一層悪化させた。セラピストたちは２年間、彼女の身の上話を綿密に調べたが、儀式的虐待の記憶を見つけることはできなかった。

　問題の解決されないステーシーは、別のセラピストを訪れ、EMDRを知った。ステーシーが自分の恐れ、不安、見捨てられるという恐怖、摂食障害につながると意識的に感じる出来事を何も思い出せないことから、セラピストはその記憶を最も直接的に引き出してくれると思われる症状をターゲットとした。つまり、赤い色とキャンドルである。適切な準備の後、記憶を処理すると、彼女の５歳の頃のイメージがよみがえった。それは、彼女の誕生日で、父親が良い香りのするキャンドルをくれ、車でお祝いのランチを食べに連れて行ってくれた。一緒に歌を歌いながら車に乗っていたとき、赤信号を見落とした車が衝突し、父親は亡くなった。父親が彼女の隣りで、誕生日のランチに行く途中に死んだのであれば、症状の説明は容易である。ここから、摂食障害、見捨てられる恐怖、持続的な不安が生じることは、読者にも想像がつくだろう。

　しかし、記憶が誤解を招くこともある。記憶が自分の感情に合わせたイメージのこともあるからだ。例えば子どもは、話を聞いたり、テレビで見たりして、何か恐ろしいことが自分に起こったと勘違いすることがある。ホラー映画を見て悪夢に悩まされる子どもたちのことを考えてみてほしい。ステーシーは、本当に父親が死んだとき、車の中にいたのだろうか？　ステーシーは、父親が自動車事故で死んだことは知っていたが、一緒にいた記憶は持っていなかった。確認できるまではわからない。彼女は母親に電話し、「母さん、私は本当に父さんが死んだとき一緒にいたの？」と尋ねた。母親の返事は「そうよ。だけどあなたは話したくないんだと思った。一度も言わなかったもの」というものだった。つまり、ステーシーは、自分を守ってくれる思いやりのある母を持ち、父の死の直接的な記憶もなかったにもかかわらず、何年も症状に悩まされ、まったく理解できずにいたのである。し

かし、これでつじつまが合った。もっと重要なことは、記憶が処理されて症状が消えたことだ。

　覚えておきたいのは、父親の死や事故といった大きなトラウマがなくても、何年も症状が続く場合があることだ。例えばジャニスは、長年にわたる制酸薬（胃酸中和剤）の乱用でセラピストを訪れた。すでに過度の制酸薬服用は胃を荒らし、彼女の生命を脅かしていた。彼女は、なぜ服用を始めたのか覚えておらず、ただ胃の調子が悪くなることに極度の恐怖を感じていた。セラピストが、これから紹介するEMDRを使用してこの感情の原因を調べたところ、ジャニスは小学校の教室で隣に座っていた女の子が嘔吐したことを思い出した。その子は、嘔吐を止めようとして口に手を当てたが、嘔吐物が横にいたジャニスの髪に飛び散った。ジャニスは、恥ずかしさと不潔感でパニック状態になって教室を飛び出した。これが、制酸薬乱用の根本にある記憶だった。記憶を処理すると、彼女はもう薬が必要だと感じなくなった。

　したがって、症状には、通常、その原因となる、あるいはそれを助長する体験がある。意識的に覚えているかどうかに関係なく、何かが起こっている。私たちは、精神的な幸福感を得る薬に頼りがちだが、薬は症状を抑えるにすぎない。多くの場合、問題の原因は先天的な神経障害や純粋に生物化学的なものではない。もちろん遺伝的な体質によって、特定の体験に強く反応する場合もある。先天的に、うつや不安といった傷つきやすい状態になりやすい人もいるからである。しかし、そのような場合でも、所定のタイプの体験がなければ苦痛は生じない。基本的に、遺伝的な体質と体験の組み合わせが、日常生活を「自動操縦」状態にしている。

　もうひとつ、症状が長く続いていたり、深刻だったりするからと言って、大きなトラウマがあったとは限らない。大人の目から見れば些細な出来事が原因となることもある。結局は、子どもの観点でトラウマと感じられたことが、脳に記憶として固定されるのである。本人にとってはずいぶん昔の体験で、その記憶がどれほど自分に影響を与えているかを認識できないこともある。しかし、慢性的な問題を引き起こす否定的な感情、行動、思考、感覚は、概してそのような未処理の記憶に起因する。こうして、過去は現在のままであり続ける。本書で

は、症状を理解し、原因を特定するのに役立つ手法を紹介する。思考、感情、反応を変化させ、苦痛のレベルを下げ、自信と快適さを高める方法も実証していきたい。

本書の目的

本書で、あるいは治療を通じて、答えを探したいことは山ほどある。人生の新しい出来事に対処するために、単に情報を求めている人。何かが自分を邪魔していると感じている人。望んでもいない行動を取ってしまう人。自分に有利だとわかっているのにその行動を取れない人。本書の目的は、自分や他人の人生における「なぜ」を理解することである。さらに重要なのは、それをどうすればいいかを理解することである。だれでも苦痛や不安を感じることはある。問題は、「自分もいつか悩むことがあるのだろうか？」ではなく、どれだけの期間、どんな形で、である。ある種の苦痛は短時間で乗り越えられるが、別の種類の苦痛はだめだという人もいる。喜びを感じやすい人もいれば、めったに、あるいはまったく喜びを感じない人もいる。本書では、なぜ自分がこういう人間なのかを理解し、苦痛や自分に不都合な反応をどうすればいいかを知ってほしい。幸福を感じることを妨げている障害を特定し、取り除くことも知ってほしい。多数の手法を利用すれば、きっと自分の将来に最も有利な選択をする方法を自分で決めることができるようになるだろう。

子ども時代の体験が心理的な問題の原因となることが多いのは確かだが、本書の目的は「だれかを責める」ことではない。子どもとして大人の世界にいる頃、だれでも自分が他人より無力だ、無視されている、重要でないと感じた経験がある。後の章で、なぜ心理的な症状や問題を持つ人と持たない人がいるのかを検討する。しかし、すべては選択肢や力を手に入れる前に起こった話である。子どもは、自分に起こった出来事を望んだわけではない。そして、どのような両親を持っていたとしても、両親もやはり自分の生い立ちや体験からそのような人間に成長したのである。もしだれかに責任を負わせたいとすれば、何世代も遡らなければならないだろう。しかし、どんなに長い否定的パターンでも壊すことはできる。十分な知識を持つ責任ある大人には、

自分自身をコントロールする力があるからである。

　自分の人生にどんな力が働いているのかを特定すれば、何が自分の、あるいは周囲の人間の引き金となるのかを理解できる。私たちはだれでも、自分の感情や行動を支配する無意識のプロセスや記憶を持っている。最終的な質問は、それをどうするか、である。ジョーという男性は、仕事が楽しくなく、自分に向いていないと思うのに、仕事を変えることができないと言って相談に来た。彼の感情について尋ねてみると、彼は常に「自分の欲しいものの後を追ってはいけない」という感覚を持っていると言う。私たちはEMDRを使用し、彼が自分を抑える原因となっている記憶を発見し、処理することができた。ジョーは小さかった頃、階段の上でボール遊びをしていた。母親は彼を見て、階段を下りてきてはいけないと言った。しかしボールが転がり落ち、ジョーは思わずボールを追いかけようとした。すると、母親が追いかけてきて腕をつかみ、お尻をぶったという。つまり、彼が自分の欲しいものを追ったことで、彼を罰したのである。これほど些細な出来事が、否定的な感情とそれに伴う思い込みを30年間も固定したのである。

　重要なのは、これが幼少期の虐待の例ではないということである。ジョーの母親は、たいてい優しく、愛情深かったが、彼女の反応は、母親に背くことが子どものためにならないという自身の恐怖に起因していた。彼女の子育ては、自身の生い立ちに根差している。ジョーにとって、この出来事は人生で1回きりだった。しかし、人生において他に何が起ころうと、個々の出来事が、否定的な感情、身体的な感覚、思考ともども、そっくり記憶されることがある。

　記憶が人間の人格的な特徴や反応の基盤となることを踏まえ、本書では、感情的、身体的な苦痛の根源にある記憶を特定する方法を探っていく。各章では、自尊心、うつ、不安、中毒、人間関係、育児、仕事、喪失に関する問題、さらには身体的な症状まで検討する。そのような問題に対処する際に使用する具体的な手法、あるいは、さらなる支援が必要なときを見極めるガイドラインについても説明する。重要なのは、未処理の記憶は各種の症状や苦痛の原因となり、処理された記憶は精神的健康の基盤となることである。したがって、自信を大いに高める処置、すなわちオリンピック選手や個人的な成績目標を達成するために使用されてきた手法についても説明する。

どのように育てられたとしても、人は犠牲者ではなく、問題は弱さの兆候ではない。他人のために自分の命を危険にさらし、あらゆる危険を乗り越えて人命を救うような名誉あるヒーローでも、自分が救うことのできなかった人、あるいは達成できなかったことについて罪悪感を持ち、心の中で必要以上に苦しむことがある。人生で何かが自分の足を引っ張っていると思ったら、「それをどうしたらいいか」尋ねてみることが重要である。

Chapter. 2
心、脳、そして重要な何か

　人間は、脳と身体を使って周囲の世界と相互に作用している。脳や身体は、個々に異なる点よりも類似している点が多い。ほとんどの人は、自分や家族のために最善を尽くそうとしている。その共通性にもかかわらず、何かの邪魔が入ることが多い。この理由は、本書で紹介する治療の基礎を理解すれば、わかりやすくなるだろう。確かに遺伝的要素もある。しかし、私たちがどのように外の世界に反応し、他の人間と接するかは、個人的な体験に大きく左右される。記憶のネットワークに保存された体験は、知覚、態度、行動の基盤となる。このネットワークには、類似した出来事を結び付ける働きもある。

　例えば、果物の名前をいくつか挙げろと言われたら、私は難なく言える。リンゴ、オレンジ、梨、ブルーベリー……。それらは、心の中の記憶のネットワークで関連付けられているからだ。リンゴを見て、それがすぐに果物だとわかるのは、過去に見たことがあるからである。今、経験していることはすべて、記憶のネットワークで過去の経験と結び付けられることで意味を成す。しかし、リンゴを見たことのない子どもだったら、それをどうしていいかわからないかもしれない。赤くて丸い。これはボール？

　外の世界のものに対する気づきは、感覚（視覚、嗅覚、触覚、聴覚、味覚）を通じて行われる。感覚は、自動的に脳内の記憶ネットワークと結び付き、目の前にあるものの理解を助けてくれる。

　このプロセスは、だれにでも、常に起こっている。このページに書いてある言葉も、読者の記憶ネットワークと結び付いて初めて意味を理解される。会う人、接触する人、現在の体験、その現在の体験に対する知覚は、すべて記憶ネットワークと結び付くことで意味を成す。記憶ネットワークにこれまでの体験がすべて保存されていて、それが

人間の現在の感情、思考、行動の基盤となるのである。あなたが他人にどう対応するか、他人があなたにどう対応するかは、今、双方が何をして何を言うかだけでなく、過去の経験にも同様に依存している。

時間がすべての傷を癒さない理由

　人間の体を切っても、障害物がない限り、傷は治る。障害物を取り除けば、身体は治癒しようとする。だから私たちは喜んで手術を受ける。切った傷は治るからだ。

　脳は身体の一部である。前述の無数の記憶ネットワークに加え、人間の脳には情報処理システムが組み込まれている。その目的は治癒である。このメカニズムは、どんな感情的混乱でも、精神的健康のレベル、あるいは私の言う「適応的解決」のレベルに変えることができる。そしてこの解決には、私たちが生存しやすくなるような有用な情報の取得が含まれる。情報処理システムは、有用なものにつながりを作り、残りを捨て去るようにできているのである。

　具体的に説明しよう。同僚と口論したとする。あなたは、苛立ち、怒り、恐怖、それらの感情に伴うあらゆる身体的反応を感じる。相手や自分自身について、否定的な考えも浮かぶだろう。どうやって仕返ししてやろうかと想像するかもしれないが、実行には移さないと期待しよう。そんなことをすれば、クビになることは間違いない。だから、あなたはその場を去る。そして考える。だれかにしゃべる。ベッドに入り、ひょっとすると夢に見るかもしれない。しかし、翌日になると、気分はそれほど悪くないだろう。基本的に体験を「消化」し、自分がどうすべきか、昨日よりましな考えを持っている。これは、脳の情報処理システムが、不快な体験を処理し、学習を促したからである。大半は、REM（急速眼球運動）睡眠中に行われる。科学者は、脳がREM睡眠中に、望み、生存のための情報、その日に起こった学習を処理すると考えている。基本的に、重要なことすべてである。脳は、そうするようにできているのだ。

　情報処理が滞りなく進んだことで、口論の記憶は、脳にすでに保存されている有用情報と結び付いた。例えば、その同僚や他の人との過去の体験である。今なら、こう言えるだろう。「ジョンは、そうい

うヤツなんだ。前にも似たようなことがあったけれど、結局、うまくいったさ」このような記憶が現在の不快な出来事と結び付き、体験は変化する。あなたの脳は、口論から有用なことを学習し、残りは捨てる。否定的な感情や愚痴は有用ではなくなって消えてしまった。しかし、学習すべきことは残り、脳は、将来あなたを良い方向へ導くことのできる形で出来事を記憶する。

この結果、あなたは自分が何をすべきかを適切に判断することができる。前日のように感情的になることなく、同僚と話し合うことができるだろう。これが、不快な体験から学習を導く脳の適応的情報処理システムである。脳は、しかるべき機能を果たしているにすぎない。

しかし、大きなトラウマ（心的外傷）や衝撃的な出来事などで、不安や恐怖などの感情がシステムの容量を超えてしまう場合がある。こうなると、状況から生じた感情的な混乱や身体的な苦痛により、情報処理システムは内部の結び付きを作って解決を導くことができない。そこで、体験したままの記憶が脳に保存される。見たまま、感じたまま、イメージ、感情、身体的な感覚、思考が元のまま、未処理の形で記憶に刻まれる。口論した同僚を見るたび、冷静に話すことができず、怒りや恐怖が押し寄せる。保身のために感情を抑えようとしても、相手が現れるたびに苦悩が募る。

現在のこのような反応が消えないのは、過去の未処理の記憶にも結び付いているためであることが多い。無意識の結び付きは自動的に生じる。例えば、初対面の相手に対する嫌悪感は、過去に自分を傷つけた人間についての記憶から生じている可能性がある。レイプされた女性のケースも考えてみよう。何年も経って、とても愛情深いパートナーとベッドに入っているとする。それでも、ある形で彼が触れると、彼女の感情と身体は自動的に反応してしまう。レイプのときの恐怖と絶望感が押し寄せてくる。暴行の後、情報処理システムが適切に機能しなかった場合、レイプ犯と似た感触が記憶ネットワークに結び付き、保存されている未処理の記憶の一環である感情と身体的な感覚をよみがえらせる「引き金」となるからである。

機能不全を起こした情報処理システムは、当時の記憶を、一般的な記憶ネットワークと統合することなく隔離して保存している。その記憶は、適応的で有用な他の記憶と結び付かないため、変化すること

ない。このため、時間がすべての傷を癒さず、何年も前に生じた怒り、恨み、痛み、悲しみ、その他さまざまな感情を未だに感じることがあるのだ。未処理の記憶が時間に関係なく凍結し、そこから感情的、時には身体的問題が生じることもある。研究によれば、過去に大きなトラウマを負ったことがなくても、他の体験から同様の問題が生じる場合があるという。記憶の結び付きは意識レベルの下で自動的に生じることから、本人にも原因がわからないことがある。

行動計画

本書では、あなたやあなたの家族にさまざまな状況で生じる否定的な反応を、どう理解すればいいかを説明する。反応の根源にある未処理の記憶を見つける練習やテクニック、不安や恐怖を起こさせる感情、思考、感覚に速やかに対処する方法についても学んでほしい。この対処法は、脳の働きに関する新しい知識に基づいている。人間関係、仕事、全般的な幸福において、あなたの足を引っ張っていた鎖を切ってくれることだろう。

本書に記載する治療手順や症例は、EMDRと呼ばれる治療法のものである。だから本章では、まずEMDRについて紹介する。次に、EMDRによって明らかとなったさまざまな記憶の結び付きが、不幸の原因となることを説明する。また、このような結び付きを、喜び、平和、満足感の基盤に変える方法についても述べる。読者は、以降の章で、世界で何千人ものセラピストが使用している手法を学ぶことになるだろう。セラピストが助けている人々の悩みは、あなたにも当てはまるかもしれない。

EMDR療法

EMDR療法はどこから始まったのか？　どのように発展したのか？　なぜ有効なのか？

EMDRとは、眼球運動による脱感作と再処理法（Eye Movement Desensitization and Reprocessing）の略である。これは、眼球運動に関する私の発見から始まった。1987年のある日、私は公園を歩いて

いて、突然、自分を悩ませている考えが消えたことに気付いた。何を考えていたのかは覚えていない。しかし、当時、どうにか手を打たなければならない問題を抱えていて、それについて何らかの考えが頭を離れなかったのだと思う。その考えに再び意識を向けたとき、そこに以前の「力」はなかった。もはや苦にならなかったのである。

　私は驚き、何が理由でそうなったのかと考えた。そこで歩きながら、よく注意してみた。悩ましい考えが心に浮かぶと、眼球が高速で斜めに行き来する。そして考えが意識から離れる。再び意識を向けてみると、その考えは力を失っていた。私は非常に興味を引かれ、意図的にやってみることにした。自分の悩みを思い浮かべ、眼球運動をする。すると、やはり私の感じ方は変わっていた。

　眼球運動の後で自分の思考が変わったことになぜ気付いたのかと、これまで多くの人に尋ねられた。私は、それが偶然の発見、そして長年の準備の賜物だと思う。私は癌の治療を受けてから10年間、自分の心と体を実験台にしてきた。医師は「癌は消えたが、再発する人もいる。なぜ再発するのか、だれに再発するのかはわからない。幸運を祈りなさい」と言った。当時、その言葉はショックだった。人間は月に行くこともできるのに、自分の心や身体の扱い方を知らない。皮肉なことだと思った。ちょうど、ノーマン・カズンズらの研究に基づき、精神神経免疫学という分野で、免疫系に対する精神的ストレスの影響が注目され始めていた。そこで私は、実用的な情報があれば何でも探し出し、広く世間に知らせようと決心した。

　その後、私は数十回にのぼるワークショップに参加し、多くの師に教えを乞い、正式な心理学の博士課程に入学した。だから、自分の思考が予想外に変化したことに注意を引かれたのである。私は、脳の自然な治癒のプロセスを発見したと確信した。10年間にわたって取り組んでいた問題、つまり心と身体のつながりをまさに明らかにする鍵だと思った。私は、眼球運動に関する自分の観察が、REM睡眠中のプロセスと何か関係しているのではないかと考えた。REM睡眠中にも自然に眼球運動が起こり、目が覚めると眠る前に起こった出来事に対する感情が改善していることが多い。眼球運動は、起きているときも同じ効果を持つのかもしれない。

　意図的な眼球運動で思考に結び付いた感情を変化させられると知っ

た私は、他人でも試してみたいと思った。そこで、試してもいいという知り合い全員に頼んだ。まず、彼らに悩んでいることがないか考えてもらう。意外ではなかったが、家族とのケンカ、職場での問題、過去に犯してしまった過ちなど、皆、何か悩みがあった。私は、その記憶に神経を集中してくれるよう頼んだ。次に、約30秒間、彼らの前で指を動かし、それを目で追ってもらった。私が体験した眼球運動と同じ動きを再現するためである。私はそれを眼球運動の「1セット」と呼び、その後、どう感じたかを尋ねた。

ほとんどの人は少し気持ちが軽くなったと言ったが、そこで感情の変化が止まることが多かった。そこで今度は、記憶の別の部分やだれかの発言に集中してくれるよう頼む。あるいは、眼球運動の方向や速度を変えてみた。私は1セットごとに参加者の感想を聞き、安定した結果が得られるまで、約70人に対して試行錯誤を繰り返した。変化は短時間で起こったため、1セットの後で変化が止まっても、すぐに別の方法を模索して再び有効な変化を生じさせることができた。

私は、博士課程の最後に、自分の治療法に関する対照研究を行い、論文を書くことにした。この治療法に最も適しているのは古い記憶のように思われた。過去の記憶で最も悩むのはだれだろう？　私の答えは、性的虐待の被害者と退役軍人だった。そこで私は、心的外傷後ストレス障害（PTSD）と診断されている人を研究することにした。

1987年当時、PTSDは診断として認められるようになって7年しか経っていなかった。この障害の治療法を検証する厳密な研究は行われておらず、治療は極めて難しいと考えられていた。私は、この障害で苦しむ人に対して私の治療法が有効かどうかを試してみようと決断した。このランダム化比較対照試験の結果は、1989年、学術誌『*Journal of Traumatic Stress*』に掲載された。眼球運動を使った斬新な治療法を紹介し、トラウマ患者に即効性があることを発表した私の論文は、当然ながら、多大な論争を巻き起こした。何の分野でもそうだが、何かの仕組みについて現在の理解に合わない意見は、概して怒りや疑いを招く。

なぜ眼球運動に効果があるのか？　たった1回のセッションで結果が出る治療がありうるのか？　行動療法の「父」と呼ばれた人は、大規模な学術会議で私の発見を「画期的」と評したが、たかが眼球運動

に劇的な効果があるわけがないと疑問視する人もいた。何をしても自分のPTSD患者には効果がない、だからすぐにトレーニングを受けたいという人もいた。そのようなトレーニングは一切すべきでないという人もいた。

私の最初の論文を掲載した『Journal of Traumatic Stress』の理事のひとりは、ジャーナルがだまされたに違いないと編集長に問い合わせた。しかし、彼はアメリカ合衆国退役軍人省のPTSDプログラムを担当していたため、EMDRのトレーニングプログラムに自ら参加した。そして自分自身の体験で試し、自分の患者にも利用した結果、有効性を確信した。こうして1990年以降、EMDR療法は徐々に認められるようになった。EMDRを個人的に調べてみた人たちは、概して支持者になった。早期の論争に影響を受けた人たちは、依然として懐疑的だった。しかし現在では、20以上の比較対照研究によって、トラウマまたは他の不快な体験の治療におけるEMDRの有効性が実証されている。アメリカ精神医学会、米国国防省など、世界の多様な組織も、EMDRを有効なトラウマ治療法として認めている。

私は最初、眼球運動の主な効果は、不安や恐怖を軽減すること、つまり行動療法で言う「脱感作」だと考えていたため、この療法を「眼球運動による脱感作法」と呼んだ。ところが、1989年に最初の論文を発表した後になって、単なる不安の軽減以上の可能性があることに気付いた。治療手順に修正を加えれば、あらゆる感情、身体的反応、行動に対する理解を深め、自動的な変化を促すことができるだろう。自分、他人、世界に対する思い込みを変え、新しい未来を開くことができるかもしれない。私の方法にさらに変化を加えることにより、ターゲットとした記憶が完全に再処理されたこと、つまり他の記憶と結び付き、再構成され、良い形で保存されたことを確認できることもわかった。こうして治療法は発展し、私は最終的に名称に「再処理」という言葉を加えることにした。

さらに、眼球運動以外の別の左右方向の運動も有効であることがわかった。セラピストは、右手と左手を交互に叩いたり、右耳と左耳に交互に音を聴かせたりすることもできる。一部の科学者は、これらがすべて、行ったり来たりする刺激に注意を向ける「定位反応」を引き起こすと考えている。トラウマと外部刺激（眼球運動、手、音）に同

時に注意を向けることが、「ワーキングメモリ（作業記憶）」を邪魔するという科学者もいる。現時点で、私は十分な調査に基づいてその両方が真実だと考えている。したがって、もしやり直せるのなら、私は単に「再処理療法」と名付けるだろう。しかし、今では「眼球運動による脱感作と再処理法」、もっと一般的には EMDR として世界に知られているため、名称を改めるには手遅れである。

EMDR が作用する理由

　現在では、世界で何千人ものセラピストが EMDR 療法を使用し、何百万人もの治療に成功している。EMDR 療法は、8 段階にわたって多くの手順と手法を用いる包括的な心理療法へと進化した。セラピストは、クライエントが現在の問題の根源にある過去の体験を見つける手助けをする。次にセラピストとクライエントが一緒に、悩みの原因となっている現在の状況を処理し、将来に必要な新しい教訓、スキル、観点を記憶ネットワークに取り込む。EMDR 療法を受ける人は、明らかな問題症状から解放されるだけでなく、肯定的な（楽観的な、良い、楽しい）変化によって生活のあらゆる面が改善される。これは、EMDR 療法の基盤である記憶ネットワークが膨大な連想を支えているからである。記憶を変化させ、自分に対する見方を変えれば、他人に対する見方も変わる。したがって、人間関係、仕事の業績、喜んでやること、抵抗できること、すべてが良い方向に動いていく。

　過去 10 年間、短時間で現れる EMDR の治療効果は、神経生物学者にとって「脳をのぞく窓」となった。このため 10 以上の研究が、脳の画像診断（MRI など）を使用し、EMDR 療法が実際に脳を変化させることを証明した。例えば、PTSD を持つ人では、記憶に関わる脳の中枢器官（海馬）が縮むことがわかっている。これまで、それは脳の器質性変化であり、永久に治らない可能性のある症状だと考えられていた。しかし、今では脳スキャンにより、海馬が再び成長することが立証されている。この分野の研究はまだ少ないが、ある最近の研究では、PTSD を持つ人に 8 〜 12 回の EMDR 記憶処理セッションを行ったところ、海馬の体積が平均 6 ％増加した。この効果は 1 年後も持続していた。

この研究の被験者となった最初のPTSD患者は、双極性障害を持つ母親の息子だった。彼の海馬は、幼少時代のさまざまなトラウマによって非常に縮小していた。8回のEMDRセッションの後、彼の海馬は体積で約11％増加した。このような結果は、EMDR療法がどのように作用するかということだけでなく、大人の脳がどのように変化し、成長しうるのかについての研究が必要であることを実感させる。この「神経可塑性」は、長年、科学者によって不可能だと考えられていた。大人の脳も変化するという発見は、これまで治療不可能だと思われていた多くの症状に回復の可能性をもたらしている。

たとえEMDRの有効性が証明されても、どんな心理療法や薬物でもそうだが、なぜ有効なのかという疑問は残っている。プロセスは複雑で、多くの要素が関与しているため、研究は続いている。しかし、治療に眼球運動を使うということは、多くの記憶学者の興味をそそった。このため、眼球運動によって生じる変化だけを扱った研究も20件以上行われた。それらの研究によれば、被験者が不快な記憶や将来への恐怖を抱いているとき、眼球運動をすると、感情的な苦痛が減り、不快なイメージの鮮明度が下がるほか、思考が変化したり、記憶が正確になったりする。もちろん眼球運動だけで、永久的な変化を起こすことはできない。眼球運動はEMDRの治療全体の一部なのである。EMDRのセッション中、患者は目覚めていて、自分の身体的、精神的能力を自由に使うことができる。しかし、有力な理論では、治療での眼球運動が、REM睡眠中に生じるのと同じ生物学的結び付きと有益なプロセスを引き起こすとされている。REM睡眠中、思考や情報が他の記憶と統合され、一体化することによって学習が生じる。研究では、人がある技能を教えられ、その夜、REM睡眠に入ることを妨げられると、その技能は失われるという。REM睡眠中、脳の中では、適切な神経結合によって必要な連想や関連付けが生じる。記憶は処理され、適応的で役に立つものに変化する。だから、何かを心配しながらベッドに入っても、目覚めたときには気分が良くなっていたり、解決していたりする。目覚めている状態では、自分が理解しつつあることを自分で意識している。しかし、眠っているときと同じ有益なプロセスが進んでいるのである。

ご存じのように、苦痛を伴う記憶が消えないこともある。それは、

事件による不安や恐怖があまりにも大きく、脳の情報処理システムが機能不全を起こして記憶を解決に導けないためである。夜中に悪夢で目覚めたことがある人ならわかるだろう。悪夢とは、情報を処理しようとする脳の働きである。悪夢のイメージは、再活性化されている感情を反映している。例えば、子どもの頃に性的虐待を受けた女性は、お化けに追いかけられる夢を見ることがある。EMDRセッションで記憶を処理すると、ベールがはがれたように不安や恐怖の理由が明らかとなる。お化けは、子ども時代の家で自分を追い回した性的虐待の犯人である。

EMDRが記憶の処理を促す仕組み

EMDR療法では、治療セッション中にすべての作業が行われる。クライエントは、家で記憶を詳細に書き起こしたり、宿題をしたりする必要がない。セラピストは、不快な感情を伴う記憶を見つけ、脳の情報処理システムを起動し、所定の手順をたどりながら効果を観察する。EMDRの結果、脳内で迅速に結び付きができると、感情や考え方が肯定的に変化したり、記憶が明確になったり、人生の問題に対する理解が深まったりする。有力な理論では、元の記憶が処理され、記憶の結び付きが変化し、「再固定化」と呼ばれる神経生物学的プロセスで修正を加えた記憶が保存される。

EMDR療法の各段階については、後の章で詳細に説明する。ここでは、EMDRがどのように記憶を直接的に「再処理」し、無意識に入り込んで学習を促進するかだけに注目しよう。トラウマ患者に関する研究では、EMDRなら他の療法のような宿題なしで症状が消失することがわかった。また、過去の不快な記憶について詳細に話す必要がないので、自分に起こったことや、自分がしたことを恥じている人は話さなくて済む。短時間で大きな変化が生じることもある。26ページ以降のEMDRセッション逐語録には、これらの特徴がよく表れている。

その前に強調しておきたいのだが、本書では、不快な感情を伴う記憶を理解し、処理するのに役立つEMDRの手法や手順を数多く紹介する。しかし、EMDRによる記憶の処理中には、心に非常に強い感情が生じる可能性がある。したがって、治療を行うのはトレーニングを

受け、資格を持つセラピストに限らねばならない。これにより、情報処理システムを活性化させている間、クライエントが混乱せず、「片足を現在に残しておく」ことができる。訓練を積んだセラピストであれば、どこに注意を払うか、あるいは情報処理システムが止まったり、予想しなかったものが現れたりした場合にどうするかを知っている。次に紹介するクライエントのリンが地震で自分と息子の命を失う危険に怯えたように、最初は大きなトラウマから始まったものの、実は彼女の意識レベルの下では、もっと多くのことが起こっていたのである。

リンは、カリフォルニア州在住で、地震の後で深刻なPTSDを発症したことから、治療を受けるために研究センターを訪れた。彼女は前にも2回の地震を体験していたが、今回の症状は重く、生活に支障をきたすと思われた。前回の地震は、彼女が大学で催眠術の授業を受けているときに起こっている。ちょうど教授が彼女を催眠状態にしたときだった。しかし、ひどい不安を感じたのは、それから何年も後、彼女が幼い息子と2人で家にいて再び地震に見舞われたときだった。以下にセッションの一部を紹介し、後の地震をターゲットとした部分の逐語録を転載する。ここで、脳の適応的情報処理が作用していることに注意してほしい。

このEMDRセッションのはじめに、セラピストとリンは何をターゲットとするかについて話し合った。リンは、記憶の結び付きが自動的に行われることを了解した。次にセラピストは、所定の方法で、リンの記憶を心の表面に引き出してもらうようにした。これには、彼女の進捗をモニターする準備も含まれる。彼女の選んだイメージは、記憶の最悪の部分で、地面が揺れ、棚から物が飛び壊れる中を、息子と一緒に通路に隠れているところだった。彼女は、地震に伴う否定的な考え（「私は無力だ」）と、それを考えたときの感情も特定していた。彼女の不安レベルは、11段階（0〜10）で8だった。

次にセラピストは、約30秒間、眼球を高速で動かすようリンに指示を与えた。これを「眼球運動1セット」と呼ぶ。眼球運動の間、リンは「何が心に浮かぶかに注意し、無理に抑えようとせずに起こるがままにしなさい」と指示された。意識ははっきりと持っていたが、新しい結び付きはできた。思考、感情、感覚、その他の記憶が、REM睡眠中のように心に浮かんだ。各セットの後、リンは「楽にして、深

呼吸して」と言われ、心に浮かんだことを尋ねられた。その回答に応じ、セラピストは次の眼球運動中に彼女が注意を向けるべきことを決めた。こうして、心の中に保存されている未処理の記憶にアクセスさせ、解決させたのである。

　最初の数セットで、リンはさまざまなことに気付いた。その中に「無力感」とコントロールの喪失につながるものがあった。例えば彼女は、人が「機関車に押しつぶされる」のを目撃した人々に関するテープを聞いたのを思い出した。さらに何セットか眼球運動をすると、悲しい感情と哀愁が湧き上がった。これは、セッションの最初に訴えた不安と対照的である。不安は、表面にあるあらゆる感情を代弁していることが多い。さらに眼球運動をすると、彼女は過去に遡った。6歳のとき、兄と一緒に家の周囲を走っていたことを思い出した。「私は男の子になりたかった。兄は家の周りをたくさん走ったら男の子になれると言った。だけど、そうならなかったから私はがっかりした」

　ここで、セッションの逐語録を見てみよう。リンが細かく説明しなくても、EMDRが絡み合った記憶のネットワークを処理していった様子がわかるからだ。「>>>>>」のマークは、セラピストに導かれた眼球運動1セットを意味する。この間に連想や結び付きが起こる。各セットの前に、セラピストはリンに記憶の特定の部分に注意を向け、「ただ気づいて」と指示する。そしてセットの後、「何が出てきたか」を尋ねる。リンは心に浮かんだことを手短かに話し、セラピストが進捗を観察したり、必要に応じて方向調節をしたりできるようにする。私も、読者が記憶や認識の移り変わりの様子をたどれるよう、リンの反応を書き加える。これにより、脳内の記憶ネットワークの複雑な結び付きがわかるだろう。進行とともに、何が起こっているかを括弧内で解説するので、眼球運動1セットごとに見えてくる無意識の記憶のつながりに注目してもらいたい。

　リンは、意識に現れている記憶に集中している。その記憶では、彼女の兄が、家の周りをたくさん走ったら男の子になれると言っている。セラピストは、彼女の眼球運動を導く。

>>>>> リン：ええ、私は自分に性的虐待をした兄に裏切られたという気がしていたの。本当は兄が大好きだったのに［泣く］。

［兄に関する最初の記憶は、表面的には楽しい思い出に見えたが、その奥にある裏切りと無力感の問題がここで明らかとなった。最初の記憶においてすら、彼女は兄を信頼していて、兄は嘘をついていた］

>>>>> リン：そうよ［泣く］。「バカだった！」みたいなことが起こって、現実感が揺らいだの。

［ここで、さまざまな無意識の記憶のつながりが、どれほど予想外で意味深いものかがわかる。地震で地面が文字通り揺れたことが、信頼が裏切られたという幼少期の出来事に結び付いている。どちらの場合も、確固たる地盤と思われたものが揺らいだ］

>>>>> リン：テーブルで父と向かい合ってトランプをしていることを考えてたわ。

>>>>> リン：父がコートを買いに連れていってくれて、コートのボタンを留めてくれたときに乳首をつまんだの。私は11歳くらいで、本当にびっくりした。

［最初の記憶で兄の出現が無害に見えたのと同様、ここでも父に関する一連の記憶は、無害なものから始まり、最後は裏切りという感情を残した。やはり父の行動は、彼女に現実が「揺らぐ」という感覚を与えている］

>>>>> リン：鮮明に思い出したんだけど、そのくらいの年齢のとき、病気になったの。脇腹が痛くて苦しくて、だれもその理由がわからなくて、急いで病院に連れて行かれた。本当に脚を下げることができなかったのに、だれも何が悪いのか診断できなかった。すごく脇腹が痛かったのに、私は精神的な問題があるという結論になった。私にはそうとしか問題を表現できないのだと。

［リンは確かに痛みを感じたが、だれも耳を貸さず、彼女に自分の知覚を信用してはいけないと言った。ここにも確固たる地盤がない］

このように、他の治療法と異なり、眼球運動1セットごとに新しい記憶や認識のつながりが生じている。セラピストが注意を導き、刺激を与えることで、リン自身の情報処理システムがおのずと必要な記憶を引っ張り出し、適応的解決に導いている。セラピストは情報処理システムを作動させ、処理を導くことで、記憶ネットワーク全体に効果が及ぶようにしている。次は、どのように自発的なつながりが生まれるかに注目してほしい。まず、残りのセッションの様子を説明し、後で逐語録の一部を紹介する。

　リンは、次の眼球運動で、脇腹の痛みに意識を集中した。すると、当時の家庭がどれほど混乱して危険なものだったかがわかった。自分が寝ているはずの時間に、父と母が争い、互いに物を投げ合っていたことも思い出した。妹と一緒にベッドの下に隠れ、眠ろうとしたが、怖くて眠れなかった。ベッドの下で怯えている子どもたちのイメージは、地震のときに物が落ちてくる混乱の中で、通路に隠れている最初のイメージと重なる。過去に2度も地震を経験しているのに、今回の地震でだけPTSDを受けた理由もここにある可能性がある。混乱の中で息子とともに体を縮めているイメージは、不幸な幼少期にそのままつながる。

　記憶を処理するにつれ、リンは「あまりにめちゃくちゃだったから」と、自分が父を母から守ろうとしていたことに気付いた。この思考は、最近の地震の記憶を呼び起こした。彼女はシャワーから飛び出し、息子の部屋へ駆け込み、ベビーベッドから息子を抱き上げて階段を駆け下りた。息子を守ろうとしたのだ。彼女が息子と父親の両方を守ろうとしているのは、興味深い類似点である。しかしここから、息子が父親と一緒にいるときも、息子を守らなければならないという思考も生じた。リンの夫は双極性障害で、リチウムを服用していた。リンは、息子を父親と一緒にいさせてやりたいという気持ちと、父親から守ってやりたいという気持ちの板挟みになっていた。

　このことから、幼少時代と成人後の人間関係のつながりに注目してみよう。リンが子どもの頃の家族は混乱していた。彼女の安定した地盤は常に揺らいでいた。彼女は後に、双極性障害の男と結婚した。これは、躁状態とうつ状態の間で気分が大きく揺れる障害である。彼女は、選択した男性によって引き続き不安定感を持つと同時に、再び「保

護者」の立場に自分を置いたのである。

　ここで止まって、10分後のセッション終盤に移動しよう。彼女はもう自分が「無力」ではなかったことを認識している。自分と息子を守るために必要なことをしたのである。今後も物事に対処できると感じている。

セラピスト：さて、最初の出来事、つまりティムと一緒に通路に立っていたときのことを考えて、どう感じますか？

>>>>> リン：そうですね、あれは地震だったと思います［笑う］。ええ、まあまあの地震でした。

　リンがPTSDと診断されていたことを思い出してほしい。セッションの冒頭、地震のことを考えたとき、彼女は地震当時と同じ高いレベルの不安と無力感を感じていた。過去が現在のように感じるのは、PTSDの症状のひとつである。しかし、EMDR療法で記憶にアクセスし、情報処理システムを刺激したことで、適切な神経結合が作られ、さまざまな連想が自動的に意識に現れた。彼女は有用なことを学び、コントロール感を取り戻した。無用なもの（否定的な感情、思考、身体的な感覚）は消えた。そして地震の記憶は、彼女の脳に適切に保存された。地震当時の恐怖を感じることはなくなり、それは過去の出来事になったのである。逆に笑いさえ誘っている。「ええ、まあまあの地震でした！」

　すべてのPTSDが、これほど短時間で治療できるとは限らない。さまざまな複雑化要因が進捗を遅らせる場合がある。EMDRのトレーニングを十分に受けた有資格のセラピストが、慎重に治療を行うことが大切である。しかし、EMDRに関する研究によれば、適切な生育歴・病歴聴取と準備をすれば、1件のトラウマにつき90分のセッション3回程度で84～100％は処理できる。トラウマに絡む記憶が多ければ多いほど、処理には時間がかかる。しかし、記憶をひとつひとつターゲットとする必要はない。ひとつの記憶をターゲットとすれば、それに関連する他の記憶も肯定的な影響を受けるからである。

　リンのセッションは、処理がどのように生じるかの良い例である。

感情的な問題を引き起こす記憶の例も示している。例えば、リンが幼少期に感じたような悲しみは、うつの原因となる可能性がある。また、幼少期の体験が、伴侶の選択や恋愛に対する反応に直接的な影響を与える可能性もある。彼女が病院に送られることになった脇腹の痛みは、感情的な苦痛が身体的な痛みとなって現れる「身体化」の例である。

これは、意外によく起こることである。例えば、ジェニーは体操選手で、テニスにも熱心だったが、肩に痛みを感じるようになってテニスを止めた。EMDR療法の途中、彼女はその痛みが、父親とテニスをしていたときに始まったことに気付いた。父親は負けるのが嫌いだった。父親が負けることに我慢できないとわかっていたので、彼女は手加減しなければならなかった。その記憶を処理すると、それきり肩の痛みはなくなった。この問題については、その対処法も含め、後の章で詳細に検討しよう。

人格と記憶処理

リンの未処理の記憶は、PTSDを引き起こしただけではなかった。彼女の人格全体に影響を与えていたのである。だれにとっても、一般に、未処理の記憶は否定的な反応、考え方、行動の原因となる。逆に、処理された記憶は、適応的で肯定的な反応、考え方、行動の基盤となる。セラピストが「人格」と言うとき、それは人や出来事に対する一般的な反応を意味する。性格あるいは人格上の特徴は、遺伝的な要因に加え、特定の行動や感じ方を引き起こす記憶ネットワーク群に基づいている。このような記憶ネットワークは、生涯を通じて作成され、ネットワークができたときに、自分が何だったのか、どこにいたのか、何が起こったのかを反映している。職場にいるときと、家にいるときとで、人格が大きく違う人がいるのはこのためである。子どもの頃、家庭生活はめちゃくちゃだったが、学校では優秀だったような場合、各種の典型的な反応が見られる。

ネットワークが衝突するとき

一人ひとりの脳がどのように記憶の結合を作っているのか、基本的

な理解はできたことと思う。今度は、問題を抱える2人が偶然にも一緒になったらどうなるかを見てみよう。バリーは、極度のうつ状態、ほぼ自暴自棄な状態でセラピストを訪れた。妻が出て行った直後でもあり、みじめな思いが言葉にも表れていた。「良き夫であろうと努力したんだ。それなのに、なぜ出て行ったんだ？」

妻のトルーディーは戻ってきたが、結婚生活には明らかに問題があった。バリーは、妻を喜ばせようと必死だった。繊細な彼には、妻の苦しみがはっきりと感じられたからである。トルーディーには幼少期に負った心の傷があり、バリーはそれを懸命に癒そうとしていた。バリーはほとんど自分の意思を通さず、何でも妻の望みどおりにした。しかし、効果はなかった。彼女が怒り、厳しい要求をすればするほど、彼は受動的になり、対立を避けようとした。2人はどちらも幼少期の無意識の記憶に動かされていた。互いを刺激する悪いパターンに陥っていたのだ。

トルーディーは6人兄弟の末っ子だった。彼女が生まれた頃、母親はうつ状態になり、世間と交わらなくなっていた。兄弟姉妹はトルーディーをいじめたが、母親は止めようとしなかった。だからトルーディーにとって、バリーの受動的な態度は母親の記憶に結び付いた。彼女は自動的に自分が重要でない、守る価値のないものだと感じ、子どもの頃に母親の気を引こうとしたように、怒り、要求を突き付けた。もちろんこれは「道理にかなった」行動ではない。母親と違い、バリーはトルーディーを喜ばせようとした。しかし、いったん幼少期の感情が生じると、現在に対する目は曇ってしまう。

私は、バリーの反応の原因を解明するため、トルーディーとの最後のケンカを思い出すように頼んだ。そして、どんな考えや感情が浮かぶかと尋ねた。「無力」と、彼は答えた。そこで、後の章で説明する手法を使うと、彼の心はすぐに幼少期に戻っていった。彼は、両親が口論しているのを聞き、圧倒され、無力に感じていた。これは、彼の子ども時代を通じて何度も起こり、結婚生活におけるパターンの原因となっていた。彼の「古風な」父親は、バリーと母親の両方に対して怒り、批判した。また、バリーを殴って服従させた。バリーは痛みを避けるために父親に逆らわず、喜ばせようとした。トルーディーの怒りに対する彼の受動的な態度は、自動的な反応だったのだ。しかし、

それは、トルーディーをさらに煽ることになった。自分を守ろうとしなかった母親の記憶と結び付いたからである。2人の場合、行動が互いの危機感を刺激している。愛し合うと同時に、過去が現在となる。過去が結婚生活を殺していた。

このような記憶の結び付きがない人はいない。人間の脳は、結び付きを作るようにできていて、休むことなく作っているからである。実験をしてみよう。静かな場所を選び、10分間、自然に呼吸をしながら自分の鼻に意識を集中してほしい。自分の意志に反して心が別のところへ行ってしまうまでに、何分集中できただろうか。このような集中を維持することは非常に難しい。だから、世界中で瞑想のクラスが人気なのである。禅宗の僧侶は、呼吸や読経に集中する修行を何年も積む。脳は、行動、思考、感覚すべてから自動的に連想を行う。私たちの仕事は、破壊的、否定的、あるいは有害な思考、感情、身体的な反応がいつ生じるかを認識した上で、それをどうにかすることである。

自分とは何か

みなさんが知っての通り、私たちはだれでも遺伝子の産物であるが、過去の経験が人格や世界への反応に大きく影響することも確かである。育ちが人を左右することは間違いない。体験が記憶のネットワークを構成し、成人したときに世界を知覚する基盤となる。そして、非常に温かい家庭に育った子どもですら、未処理の記憶を持っていることがある。

このような問題が生じるのは、子どもが弱い存在だからである。巨人の世界に住む小さな生き物であり、何の力もない。だから幸せな子ども時代を送った人でも、当時の感情、身体的感覚、思考とともに未処理の記憶を保存している場合がある。このような体験は、どれだけ昔のことでも当時と変わらず生々しい。EMDR療法では、現在の症状の原因となることの多いこのような記憶を特定し、処理する。

生活の中で、現在のさまざまな物事が未処理の記憶ネットワークに結び付く場合がある。こうなると、大人として相手や出来事に対処するのではなく、子どもの頃の感情や感覚がよみがえり、無意識に反応を左右してしまう。「お母さんが保育園に迎えに来るのを忘れたから、

こんなふうに行動してしまうのね」などと、昔の出来事のイメージが明確に浮かぶわけではない。そのときの感情だけである。未処理の記憶を見つけ、処理すれば、否定的な感情や身体的な感覚は消える。これでやっと、現在に生きる完全な大人となり、適切に行動できるようになる。

すべてが幼少期に起因するのではない。大人になってからの恐ろしい体験も、PTSDの症状や他の障害を引き起こすことがある。体験が積み重なり、突然、症状として現れることもある。しかし、リンの場合のように、弱さや無力感の原因となるのは幼少期の体験が多い。また、ご存じのように、思春期の出来事も大きなダメージとなりうる。

メグは、極端な自意識、弱気、自信の欠如に悩み、セラピストを訪れた。彼女はいつも、スーパーで列に並んでいるときですら、人々が自分を見つめ、非難しているように感じていた。結局、このメグの問題は、思春期の楽しみにしていた出来事に起因していた。両親が2歳のときに離婚したメグは、13歳になるまで父親に再会していなかった。それがフロリダの親戚を訪ねたとき、父親が来て2、3日泊めてくれることになったのだ。父親がビーチに連れていってくれたので、彼女は大喜びだった。しかし、これまでビーチに行ったことがなかったため、日焼け止めを使うことを知らず、ひどく日焼けしてしまった。

翌日、家にいる間、メグは掃除を手伝うことになっていたが、日焼けが痛くて動けなかった。父親はそんな彼女を軽蔑したように見つめ、「日焼け止めを塗らないなんて、信じられないバカだな」と言った。父親と会ったり、連絡を取ったりしたのは、それが最後だった。何年も経っているにもかかわらず、その記憶を取り出すと、メグはボディーブローを食らったような苦痛を感じていた。だれかに見られると、いつも記憶の一部である恥ずかしさがよみがえり、不安で弱気になってしまう。結局、20年以上にわたって、記憶が彼女の人格を害していたのである。

私たちの脳は、意識していなくても、常に結び付きを作っている。記憶を処理する間も、結び付きの一部しか意識には現れない。例えば私がリンゴを見るとき、リンゴは、赤い、丸い、果物、皮、軸、パイなど、私がリンゴについて持っているすべての体験と関連する記憶ネットワークにつながる。食べるか食べないかは、心の中に生じる感情

によって決まる。お腹が空いている？　腐ったリンゴを食べてお腹が痛くなった経験があれば、二度と食べないかもしれない。問題は、記憶が私たちを適切に導いているのか、それとも、してはいけないことをさせているのか、すべきことをさせないでいるのか、ということである。食べるか、食べないか。薬を飲むか、それとも深呼吸するか。断固として対決するか、後ずさりするか。成功を喜ぶか、成功をダメにするハプニングを恐れるか。自分に有益な相手を選ぶか、トラブルをもたらす相手を選ぶか。未処理の記憶や心の健康状態によって「道理に合わない」反応をしていいのだろうか？

　以降の章で述べるように、私たちの行動を左右する未処理の記憶を特定する方法も、厄介な反応に対処する方法も、さまざまなものがある。まず認識してほしいのは、人間の反応には、現在の事実ではなく、主に過去の記憶に起因するものがあるということである。確かに、怒り、悲しみ、恐怖、不安が適切な状況もあるが、そうでない場合もある。自分の反応に騙され、そのような感情があるから、そのような事実も存在すると思い込むこともある。しかし、恐怖を感じるからといって、必ず部屋にトラがいるわけではない。バラは赤い。確かに赤いこともある。そしてスミレは青くない。心が青いと言ってもである。

Chapter.3
気候？ それとも天気？

　苦痛や悩みには無数の形があるが、過去20年間で、人々が治療を受けにくる一般的な理由が明らかとなってきた。それは「行き詰まったと感じる」ことである。多くの人が「自分がなぜこんなことばかりしているのかわからない」、あるいは「なぜ自信を持てないのだろう」「こんなふうに考えちゃいけないと思うのに考えてしまう」「行動を起こせるはずなのにできない」などと訴える。言い換えれば、自分の望まない形で世界に反応し、自分のしたいことができなかったり、欲しいものが手に入らなかったりする。専門家に助けを求めたが、「治療は効かなかった」と言う人もいる。世の中に治療法は何百種類もあり、適切な治療やセラピストに出会うかどうかは運次第、ということはあまり知られていない。しかし、どのような形の治療からでも学ぶものはある。本章では、そのいくつかを紹介しよう。

自分の中には何がある？

　職業柄、世界中の会議でたびたび講演することがある。おかげで、さまざまな文化を持つ人と出会い、お互いの相違点や類似点について考える機会を得た。驚いたのは、脳、心、身体を動かす原則が、年齢や性別、地域に関係なく働くことだった。本書で紹介する概念が、だれにでも通じることを理解していただくために、私が講演で必ず行う実験をしてみよう。未処理の記憶があると、脳に保存されている不快な身体的感覚や感情が自動的によみがえり、人に影響を与えることはすでに述べた。つまり、身体は非常に重要な役割を担っているということから、最初の実験を始めよう。まず、大きく息を吸い、ゆっくりと吐き出してほしい。次にしばらく目を閉じ、身体がどのように感じ

ているかに注意しよう。その後で目を開き、次の行を読む。どんな意味でも不快に感じることがなく、身体がニュートラルな状態であることが望ましい。さて、もう一度深呼吸し、再び目を閉じて、言葉を繰り返すと身体がどのように感じるかに注目しよう。「ダメ」という言葉を繰り返してほしい。できれば口に出して、周囲に人がいるときは心の中で、「ダメ、ダメ、ダメ、ダメ」と約10秒間言ってから目を開けよう。

さて、よく注意してほしい。肩、胸、お腹に何か変化はあっただろうか？ もう一度深呼吸して、再び目を閉じ、今度は「ヨシ、ヨシ、ヨシ、ヨシ」と同様に繰り返してみよう。

違いに気が付いただろうか？ たった1語だが、ほとんどの人は反応に変化が生じる。言葉は、生活の中で多くのものに結び付いていて、何を連想するかによって自動的に身体が反応してしまう。次の章では、脳に保存された体験が、感情的、身体的な反応を自動的に引き起こし、人を行き詰まらせる例を検討する。その前に本章で、もう少し基本事項を学び、不快な感情に対処するツールについて紹介しよう。

言っておくが、前述の実験を行っても、まったく反応のない人もいる。その点について、私がワークショップ中に遭遇した出来事から、何か学ぶことがあるか考えてみよう。認定EMDRトレーニングプログラムでは、治療の方法を学んでいるセラピストが、治療を受ける立場を実際に体験できるよう、必ず実習が行われる。セラピストたちは少人数のグループに分かれ、交代で「クライエント」になったり、セラピストになったりする。「クライエント」役の人は、自分自身の不快な記憶を使用するので実に有効な学習ができる。また、熟練したセラピストが実習をスーパーバイズし、進捗を観察する。スーパーバイザーは、ある実習でひとりの「クライエント」が涙を流し始め、実習相手のセラピストが「だめ、ここでそんなことしなくてもいい！」と叫んでいるのを聞いた。

幸運にもセラピストはスーパーバイザーの指導を受け入れ、クライエントは感情を押し殺すことなく、記憶を処理することができた。前の章で述べたように、脳内で自然に結び付きが作られるためには、「心に浮かぶことをただ観察し、何が起こっても、そのままにしておく」ことが重要である。次にセラピストが「クライエント」になり、自分

の体験に向き合う状況になった。彼は最初、特に治療するような問題はないと言いつつ、自分の娘が「パパ」と呼ぶのを聞くと、なぜか嫌な気分になると言った。そこで、それをターゲットにした。しばらく処理すると、彼は自分が6歳くらいのとき、母親と一緒に家の前のポーチに座っていたのを思い出した。母親は、父親が失業し、よその街で仕事を探していると告げる。だから、この家から引っ越さなければならない。6歳の彼は泣き出し、母親は背中をなでてやりながら言う。「さあ、いい子だから大人になっておくれ。ママを困らせないで！」そこで彼は6歳にして泣くのを止め、「大人」になろうと決心する。その体験、そして感情を表現してはいけないという感覚は、そのまま固定されてしまった。

　そのときから、彼は自分の感情を抑え、不快感と身体的な感覚を切り離してしまった。何年も経ち、セラピストになっても、その体験はまだ彼を動かし、彼はその状態でクライエントに接していた。つまり、どんな人でも、生理学的に保存された記憶が、現在に対する知覚の基盤となっているのである。未処理の記憶は、興奮や感情的な反応を強めるだけでなく、感じるのを妨げる場合もある。だから、先ほどの実験で「ダメ」と「ヨシ」の違いを体験しなかった人は、自問してほしい。実験が自分に合わなかったのか？　それとも、一般的に自分の身体感覚や感情を表現できないのか？　もし後者なら、未処理の記憶が関係する可能性がある。なぜなら、たとえ自分の身体的な感覚や感情を表現してもしなくても、記憶システムにおける無意識の結び付きは、やはり現在の反応に影響を与えるからである。モニターをオフにしても、コンピューターが動いているのと同じである。

行き詰まり

　先へ進む前に、何が可能で、何が不可能かを明確にしておかなければならない。まず、人生から不幸をすべてなくすことは不可能である。事件は起こり、状況は変化する。空腹と満腹が繰り返すように、感情も浮き沈みがある。負けるときもあれば、勝つときもあり、運が良いことも悪いことも、金星が昇ることも月が見えないこともある。問題は、感情がどれだけ影響を及ぼしているか、どれだけ長く持続する

かである。悲しみ、怒り、恐怖、不安、孤独、恥ずかしさなどが、明白な理由で一時的に訪れているのか、自分をどっぷり浸しているのか。天気なのか、気候なのか。それを理解するには、どれだけ頻繁に、どんな状況で自分が行き詰ったと感じるかに注目するといい。

ナンシーの例を挙げよう。彼女は、飛行機に乗るのが怖いという悩みでセラピストを訪れた。きっかけは、ある日の午後、嵐の中をカリブ海の島から島へ小さな飛行機で移動したときだった。月日が経つにつれ、飛行機に乗る前の恐怖は悪化した。そして、1カ月に数回の出張がある役職への昇進が決まったとき、彼女は受診を決意した。

ナンシーの問題は、さまざまな心理療法で理解し、治療することが可能である。例えば、精神力動セラピストなら、飛行機に関する不安についてよく考え、根底にある恐怖や葛藤を見つけ出すよう勧めるだろう。そして、飛行機の何が怖いのか、操縦士や副操縦士について心配があるのかなど、説明するよう求めるだろう。かつて、自分の面倒を見てくれた人に同様の感情を持ったことがあるか？ 自信の欠如や無能感といった問題はあるか？ 飛行機に対する恐怖は、子どもの頃の世界に対する不信感に関係があるか？ 自分が安全ではないと感じたときに守ってくれなかった両親への怒りが、不安として表現されているのか？

根底にある理由が何であれ、すべての精神力動療法では、ナンシーの「葛藤」を明確にし、解釈し、セラピストと一緒に話して「取り組む」ことで、恐怖の意味を発見しようとする。「取り組む」とは、セラピストに体験について話し、「転移」（幼少期の感情を現在の人間関係に移す）の中で再体験することを意味する。ナンシーはこれによって、現在の問題、自分の両親やセラピストに対する自分の感情、過去の体験と現在の体験の関連について深く理解するようになる。このような問題探究は、安全で思いやりがあり、深い理解を促す治療者との関係を踏まえて行われる。

何度も治療を続けるうちに、ナンシーは徐々に自分と両親、自分と自分自身、自分と世界との関係を理解できるだろう。問題を理解し、自分の反応についても理解を深めることにより、彼女はさまざまな状況で他人に身を預けることができるようになる。このような治療では、過去の体験の重要性が強調され、幼少期の感情や考え方を再び体験す

ることが重視される。変化を促す主な要素は、「トークセラピー」における セラピストとの現在の関係である。精神力動セラピストは、悟りや理解を促すだけでなく、不安という反応を克服するために何らかの脱感作を提案することもある。

　もし、ナンシーが認知行動療法（CBT）で治療されたとしたら、このタイプの不安に最も推奨される治療は、「行動実験」を含む一日がかりの治療だろう。この場合、45分間のフライトで実際の状況を体験することが含まれる。通常は、セラピストの診察室から出発し、2人でバスか電車で空港に向かう。ナンシーは、空港への移動から、空港での待ち時間、搭乗、そして着陸まで、旅のすべての場面について抱いている否定的な考えをセラピストに話す。目的地に到着したら、すぐにまたチェックインして帰りの便に乗る。セラピストの役割は、ナンシーに否定的な考えを起こさせる状況を予測し、その状況で別の考えを持つようコーチした後、彼女の恐怖が実際にどうなったかを比較することである。また、空港から帰る途中で、ナンシーが、治療によって学んだこと、そして、セラピストがいなくても飛行機に乗るためにはこの体験をどのように積み重ねていけばいいかをまとめるよう促す。別の形のCBTでは、診察室で飛行機に乗ることを想像するセッションを数回行い、家でも行わせることが多い。

　この形の療法では、過去の何かが不安の原因であるという認識はあるが、治療は主に現在の症状を対象とする。変化を引き起こすのは、行動や考えに対する直接的な操作である。例えば、恐怖を感じている人は通常、恐怖を感じる出来事や物を避けようとするので、治療ではその恐怖に直面させる。認知行動セラピストは、将来の出来事に対する理不尽で否定的な考えが忌避の原因だと考えているため、「行動実験」、つまり物体や状況に実際に暴露することで、予期している惨事（この場合は飛行機事故）が起こらないことを実証するのである。これによりクライエントは、恐怖に根拠がないことを学び、反応を変えると期待される。このような治療では、ナンシーはその後1年以内に何度か飛行機を利用し、学んだ方法で反応を観察することによって、逆戻りを防ぐよう奨励される。

　ナンシーがEMDRセラピストに問題を訴えたとき、セラピストの取った方法はまったく異なっていた。重視されたのは、脳に保存され、

恐怖の原因となっている記憶だった。セラピストは、問題の原因となっている過去の体験、不快な感情を引き起こす現在の状況、将来のために必要なことを明確にする。そしてすべてに「処理」で対応する。しかし治療では、不快な体験を詳細に話すのではなく、保存されている記憶を直接処理することで、脳がその記憶を、適応的な考えや感情と一緒に保存できるようにする。この処理は、不安や恐怖に対する理解と「脱感作」の両方を同時に生成する。

　セラピストは、「適応的情報処理」の観点からこれまでの経緯を尋ね、最初に症状が出たときにナンシーの人生に何が起きていたのかを検討した。確かに、嵐の中を小型機で飛ぶのは怖い。しかし、多くの人はそれによって飛行機に対する持続的な不安や恐怖を持ったりしない。何か別のことが起きていた可能性がある。それに、ナンシーはそのとき初めて飛行機に乗ったわけではない。何度も飛行機に乗っていたのに、そのときから恐怖が募り始めたのだ。聞き取りの段階で、ナンシーとセラピストは、彼女が恐怖を抱いた最初のフライト、最悪のフライト、直近のフライトについて記録した。ここから、症状は彼女が大学1年生のときの旅から始まったことがわかった。両親は別居し、続いて離婚したばかりだった。それは、彼女がそれまで気付かなかった関連性だった。関連しているとも思っていなかった。しかし、最初に恐怖を感じたフライトをターゲットとしてみると、そこから連想される記憶として両親の離婚が浮かんだ。彼女は、当時、自分が両親の離婚にどれだけ責任を感じていたか、どれだけ悩んだかを語った。彼女は、もし自分が家を出て大学に行かなかったら、両親は離婚しなかったかもしれないと思っていた。

　結局、嵐のカリブ海でのフライトに、家庭における恐怖や不安が重なり、飛行機に乗ることに対する不安の基盤となったのだ。しかし、それで終わりではなかった。彼女は、離婚以外の両親の行動にも責任を感じていた。両親の仲が悪いとき、子どもが自分を責めることは珍しくない。この結論が脳に保存され、後になって問題の原因となることがある。しかし、ナンシーの場合はそれより複雑だった。実は、過度の責任感が、ナンシーの人生に延々と影を落としていたのだ。父親はアルコール依存症、母親はうつ病で、ナンシーは世話役の立場にあった。

記憶処理の手順が終わった後、ナンシーは飛行機が怖くなくなり、不安なく計画通り飛行機で出張に出かけた。しかし、彼女には選択肢があった。飛ぶことへの不安が消えたのだから、ここで治療を止めるか？　それとも、もっと大きな問題に対処するか？　この時点で、彼女が家族や過去の恋人すべてに対して過度の罪悪感と責任感を持っていたことは明らかだった。これによって、彼女の恋愛における多くの問題が説明できた。自分に不利となる「世話」や「服従的な」行動は数多くあったが、彼女はそれを意識することなく、自動的に行っていた。その後 8 カ月間、ナンシーは、そのような行き詰まりを感じる他の分野について EMDR 療法を続け、問題を解決した。つまり、良きパートナーを選び、「対等な」関係でいることに喜びを感じるようになった。彼女は与えるだけでなく、愛情を受け、育むことに何の制約も感じなくなったのである。

　人はだれでも、周囲の世界に自動的に反応しながら生きている。だから、不快な反応が適切かどうかに気付くことが重要である。適切でないとしたら、それが過剰なのか、特定の状況でのみ生じるのか、もっと幅広い状況で生じるのか考えてみよう。例えば私は、出産に多大な恐怖を抱いている妊婦のクライエントに会ったことがある。妊娠に対して望ましい反応は多くあるが、恐怖はそうではない。そこで、原因を探った結果、彼女が 7 人兄弟の長女だったことがわかった。彼女にとって、出産することは、年不相応に老けてしまった自分の母親と同じになることだった。この記憶を処理すると、出産は無事に終わった。この記憶は、彼女の自意識にも影響を与えていて、彼女は人生の大半において自分の外観を過度に気遣い、パーティーに行く前には何時間もかけて準備していた。

　習慣的に生じる否定的な感情、考え、身体的反応が何であれ、その原因は過去の未処理の記憶にあることが多い。過去は現在なのである。自分の反応が適切かどうか、常に注意する必要がある。そうでないとしたら、その未処理の記憶の影響が生活のひとつの部分にだけ及んでいるか、もっと幅広いかを考えてほしい。繰り返すが、気候なのか、天気なのかが問題である。

バランスを維持する

　私たちはだれでも未処理の記憶を持っている。それが刺激されて、理由もわからず、不安、恐怖、悲しみ、怒りを感じたことがあるはずだ。そのような個人的な問題に踏み込む前に、そのような不快な感情が起こってしまったときに、取り除く方法を知っておこう。これにより、過去を探るときでも片足を現在に置き、バランスを維持することができる。だれでも過去に否定的な感情を持ったことはあるだろうが、その感情を恐れなければ、探究は極めて簡単である。だから、好きなときに否定的な感情を取り除ける方法を知っておくことが最良なのだ。以下に、EMDR療法の準備段階でも使用される自己コントロールのテクニックを紹介しよう。

安全または穏やかな場所

　適応的情報処理の観点から言えば、ここでの狙いは肯定的な記憶ネットワークへのアクセスを増やすことである。このようなネットワークは、過去の楽しい思い出で構成されている。例えば、穏やかでリラックスした気分になった体験である。不安や恐怖を感じ、それを止めたいときは、肯定的な感情にすぐに手を伸ばせばいい。それが、注意の焦点を移動させると同時に心の状態も転換するという感情的な状態変更テクニックである。例えば、怒っているときに10まで数えると、落ち着いて対処できるようになることがある。怒りや不安の原因が変わるわけではないが、原因と自動的な反応の間に小休止が入るためである。不快な感情の理由に関係なく、バランスを取り戻す方法はだれにとっても必要である。

　手始めに、「安全な場所」のテクニックを学ぼう。ここでは催眠や瞑想に一般に利用される誘導イメージを利用する。ただしこのテクニックの場合、自分は完全に覚醒し、意識している。快適な自己コントロールの手順なのである。指示を録音し、目を閉じたままそれに従ったほうが簡単にできる人もいる。必要に応じて試してほしい。付録Aにも代替的な方法を挙げている。

　まず、肯定的なイメージが必要である。過去の肯定的な体験を探してみよう。ビーチでの体験、あるいは森や山に行った楽しい思い出が、

良い気分にしてくれるかもしれない。それは、否定的なものと一切無関係なものでなければならない。「私の安全な場所は、テディベアと一緒に入ったクローゼットの中だったわ。父と母が口論を始めると、いつもそこに入っていたの」というクライエントもいるだろうが、それは良い場所ではない。「ビーチは本当に素敵な場所よ。レイプされたのもビーチだったけど」というのも良くない。人によっては、宗教的なシンボルのそばにいることをイメージすると、最も安全に感じる場合もある。

　安全だと感じる場所を特定しよう。穏やかな気分になる場所でもいい。ここでは、心に思い浮かべることによって、不快な感情を追い出すことのできる記憶を見つけたい。否定的な記憶と結び付くことなく、安全または穏やかだと感じる場所が決まるまで、この練習の先へ進んではならない。また、否定的な感情が生じたらやめてほしい。そのような場合は、明らかに未処理の記憶があるため、セラピストの手助けを得る必要がある。

　安全または穏やかだという感情を引き出す良い記憶が見つかり、問題がなさそうなら、先へ進もう。この段落を最後まで読んでから始めてほしい。まず、目を閉じて、次のことを1分程度やってみよう。**その情景を思い浮かべ、目に見える色、その他の感覚（聴覚、嗅覚などで感じること）に注目する。感情、あるいは胸、腹部、肩、顔などの身体に沸き起こる感覚にも注意する。**気持ちが良く、肯定的な感情があったら、目を開ける。さあ、やってみよう。イメージを思い浮かべ、その中に入り、色、見えるもの、沸き起こる感覚に注意を向けることができただろうか。肯定的な感情が生じたら、**その感情に合うひとつの言葉を決める。**その気持ちを表現する「平穏」でも、情景を表現する「森」でもいい。これが、その体験のラベルである。最後に、もう一度目を閉じ、イメージを思い浮かべ、心地良い感情に注意し、その言葉を心の中で言ってみよう。その情景の中に入り、自分の感情に注意を向けながら、その言葉を繰り返す。1分ほどしたら目を開ける。さあ、目を閉じてやってみよう。

　肯定的な感情が生じたら、もう一度目を閉じ、やはり1分ほどイメージを思い浮かべ、それに合う言葉を繰り返そう。**約1分間ずつ、5回やってみてほしい。**これで結び付きが強くなるはずである。

呼吸シフトテクニック

別の練習をしてみよう。今度は、イメージと言葉を思い浮かべたときの呼吸の変化に注意する。肯定的な感情が生じたら、腹部や胸など呼吸が始まる場所に手を置いてみよう。これは、安全または穏やかだと感じているときの呼吸パターンである。ストレスを感じたときは、この呼吸パターンが変わる。通常、身体の上のほうに移動するはずである。それに気が付いたら、リラックスしたときの位置まで呼吸の場所を下げればいい。これも便利なテクニックである。目を閉じて、やってみよう。

効果を試す

肯定的な感情を持ち、言葉を思い浮かべながら、快適に記憶を出入りできるようになったら、テストをしてみよう。1段落ずつ読んで、指示に従ってほしい。**身体に注意し、イメージと言葉を思い浮かべる。肯定的な感情が生じているだろうか？** 目を閉じてテストし、できたら目を開けよう。

イメージと言葉を思い浮かべたときに肯定的な感情が生じたら、これが最後の手順である。**最近、少し不快に感じた出来事を思い出し、自分の身体の変化に注意する。次に肯定的なイメージと言葉を思い浮かべ、良い感情が戻ってくるかどうかを確認する。さあ、やってみよう。**

うまくいくようなら、このテクニックを利用して、不安や恐怖を感じたときに自分の感情を元に戻すことができる。イメージと言葉によって「安全または穏やかな場所」にアクセスできれば、自分を不安にするような一時的な問題が起こったときに役立つ。このテクニックの有効性を維持するには、1日1回程度、落ち着いた気分のときに練習する必要がある。そうすれば、不安や恐怖の状態から安全または穏やかな状態へ、容易に移行できるようになるだろう。呼吸シフトのテクニックも試してほしい。自分にとって少し嫌なことを思い浮かべ、目を閉じ、呼吸パターンの変化に気が付いたら、リラックスしたときの呼吸パターンに変え、前に見つけた場所に呼吸を戻す。おそらく腹部か胸の低い位置にあるだろう。

両側性刺激を加える

　安全または穏やかな場所ができたら、肯定的な感情を強める練習をしよう。これには、交互のタッピング（軽く叩くこと）による両側性刺激を利用する。しかし、常に自分の感覚や思考を観察し、何か否定的な方向に変化し始めたら止め、肯定的な呼吸パターンを取り戻すことが重要である。ここでは2種類の刺激を紹介する。ひとつは、両手を太腿の上に置き、交互に軽く叩くことである。安全または穏やかな場所に心を集中しながら、4～6回、ゆっくり交互に叩くだけである。約5秒くらいだろう。長い時間続けたり、非常に速く叩いたりはしない。EMDRの再処理で行う長時間または速い刺激は、新しい記憶を呼び覚まし、不快な連想を生じることがあるからである。

　もうひとつの刺激は「バタフライハグ」と呼ばれる。これは、メキシコのハリケーン被災地の子どもたちをケアするために開発された方法である。それ以来、世界中で利用され、「安全な場所」の肯定的な感覚を強化するために役立っている。これは、腕を体の前で交差させ、右手を左肩、左手を右肩の上に置く。そして両手を交互にゆっくり4～6回軽く叩く。練習する場合は、安全または穏やかな場所とそれに結び付く肯定的な言葉を思い浮かべ、その安全または静かな状態に入り込む。その感覚が得られたら、太腿を交互に、またはバタフライハグの状態で肩を4～6回叩き、止めてから深く息を吸ってどう感じるかを見る。1セットやったら、目を開けてみよう。

　肯定的な状態が強化されたら、もう一度目を閉じ、その感情に注意しながら言葉を思い浮かべる。肯定的な感情が生じたら、再び交互に4～6回叩く。これは「安全／穏やかな場所」の力を強化し、一時的な不快な感情に対処するために有効な方法である。これで、自分で自分の未処理の記憶を探る前に、バランス感覚を覚えておくことができるだろう。もう一度やってみよう。両側性刺激が役に立つようなら、毎日行うのがいい。効果がないようなら、両側性刺激なしでイメージだけを利用する。不快な感情が生じたときには、呼吸シフトのテクニックを利用して、再び肯定的な感情に切り替えられることも覚えておこう。安全／穏やかな場所の練習を、毎日、良い気分のときに行い、肯定的な感情を十分に強化すれば、必要なときに不安や恐怖を取り除くのに役立つ。

漫画キャラクターのテクニック

　もうひとつの方法は、否定的な「独り言」を防ぐのに効果的である。だれでも、何かをした後、その行動が悪かったと責める自分の声が聞こえることがあるだろう。どんなに大きな間違いを犯したか、自分がどんなに間違っていたか、など。だから、ここで別の実験をする。まず、ドナルドダック、ダフィーダック、エルマー・ファッド（訳注：バックス・バニーらを狙う中高年のハンター）、ポパイなど、面白い声をした漫画のキャラクターを思い浮かべる（訳注：最近のアニメではピングーの声なども使えそうである）。目を閉じ、その声を思い浮かべ、自分の身体がどう変化するかに注意してほしい。次に、自分の心の中の声が、そのキャラクターの声だと想像して、どうなるかに注意する。さあ、やってみよう。ほとんどの人の場合、声に伴う不快な感情が消える。このような漫画は楽しくて面白い記憶に結び付いているため、否定的な感情を押しのけてしまうのである。このような種類のテクニックを使えば、人間の多くの反応はコントロールすることができる。ただ、その反応がどれだけ苦痛になっているかを自覚し、何とかしようと思えばいいのである。

　前述のように、このようなテクニックは悩みの原因を取り除くのではないが、私たちを現状に適切に対処できるバランスの取れた状態に戻してくれる。否定的な感情、思考、感覚、行動が頻繁に生じるなど、慢性的な反応の場合は、一般に根本的な原因に対処するのが最良である。これには少し時間がかかるかもしれないが、有効な方法は存在する。これについては、後で詳しく述べることにしよう。

一般的な苦痛の種

　世界中で何百回も講演をするうちに、私は、人間には国や文化に関係なく多くの類似点があることに驚いた。例えば、私はいつも聴衆に質問する。「小学校で恥をかいたことがある人はいますか？」すると、講演の場所や聴衆のタイプに関係なく、ほぼ95％が手を挙げる。読者も同様の記憶を持っているかどうか、実験してみよう。そして、その体験が処理されているかどうかを確認しよう。処理されていなければ、何らかの不快な感情が生じるかもしれない。生じた場合は、先ほど練習したいずれかのテクニックを使って、たいてい消すことがで

きる。しかし、すでに複雑な障害のため治療を受けていたり、未処理の記憶があるかもしれないと感じる人は、この練習はしないでほしい。そのような人には、セラピストの指導のもとで個人的な探究を行い、本書は人間の状態と人間を動かしている要因についての一般的な情報として読むことをお勧めする。

この実験をしてもいいと思う読者は、目を閉じ、身体の感覚に注意してみよう。そして、小学校のときの恥ずかしい体験を思い出し、何が起こるか観察してほしい。身体の感覚、心に浮かぶ考えなどがあれば注意しよう。ただ注意するだけでいい。次に、高圧洗浄機か大きなスポンジでイメージを洗い流すところを想像してから目を開ける。これも、否定的な心的イメージを変えるテクニックのひとつである。試してみてほしい。

体験から不快な感情が生じる場合は、呼吸シフトまたは安全／穏やかな場所のテクニックで消してほしい。さて、その体験を思い浮かべたとき、身体が緊張した人がいるだろう。当時と同じ激しい感情、あるいは思考がよみがえった人もいるかもしれない。その場合、記憶は適切に処理されていないと言える。イメージとともに湧き上がったのは、記憶システムに引っかかっている記憶の一部である古い否定的な思考、感情、身体的感覚、思い込みだからである。腹部または胸で感じたかもしれないが、実際の出所は脳である。他の場所で感じるのは、脳から身体の筋肉や分泌腺へ、そして逆方向へ神経伝達が生じるためである。不快な体験の記憶は、それに付随する身体的感覚も呼び覚ます。

今度は、引っ張り出した記憶の内容を検討しよう。それには、教師やコーチ、友人グループ、いじめっ子が関与しているだろうか？　教室、試合、それともダンスパーティーでの出来事だろうか？　何であれ、記憶のさまざまな面に注意し、その体験の長い触手が現在に絡み付いていないかどうかを確認する必要がある。つまり、現在、権力者や特定のタイプの人間にうまく対処できない、大勢の前で話せない、学習やパフォーマンスが円滑にいかない、集団の中で落ち着かないなどの問題はないだろうか？　もし、そのような問題があれば、それは過去の出来事に起因している可能性がある。未処理の記憶のどの部分が、現在の制約につながっているのだろうか？　将来のためにも知っておいたほうがいいかもしれない。

さて、過去の体験を思い出した人の中には、「なんてひどい先生だったんだろう！」とあきれたり、「私って大物だったのね」と笑ったりした人もいるだろう。言い換えれば、大人らしい見方であり、思い出したときに身体に生じる変化もない。これは、体験が完全に処理され、もはや当時の否定的な感情、身体的反応、思い込みを伴わないことを示している。当時の苦悩を覚えているかもしれないが、今、それはない。処理された記憶は記憶ネットワークに統合されていて、現在の反応は、子どもの頃の出来事に対する適切な大人の反応である。したがって、その出来事から派生する現在の機能障害はない。役に立たない否定的な感情、感覚、思い込みは過ぎ去っているからである。

　では、なぜ処理されている人といない人がいるのか。基本的には運である。前の夜にトラックのバックファイアの音で目が覚め、非常に疲れていたために、その出来事に否定的な印象を受けたのかもしれない。もっと小さかった頃の体験で肯定的な土台ができていたか、友人がやってきて肩を抱き「大丈夫だよ」と言ってくれたから平気だったのかもしれない。出来事の直後には、肯定的なリンクを作り、完全な処理を促すチャンスとも言うべき瞬間がある。遺伝的な要因もある。呼吸器系や循環器系の弱さ、あるいはストレスに対する何らかの敏感さが処理システムを上回ってしまったのかもしれない。しかし、それは重要ではない。何かに罪があるわけではないのだ。

　記憶が処理されなかった理由が何にしろ、それは何ら不名誉ではないことを覚えておいてほしい。子どものときに、その嫌な体験をそのまま脳に保存したいと思ったわけではない。否定的な後遺症を望んだわけでもない。大人にとっては特に「ひどい」出来事でなくてもかまわない。子どもの頃の屈辱を思い返してみれば、よくある出来事であることも多い。だれにでもあるような経験なのに、多くの人に長年にわたって否定的な影響を与えている。つまり、大人の目から見れば小さな出来事でも、子どもにとっては小さくない。子どもにとっては、恐ろしいことなのである。小学校で恥をかかされることは、進化を遡れば群れを追い出されるに等しい。疎外は死につながる可能性があり、だからこそ生存の不安が生じる。子ども時代の体験の多くは、その生存の不安に直結している。愛されなければ死。望まれなければ死。受け入れられなければ死。自動的に生じる生存の不安が、処理システム

の容量を超えてしまう。こうして、否定的な体験が保存されるのである。だから、大人がトラウマと見なすかどうかは問題ではない。子どもに否定的な影響を与えるものは、何でも現在の問題の原因となりうる。

藪の中のヘビ

　確かに未処理の記憶は存在し、否定的な反応や性質の基盤となる可能性はあるが、それが人間のすべてではない。私たちの言う処理とは、不快な出来事が記憶ネットワークの中で適応的／肯定的な情報とリンクすることを意味する。小学校での屈辱的な記憶は、同様に笑われたり無視されたりした他の友達の記憶と結び付く。振り返ってみれば、自分はそのような友達をこれっぽっちも悪く思っていない。あるいは、当時の教師は、他の教師に比べ、教師としての能力が劣っていたのではないか。いじめっ子たちは残酷だったが、自分はそうなりたくない。私たちは、良い体験をし、良い友人を持ち、屈辱の記憶がそれらと結び付いているおかげで、自信を失うことがない。ただし、ひどい恐怖や不安を感じると、脳の中には適応的な情報があるにもかかわらず、何にもリンクしない形で記憶を保存してしまう。

　例えば、ベトナム戦争に従軍した元兵士について考えてみよう。今でも攻撃から身を守ろうと地面に伏せたり、怒りを爆発させたりするが、彼らにも肯定的な体験があったことは間違いない。自己啓発の本を読み、グループ療法に参加するなどの体験も脳に記憶されている。彼らは、ある状況では正しく機能するが、別の状況では機能しない。肯定的な記憶に基づき、家族に対して深い愛情を見せたかと思うと、何かが否定的な記憶を呼び覚まし、とたんに怒りを爆発させる。この２つの記憶ネットワークはリンクしていない。しかし、手遅れということは絶対にない。

　このような顕著な出来事や症状については、Chapter.6 で詳しく述べる。しかし、私の意図を伝えるためにひとつの例を挙げよう。最近のことだが、80 歳の女性がどうしても私に会いたいと自分のセラピストに頼んだそうだ。彼女は、第二次世界大戦中、日本で子ども時代を過ごしたという。彼女は、うつと不安を訴え、私に治療を求め

た。年齢とともに夫の耳が不自由になり、大きな音でテレビを観たり、大きな声でしゃべったりするのが、彼女の不安の引き金となっていた。言うまでもなく、過去には大きな問題があった。彼女の母親は、彼女が3歳のときに家族を捨てた。父親は、彼女が学校に行っている間に日本軍に徴兵され、二度と会うことはなかった。彼女は空襲に耐え、レイプされた。彼女がどれだけ辛い思いをしたかは想像に難くない。数週間の治療後、彼女の生活は変わった。彼女は自分のセラピストに「人生で初めて自由になった気がする」と言ったそうだ。80歳の脳でも、70年間未処理のままだった情報を消化し、適切に保存することができる。つまり、いつになっても遅すぎることはないのだ。

　結局のところ、無意識に未処理の記憶を持っている可能性はだれにでもある。読者は、自分よりも周囲の他人のほうがずっと幸せそうだと思うかもしれない。しかし、それは表面だけの可能性もある。未処理の出来事によってひどい自己意識を持ちながら、他の肯定的で適応的な体験のおかげで大きな成功を収めている人もいる。例えば、60歳の神父のサミュエルは、有名な慈善組織の会長になろうとしていた。しかし、すばらしい能力があるにもかかわらず、彼は常に低い自尊心、羞恥心、不安に悩んでいた。彼は、そのような感情が会長としての役職に有害となると考え、何とか取り除くことを望んでいた。

　EMDRの生育歴・病歴聴取を行ってみると、彼の子ども時代の記憶も、大人になってからの状況も、「私はバカだ」「私は無力だ」「私は信用されない」「私は劣っている」などの不愉快な感情や思い込みに関連していることがわかった。EMDRのセッションでは、レストランで気まずかったこと、野球をしていて身がすくんだこと、ラテン語の授業が苦手だったことなど、子ども時代の多くの記憶を処理した。すると、その後に大物が現れた。まだ幼かった頃、父親が怒り、食べ物を投げつけ、母親を脅し、自制を失っているという記憶だった。サミュエルはヒーターの横で縮こまり、母親を助けることもできず、完全に無力だと感じていた。

　この出来事が、彼の人間関係における問題の土台となっていた。EMDRによって、その記憶に伴う感情、身体的な感覚、思い込みが変わると、症状は消えた。そして、「私は価値のある大人だ」という認識を持てるようになった。サミュエルは現在、新しい役職を引き受け、

以前のような無力感や不安を感じることなく仕事をこなしている。今では、彼が重ねてきた肯定的な体験が、彼の人格、反応、選択を明確に形づくっている。

しかし、非常に順調な人生を送っていて、未処理の記憶が自分を操っていようなどと夢にも思わない人もいる。ヘビが出てきて噛みつくまで、その存在に気付かないのと同じである。例えば、ポールは、40代前半のヨーロッパ人のビジネスマンで、人生で初めてうつと不安（リラックスできない、集中できない、眠れない）に悩み、仕事の生産性にも妻や子どもたちとの関係にも影響が出ているとしてセラピストを訪れた。このときまで、彼は自分の人生が順調だと考えていた。ビジネスに成功し、お金を稼ぎ、家族は豊かな暮らしをしていた。言い換えれば、目標はすべて達成していた。うつと不安の原因は、彼には明らかだった。少し前に、経済情勢の悪化と同僚の裏切りによって、投資のほぼ全額を失ったのだ。信用していたジョセフという男は、共同債務の履行を怠り、姿をくらまし、ポールの電話にも出ようとしなかった。

表面上、確かにポールの落ち込みは道理にかなっていた。彼は、子どもたちの教育と夫婦の老後のため、長年にわたって投資を蓄積していた。妻や子どもたちとは親密で健全な関係を築き、家族ぐるみの良い友人もいた。家族を養い、家族の望みをかなえてやれることが、彼の誇りだった。しかし、生育歴・病歴聴取をしてみると、赤信号が見え始めた。ポールは幸せな子ども時代を過ごしていたが、7歳のとき、父親がアルコール依存症になり、失業したため、家族は困窮した。ポールは生育歴・病歴聴取の間、自分のうつは現在の経済的な状況に関連するもので、子ども時代の苦労とは関係がないと言い張った。過去から学び、過去は終わったのだ。しかし、念には念を入れて探ってみよう。これは天気なのか、気候なのか？

ポールとセラピストは、「試金石記憶」と呼ばれるテクニックを使用した。詳しくは次の章で紹介するが、これは、現在の問題の原因になっている可能性のある最も古い出来事の記憶を意味する。ポールの試金石記憶のひとつは、8歳のとき、家族での外出に置いていかれたことだった。彼の否定的な思い込みは、「自分は気にされていない」だった。この記憶を処理すると、彼の人生において他人、特に男性の

賛同を執拗に求めた多くの体験が浮かび上がった。彼は、この再処理で、低い自尊心、人間関係の貧しさ、薬物の乱用といった少年期から青年期にかけての問題の多くが、アルコール依存症の父親との子どもの頃の体験に結び付いていることを悟った。この時点で彼は、子どもの頃の体験が人生全体に影を落とし、特に自分を裏切った同僚との関係に影響を与えていることも知った。彼は、ジョセフが事業を始めるのを手伝いたいと思っていた。今考えてみれば、ジョセフの信用や労働倫理に疑問な点はあったのだが、無視していたのだ。彼は、自分が成長過程で強く求めていた師弟関係を与えようとしていた。

　ポールの父親は、ほとんど家におらず、いるときは酒を飲んでいた。妻にも乱暴したが、ポールは父親の怒りと暴力を恐れて何も言うことができなかった。ポールはサッカーが上手だったが、父親が試合を観に来てくれることはなかった。ポールは、自分がうまくないから父親に褒められないのだと思った。基本的に、父親は息子を怒るか無視するかのどちらかだった。これが、ポールが若い同僚に自分が受けたことのないサポートを与えようとしたときに、凶暴な「ヘビ」になった。人間はだれでも、研究者の言う「ハロー効果」に基づいた反応をする。相手に良い性質を見つけると、相手が持っていない他の良い性質まで勝手に与えてしまうことである。例えば、だれかのユーモアのセンスに共鳴すると、自分と政治的見解まで同じだと思ってしまう。人を助ける職業の人を見ると、人道的にも優れた人だと思ってしまう。これらは自動的な連想であり、「スミレは青い」と同様、まったく根拠がない。

　このような連想は無害な場合もある。しかし、記憶から生じて人を盲目にすることもある。ポールは、自分の子ども時代を思わせる若者を見て、助けたいと思った。自分との類似性だけを見て、ジョセフの悪い性質に目をつぶり、助けに値する若者だと思い込んでしまった。不運なことに、ジョセフも自分の子ども時代の悪い影響を受けていた。しかし、未処理の記憶が与える影響は人によって異なる。そしてポールと異なり、ジョセフは信用できる人間とはならなかった。ポールの父親の記憶とジョセフの裏切りが処理されると、突然、すべてに整理がつき、ポールは自分が見過ごしていたことをすべて思い出した。このような未処理の記憶による目隠しは、多くのカップルが魅かれ合い、

不健全な関係に陥る原因でもある。これについては、Chapter. 8 で詳しく紹介しよう。

　ポールの極度のうつも、子ども時代の体験で説明がつく。父親の酒癖は、家族を貧困に陥れた。ポールは、父親が「人間性を失い」「家族を第一に考えていない」と感じていた。だから自分はそうならないと決意し、家族に安定した収入を与え、良き夫、良き父親であろうとした。しかし、今回の経済的損失は、自分の父親と同様に家族を養えなくなるという恐怖をポールに与え、特に大きな打撃となっていた。

　ポールは、自分の親のようにはなるまいと、模範的な市民となり、富を蓄え、家族のために尽くした。すべてすばらしい性質である。しかし、未処理の記憶の魔の手は彼の見えないところに伸び、彼は自分を裏切る人物を信用した。そして経済状態の破綻によって、完全に打ちのめされてしまった。ポールの父親の行動に関する記憶、そして自分の家族の信頼を裏切ってしまったというポールの感情を処理すると、うつは解消した。彼は、かつて富を蓄えたことを思い出し、もう一度やり直せると確信している。しかも、今度は目隠しがない。

　もうひとつ覚えておくべきは、「藪の中のヘビ」を見つけて取り除いておけば、後で出てきて噛みつかないということだ。うつ状態になって、何か手を打とうというとき、選択肢は数多くある。薬を選ぶ人も多い。しかし、まず心理療法を受け、本当に薬が必要かどうかを判断するほうが賢明かもしれない。抗うつ剤は確かに特定の症状には有効だが、状況によっては最善の選択肢とならないからだ。副作用に加え、薬を止めると症状がぶり返すことが研究で証明されている。例えば、『Journal of Clinical Psychiatry』（臨床精神医学雑誌）に発表された論文では、トラウマ症状とうつに対して EMDR のほうがプロザックより有効であることが実証されている。治療を止めてから 8 週間後、抗うつ剤を服用したグループでは再発が見られたが、EMDR を受けたグループは回復を続けた。抗うつ剤によって変わった「脳の状態」は薬を止めれば元に戻るが、EMDR 療法はうつの原因を取り除いたのである。最終的に望ましいのは、「天気」だけでなく「気候」を変えることである。

自動運転

　ここまででおわかりいただけたと思うが、本書で紹介する症例は、周囲の世界に対する人間の反応を無意識の記憶が支配していることを示している。サミュエル、ポール、ナンシーのように、どれだけ信仰が深くても、お金持ちでも、賢くても、影響を受けない人はいない。良くも悪くも、すべての連想は記憶ネットワークに基づいている。第一歩は、現在の否定的な反応に気付くことである。そうすれば、これまでに学習した、あるいはこれから学習する自己コントロールのテクニックで反応に対処できる。つまり、自分を観察し、いつバランスを崩すのかを知る必要があるということだ。

　残念なことに、これはあまり容易ではない。人間は普段「自動運転」モードになっているからだ。つまり、ただ、内部の感情、思考、感覚、あるいは外部の状況に反応しながら歩いている。何かしようと計画しても、いつしか心の中の何かが気をそらしてしまう。これを確認するために、再び実験をしてみよう。まず、今日一日、部屋を出入りするときは、必ず敷居に左足を載せるという計画を立てる。その計画を紙に書き、ベッドのそばに置いておく。そうすれば、一日の終わりに見ることになる。そして、夜、寝る前に、その計画を何回実行できたか考えてみよう。普通の人なら、忘れたときのほうが多いはずだ。それは、自分の動作に注意し、いつもと違うことをするよりも、内面世界の反応のほうが緊急で強力だからである。

　本書の目的は、自分を動かしている未処理の記憶に気付き、いつ、どんな衝動が生じるかを意識できるようになることである。自己コントロールのテクニックを使えば、どこまで自分でできて、どこから手助けが必要かを判断できる。次の章では、もう少し準備をしてから、すでに気付いている自分の不快な反応の原因となっている記憶、あるいは、いつか噛みつく可能性のあるヘビを探してみよう。

　その前に、すでに学んだ自己コントロールのテクニックを毎日使ってみることだ。安全/穏やかな場所のテクニックを毎日練習して強化し、不安や恐怖を感じたら肯定的な感情を呼び戻せるようにする。心が否定的な方向に動かなければ、太腿を交互に叩くか、バタフライハグで肯定的な感情や感覚を強化する。ストレスを感じたら呼吸シフト

のテクニックで自分を落ち着かせ、否定的な独り言には漫画のキャラクターのテクニックで対処するといい。否定的なイメージがしつこく消えないときは、高圧洗浄機かスポンジを使う。これらのツールはすべて、自分の身体と心のコントロールを取り戻すのに役立つ。これから自分の無意識を探る上で、さまざまな物事が生じる理由を理解すれば、さらに有効となるだろう。

Chapter. 4
何が人間を動かすのか？

　ほとんどの人は、謎を解くためにセラピストを訪れる。20年以上もセラピストをしていて「父が私を愛してくれなかった」と訴えてくる人には会ったことがない。人は、現在に何か問題を抱えているから助けを求める。一般には、有害だとわかっていることをしたり、感じたり、考えたりするのを止められないことだ。たいていの人は、恵まれない幼少期を送ったとしても、それは昔のことであり、関係がないはずだと思っている。この「はず」が厄介で、「こんなことをしたり、感じたり、考えたりするはずではないのに」という考えが、無力感や否定的な自己意識をさらに悪化させる。

閉じ込められた箱の中

　ひとつの問題は、人々が過去を単なる「学習体験」と考えていることである。「自分は過去の出来事から、ある感情や行動を学んだ。しかし、それは何年も前のことだ。今は年を重ね、大人になり、そんなことは間違っているとわかっている。それなのに、なぜなくならないんだ？　私はどこかおかしいに違いない」

　覚えておいてほしいのは、たとえ何かおかしいところがあっても、それが自分の本質とは限らないことである。つまり、脳に生理的に保存された未処理の記憶があり、それに当時の感情や身体的感覚が含まれている。記憶が未処理であるために、何かきっかけがあると、常に否定的な考えや感情が生じる。非常に優秀な友人が、家族との電話に出た瞬間、子どものように話したり行動したりするのを見聞きするのは、このためである。親、兄、姉などと話して自分が無力だと感じ始めると、顔の表情や姿勢まで変化することがある。何か手を打たない

限り、このような感情、思考、身体的感覚は人を動かし続ける。「私は不十分だ。私は傷つけられる。私は成功できない」といった感情が、何度も何度も現れる。本章では、どのような記憶が人間を望まない反応に閉じ込めているのかを説明しよう。

確かに、遺伝的性質と現在の状況は関連している場合がある。人が影響を受けやすい出来事は、脳の遺伝的性質によって異なる。所定の条件が重なると、遺伝的に精神障害になりやすい人もいる。しかし、そのような場合でも、何らかの体験によって発症が促進されたり、抑えられたりするのが普通である。遺伝的性質を変えることはできないが、体験には手を加えることができる。

EMDR療法によって何百万人も治療した結果、自分でどうにもならない不快な反応の主な原因は、脳に保存されている未処理の記憶であることがわかっている。自然に、またはセラピストの手助けによって処理された記憶は、学習体験に変化し、不快な感情、思考、身体的感覚を記憶ネットワークに残さない。したがって、探さなければならない記憶、未処理の記憶、否定的な記憶は、PTSDの原因となる大きなトラウマなどひとつの出来事のときもあれば、いじめられた、笑われた、自転車で転んだ、両親の口論を聞いた、友達に裏切られた、男の子に振られた、パーティーに招待されなかったなど、子どもの頃の一般的な出来事の場合もある。何であれ、未処理のまま保存された否定的な出来事が、現在に否定的な影響を及ぼす。

もうひとつ重要なことは、「起こらなかった」ことも問題となることである。例えば、育児を放棄されたり、いつもだったり、嵐のとき、親がいなかったりしたことも未処理の記憶となる場合がある。子どもは助けを求め、保護者に応えてもらおうとする本能を持ち、反射的に泣く。そこで助けが得られないと、体験は未処理の記憶としてたやすく脳に保存されてしまう。理由のない絶望感に悩むベビーブーム世代が多いのは、このためだろう。食事の回数に「規則」があったために、泣いても放置され、暗闇でお腹を空かせた赤ちゃんがどれだけいたことだろう。

EMDR療法では、クライエントがドアから入ってきた瞬間から診断が始まる。セラピストは、問題を、クライエントというふたの閉まった箱に入っていると考えている。何をすればいいか？ ハンマーでふ

たを壊すか、こじ開けるかしてもいい。しかし、回せばいいネジを見つけるほうが、ふたを開けるには効率的である。本章では、そこに注目する。問題の根底にある具体的な記憶は何だろうか？

重要なのは子ども時代だけ？

最初に明確にしておきたいのだが、人間は一人ひとり異なり、すべてが子ども時代の記憶に起因するわけではない。研究によれば、確かに幼少期の出来事は成長後の問題につながりやすいが、成長してからの衝撃的な出来事が人を混乱させることもある。例えば、トニーの状況を紹介しよう。彼は、私が最初に治療した退役軍人のひとりである。トニーは、10年以上前にベトナムから帰国して以来、極端に人との交わりを断っていた。森の中に住み、無料で治療を申し出ると承知はしたものの、「知ったことか。どうせ何も効くとは思ってないが、やってみてもいいだろう」といった程度だった。

トニーが治療に来たのは、頻繁なパニック発作のせいだった。上空を飛行機が飛ぶたび、彼は伏せて身を守った。このような重度の反応は、PTSD患者によく見られる。私は生育歴・病歴聴取で、大きな問題があると考えた。彼は、自分や状況を「コントロール」することが難しく、コントロールを失うとパニックに陥る。そこで私は、代表的な記憶を処理することで、その「どうにもならない」感覚を調べようと提案した。「わかったよ。かまうもんか」と、彼は言った。効果は期待していないようだった。ベトナムでの経験についてはまったく話そうとしなかったが、妻が自分を逮捕させたときの記憶については喜んで語った。トニーが酔っぱらっていたある夜、妻が警察を呼び、住んでいたトレーラーから追い出したのだ。彼は車で逃げようとしたが、飲酒運転で逮捕された。この体験は、彼の「コントロールできない」感覚を明確に象徴していた。

その記憶を処理すると、セックスに失敗したという別の記憶が現れた。トニーは、コントロールできない原因について「自分は何でも失敗する」からと言った。しかし、この後、彼はベトナムでの体験を語り始めた。トニーは衛生兵だった。部隊に血漿がなくなり、上官から別の部隊に行って取って来いと命じられた。トニーは戦場を横切り、

血漿を受け取って走って戻ろうとしたとき、ロケット弾が頭の上をかすめ、倒れて気を失った。どれだけ倒れていたのかわからないが、目が覚めると両腕が脱臼していた。かがんで歯で血漿の袋をくわえ、自分の部隊へ戻った。やっと袋を下ろし、振り向くと、上官が走ってきて言った。「おめでとう。君のおかげで２人死んだよ」トニーの帰りが遅すぎたからだった。

　ここから、上官と権力者に関する記憶の処理が始まった。それは、トニーの父親にも結び付いていた。その記憶を処理し、それに伴う不安がなくなると、彼は「自分は落ち着いてコントロールできる」と感じるようになった。１カ月後に会ったとき、彼はパニック発作がなくなったと報告した。彼は、それに気付くのに３日かかったと言った。飛行機が上空を飛んだとき、自分が伏せずに「さっさとどこかへ行っちまえ」と思っていることに気付いたのだ。記憶を処理した後の変化は自動的に生じるため、トニーのように最初は自覚しないことも多い。彼のパニック発作は、不適切に保存された未処理の記憶によって生じていた。しかし、処理によって記憶は「固定された」状態から学習体験へと変化し、今では脳に適切に保存されて健全な反応を生み出している。

　トニーは、父親との関係が原因で権力者との関係に問題を持っていたが、パニック発作に直接関連していたのは、記憶ネットワークに保存されたひどい戦争の体験だった。衛生兵として従軍し、仲間の苦痛を和らげたいと考えていた。全力を尽くし、意識を失って両腕を脱臼した痛みや疲労に耐えたにもかかわらず、仲間を殺したと言われれば、だれでも心の問題を生じるだろう。しかし、重要なのはどれだけ持続するかである。時間が経っても消えないようなら注意する必要がある。

試金石記憶を見つける

　すでに述べたように、否定的な性格、慢性的な不安や恐怖など、ほとんどの症状は、脳に保存されている未処理の記憶によって引き起こされる。人間は、現在の体験を理解するために、感覚（視覚、聴覚、触覚など）を既存の記憶ネットワークに結び付けている。現在の状況との類似性によって未処理の記憶が刺激されると、その記憶に含まれ

る当時の感情、思考、感覚により、ゆがんだ形で世界を体験してしまう。30、40、50、60歳以上になっても、まるで幼い自分に手を引かれているかのように、言いなりになってしまう。

EMDR療法では、特定の問題の原因となっている過去の未処理の記憶を「試金石記憶」と呼ぶ。このセクションでは、いくつかの問題とそれに関連する記憶に注目する。未処理の試金石記憶を刺激すると、子ども時代の不快な感覚が戻ってくる可能性があるため、この探究を始める前に、前の章で学習した自己コントロールのテクニックを必ず使えるようにしてほしい。使えるかどうか、テストすることも忘れてはならない。ここでは、治療や研究で広く行われているとおり、感情的な苦痛や不快の程度を10段階で表現する。これは、主観的障害単位またはSUDスケールと呼ばれる。以降、私がSUDを尋ねたときは、その不快や不安の程度を0（まったく苦痛なし）から10（極度の苦痛）の値で答えてほしい。

さて、ここでSUDが4～5（10段階で）の出来事を何か思い出し、呼吸シフトのテクニックを使うか、安全／穏やかな場所に戻ってみよう。否定的な感情が消えるようなら、それは不安や恐怖が生じたときに対処できるという意味であり、本章の練習を続けてかまわない。ほとんどの場合、何回か深呼吸して、必要であれば安全／穏やかな場所のイメージを思い浮かべれば、十分にすっきりするだろう。しかし、前にも述べた注意を忘れないでほしい。もし、すでに複雑な障害の治療を受けている人、そのような問題があるかもしれないと思う人は、記憶想起の練習をしないほうがいい。セラピストの指導のもとで自分を探究し、本書は一般的な参考書として利用することを勧める。

一般に、10～20の未処理の記憶が、人生におけるほとんどの苦痛や悩みの原因となっている。このような記憶には、当時に味わった感情、知覚、身体的感覚が伴う。PTSDのように当時の情景が頻繁に目に浮かぶことはないかもしれないが、否定的な体験をした当時に抱いていた認識から否定的な独り言が生じる。胃が締め付けられる感じ、胸の苦しさ、恐怖、恥ずかしさ、無力感も、すべて過去の出来事に結び付いている。以下の2つの練習は、現在の問題の土台となっている過去の経験を見つける手助けとなるだろう。

以降、各章で人間のさまざまな面を探っていく。発見を記録してお

きたい人は、ノートに自分の回答を書きとめておくといいだろう。

最近の出来事から始める

他の療法と同様、EMDRでもクライエントに問題となる現状を明確にさせることから始める。もし、情報を収集し、不可解な状況を解決する手段を知ることで、問題が解決されれば、悩みはすぐに消えるだろう。多くの場合、治療でも実生活でも、読んだり話したりして適切なつながりを作れば、処理は自然に起こる。すべての学習は、記憶ネットワーク間に必要なつながりを作ることで生じるのである。

しかし、それで症状が変化しない場合は、もう少し手順を踏んだ治療が必要である。まず、未処理の記憶が関与しているかどうかを判断しなければならない。この保存の形では新しい学習が生じないからである。最近、不安になったときのことを考えてみて、もっと情報を得れば対処できるのか、特定の行動を取れば不安がなくなるとわかっているのか、考えてみよう。それとも、最近の不快な反応と同様の反応が過去にもたくさんあるだろうか？

自分の反応に正当な理由があるように思うかもしれない。例えば、「能力のない人が職場にいると、とても腹が立つ。自分の仕事はきちんとやるべきだ。私はやっている！」しかし、これはよくある状況だ。自分の職場を見渡してみれば、他の人がそれほど腹を立てていないことに気付く。なぜだろう？　あるクライエントの場合、それはベトナム戦争中の体験に起因することがわかった。だれかに能力がないことは、人の死につながる。EMDRでの処理中、彼は「だれも死なない。ただのコンピューターだ。元に戻せないものはない」ことを認識した。別のクライエントの場合、学校で友人と共同プロジェクトをしたときに、頼っていた友人が失敗して恥をかいた経験があった。

最近、不快に思うことがあり、同様の感情が過去に何度も起こっているようなら、試金石記憶を探してみよう。現在の知覚は記憶ネットワークにつながっているため、そこに未処理の記憶があれば、それに伴う不快な感情や身体的感覚がよみがえる場合がある。そして、その感情が、現在の出来事に対する知覚をゆがめてしまう。このような場合、現在の出来事が古い不快な感情の「引き金」となっている。発見したことをきちんと記録したい場合は、ノートの最初のページに「試

金石リスト」と書き、ページの中央に縦線を引くといい。そして左の列の上に「最近の出来事」、右の列の上に「記憶」と書く。

まず、最近起こった不快な出来事、あるいは現在悩んでいることを明確にしよう。自分が過剰に反応していると知りつつ、感情的になってしまう状況でもいい。自分ではそれが当然だったと思う場合もあるだろうし、自分が何かしていれば、あるいは何かしていなければ、問題はなかったのにと後悔しているかもしれない。SUD スケールでは、0 が苦痛なし、10 が最も苦痛が大きいで、6 以上の出来事を選ぼう。ノートの最初のページの「最近の出来事」の下に、それを簡単に描写する。後で見直したときに、どんな出来事だったかを思い出せさえすれば、短くてかまわない。

感情スキャン

悩んでいる出来事に意識を集中しながら、以下の指示に従ってほしい。終わったら必ず、呼吸シフトか、安全 / 穏やかな場所で心を落ち着かせる。ひとつずつ、全部で 10 の手順を実行しよう。このテクニックは、主に自分の感情や身体的な感覚に注目するもので、「感情スキャン」と呼ばれる。練習がうまくいかなくても、気にする必要はない。

以降、記憶を探る各種のテクニックを紹介する。始める前に 1 〜 5 の手順を読み、回答を書いたほうがいいと思う人はそうしてほしい。

1. その出来事のことを考えるとき、最も嫌な感じがする場面は？
2. 出来事の中で最悪の場面を象徴するイメージは？　例えば、人の表情、人の言葉、立ち去る人の姿など。そのようなイメージがない場合、または思い浮かべると問題が生じそうな場合は、単に最悪の場面について考える。
3. そのイメージ / 出来事を思い浮かべるとどんな感情が起こるか？
4. それを身体のどこで感じるか？
5. その感情とともにどのような否定的な考えが浮かぶか？
6. イメージと否定的な考えを同時に思い浮かべ、身体の感覚に注意する。
7. その感覚に集中し、子ども時代に同様の感覚を感じた体験を思い浮かべる。

8．SUDスケール（0〜10）でその古い記憶の苦痛はどの程度か？
9．身体の感覚が悪化したり、SUDレベルが3以上あったりする場合は、記憶が十分処理されていない可能性が高い。その子ども時代の記憶を思い出すための短いヒントを決める（ショッピングモールで迷子になった、キャンプで叩かれた、両親に無視された、地下室でひとりぼっちになった、クラスで盗みがばれたなど）。
10．最近の出来事の反対側の「記憶」の列に、その出来事が何歳でどこで起こったものだったかなどの説明を書く。SUDスケールも書いておく。

ニュートラルな状態に戻る

　呼吸シフトか安全／穏やかな場所を使って、常に苦痛のないニュートラルな状態に戻ることが重要である。子ども時代のイメージが大きな苦痛をもたらす場合は、それをペンキの入った缶の中に入れて混ぜることを想像する。ペンキ缶のテクニックは、漫画キャラクターのテクニックを使って独り言を打ち消すのと同様、イメージを追い払う効果がある。これで一息入れると、簡単に安全／穏やかな場所に行くことができる。

　この練習がうまく作用し、今でも苦痛に感じる子ども時代の記憶が見つかった場合は、その未処理の記憶が現在の反応の原因となっている可能性が高い。そこから何が自分を動かしているのか、理解を深めることができる。また、過去の出来事が原因で今の反応が生じていることがわかれば、否定的な感情が生じても、少し距離を置いて対処できる。否定的な反応が起きそうなときは、すでに学習した、あるいはこれから学習するテクニックを使ってニュートラルに戻る。

　次のセクションでは、自分の反応についてさらに理解を深める。そうすれば、自分の反応が問題だと思ったときに、容易に原因を突き止められるようになる。最終的な目標は、コントロールできない感情に無意識に振り回されるのではなく、感じ方に選択肢を増やすことである。

否定的認知

以下の例で次のプロセスを説明しよう。

- ジョンは、職場で自分の役割を果たすことができない。人生の目標を低く設定し、何かあるごとに失敗を予想する。家でも職場でも感情や怒りを抑えられないことが多い。そのため、家族も仕事も失う危機にある。

EMDR療法では、ある種の否定的な思い込みのことを「否定的認知」と呼ぶ。療法によっては、ジョンの思い込みに対して、質問、記述作業、異なる見方を促す助言などを行う。EMDR療法では、否定的認知に注目することをきっかけに、処理する必要のある記憶にアクセスし、それを活性化する。否定的認知は、未処理の記憶の一部である感情や思考を言葉にしたものである。ジョンの場合、職場での最近の出来事について考えたときの否定的認知は「自分は失敗者だ」だった。

ジョンとEMDRセラピストは、本章で紹介する「漂い戻り」と呼ばれる手法を使用し、問題の原因となっている記憶を明確にした。彼の試金石記憶は、4歳のときに、はっきりした理由もなく父親に殴られたことだった。父親の暴力は、彼が16歳で家を出るまで続いた。このため、子どもの頃の父親に似た声の調子や表現をする人がいると、ジョンのスイッチが入ってしまうことがわかった。職場や家庭の一部の人による声の調子が、力不足、怒り、苦痛などの旧い感情を思い出させ、激情してしまう。記憶を処理すると、ジョンが怒ることはなくなった。だれかの声の調子でスイッチが入ることはなく、自分が失敗者だという感情も消え、「自分も成功できる」という肯定的な考えを持てるようになった。

自己探究

自分の反応を促している否定的認知を見つけるには、本章ですでに使用した最近の嫌な出来事を思い出してみよう。その出来事と、否定的な反応の基盤となっている子ども時代の出来事は、否定的認知でつながっているはずである。どのような否定的認知なのか自分で考えて

もいいし、68ページの「否定的認知」を使用してもいい。否定的認知は状況説明ではない。したがって、同僚によってスイッチが入ってしまう場合の否定的認知は、「私は圧倒されている」や「彼は無能だ」ではない。一般には、その状況で自分についてどう感じるかを表現したもの、つまり「私は無力だ」のようになる。

子どもの頃の出来事についても、同じことが言える。「パパが暴力的だった」というのは否定的認知ではない。ジョンの場合と同様、状況説明である。「ママが愛してくれなかった」というのも否定的認知というより、事実の説明かもしれない。もし本当だとしたら、それによって自分はどう感じたのか？　「私には価値がない」あるいは「私は愛されない」かもしれない。この2つは否定的認知である。同様に、レイプ被害者が治療に来て、「私は危険な状態だった」というのは真実であり、理不尽な認知ではない。しかし、レイプの記憶が未処理のまま残り、思い出すと「私は危険な状態にある」と感じるのは、理不尽な思い込みである。現在は、セラピストの部屋にいて安全だからである。過去に関する認識は正しいが、問題は、今、どう感じるかである。治療の後、レイプを思い出して「私は安全ではない」と言っているようではいけない。しかし、理不尽な否定的認知とは、彼女の現在の感情を言葉にしたものであり、その言葉が症状なのである。その言葉は保存された情報を表現している。だから、現在の否定的認知を使えば、その根源にある未処理の記憶をたどることができる。ノートに書き留めた最近の出来事と一致する否定的認知を見つけたら、その出来事の下に書いてほしい。同じ否定的認知は、次の列の記憶とも一致するはずである。

例えば、ジョンが4歳のときの出来事を書いたノートは、次のようになるだろう。

最近の出来事	記　憶
職場でラリーに怒鳴った	4歳のとき、父に殴られた
自分は失敗者だ	（8 SUD）

否定的認知を特定する

　次の練習では、読者の心にあるかもしれない思い込みに注目しよう。苦痛を表現する言葉は数多くあるが、それらは一般に3つのカテゴリーに分類できる：

◆ 責任（自分は間違っている、または間違ったことをした）
◆ 安全ではない
◆ コントロール／力がない

　次ページの認知リストの中には、上記の3つのカテゴリーに分類される否定的認知を表現する文章が数多く見つかるだろう。例えば「責任」のカテゴリーには「私は愛されない」「私は十分ではない」など、自分に何らかの欠陥があるという気持ちが含まれる。否定的認知が現実的には真実ではないとわかっていても、そのような言葉で気持ちを表現し、さまざまな状況でそう感じることが、最終的には人生を決定してしまう。
　例えば、人生で最初の否定的な記憶を思い出してみよう。子どもなら、おそらく無力に感じたり、十分ではない、安全ではないと感じたりしたことだろう。あるいは、3つすべてが混じっているかもしれない。記憶に注目してみよう。どのカテゴリーが最適だろうか。何らかの意味で不十分だった、安全ではないと感じた、あるいは自分にはどうしようもないと思ったのだろうか？　自分が過剰に反応してしまった最近の出来事でも同じ気持ちを抱いたかどうか考えてみると興味深い。以下のリストは、各カテゴリーの気持ちに具体的な言葉を対応させたものである。言葉にすることは、自分を理解し、否定的な気持ちの原因となっている記憶を特定する上で役に立つ。
　リストを読みながら、否定的認知が、自分にとって最悪な瞬間の気持ちを表現していることに注目してほしい。一般に、それは選択肢を持たなかった子ども時代に始まる。他人が残酷だったり、不親切だったりしたために始まることもある。完全な誤解から始まることもある。ある男の子は、靴を履くのをやめ、靴を怖がり始めた。セラピストは、男の子の祖母が亡くなったとき、両親が「おばあちゃんの魂（ソウル）

否定的認知	肯定的認知
責任：私には欠陥がある	
私は愛に値しない	私は愛に値する。愛されることができる
私は悪い人間だ	私は良い（愛すべき）人間だ
私はひどい人間だ	私は今のままで全くかまわない
私は無価値（不十分）だ	私は価値ある人間だ。私には価値がある
私は恥ずかしい人間だ	私は名誉に値する
私は愛されない	私は愛される
私は十分ではない	私は十分だ（良い）
私は悪いものしか得られない	私は良いものを得る価値がある
私は永久にダメだ	私は健全だ（健全になれる）
私は醜い（私の身体は不愉快だ）	私は良い（魅力的だ／愛される）
私には〜する価値はない	私には〜する価値がある
私はバカだ（十分に賢くない）	私は知的だ（学ぶことができる）
私には意味がない（重要でない）	私には意味がある（重要だ）
私は人を失望させる	私は今のままで良い
私は死ぬべきだ	私は生きるべきだ
私はみじめでも仕方がない	私には幸せになる価値がある
私は人と違う（仲間外れだ）	私は今のままで良い
安全ではない／弱い	
私はだれも信用できない	私は信用する人を選べる
私は危険な状態にある	危険は去った。今は安全だ
私は安全でない	私は安全だ
感情を持つ（表現する）ことは良くない（安全ではない）	感情を持っても（表現しても）安全だ
コントロール／力がない	
私はコントロールできない	私はコントロールできる
私は無力だ（助けを得られない）	私には選択肢がある
私は欲しいものを得られない	私は欲しいものを得られる
私は自分を主張できない	私は自分のニーズを主張できる
私は言いたいことを言えない	私は自分の意志で言いたいことを言える
私は自分を信用できない	私は自分を信用できる（できるようになる）
私は失敗だ（失敗する）	私は成功できる
私は成功できない	私は成功できる
私は完璧でなければならない	私はありのままの自分で良い（間違いを犯すことがある）
私では手に負えない	私は何とかできる
私はだれも信用できない	私は信用する人を選べる

が天国に行った」と告げたことを発見した。男の子は、自分の靴底（ソウル）も自分を消してしまうのではないかと怖がっていたのだ。

　まず、最近、自分を悩ませたことを3つ考えてみよう。過去1年間で最も悩んだことでもいい。特に、自分が過剰に反応したと思うことを挙げよう。「最近の出来事」の列にそれを2〜3行ずつ空けて書いてほしい。次に、否定的認知のリストを見る。最初の出来事を思い浮かべ、そのときの気持ちに最も近いと思う否定的認知を出来事の下に書き込む。「悪いのは私だ。違う行動を取るべきだった」という気持ちや考えがある場合は、「それはどういう意味だろう？　私は恥ずべき人間、バカ、それとも悪人だろうか？」と自問してほしい。そして最も近いと思う否定的認知を選び、最近の出来事に下に書く。近いものが見つからない場合は、とりあえず空白でいい。

　リストには、否定的認知に対応する肯定的認知も挙げてある。もし、成長過程で、または特定の状況で、逆のメッセージを受け取っていれば、そのような肯定的認知を持っていたはずである。「自分は欠陥だ」ではなく、「私には価値がある」と感じていただろう。やはりだれも責めることはできない。これは単に将来的な可能性を示唆している。

　自分の気持ちを否定的認知という言葉にすると、無意識の処理や自分を動かしている記憶をよく理解できる。単なる「気持ち」ではなく、具体的な思考や思い込みも見えてくる。否定的認知を抱いていることに対して、自分を責める必要はない。反応の原因となっている記憶の症状のひとつだからである。最近、自分を悩ませた出来事の中で、同じ気持ちや否定的認知を抱いたものがいくつあったか考えてみよう。違った気持ちや否定的認知はあっただろうか？　最初の出来事に合う否定的認知が見つかったら、「最近の出来事」の列に書いた他の出来事についても同様に検討してほしい。出来事についての短い説明を書き、その下に当時の気持ちに一致する否定的認知をひとつ選んで書く。否定的認知が見つからない場合は、とりあえず空白でかまわない。

　次に、そこからわかることを考えよう。すべての出来事に同じ否定的認知が当てはまっただろうか？　それとも、違ってはいるが、責任、安全、コントロールの同じカテゴリーに属していただろうか？　カテゴリーも違っていただろうか？

記憶を特定する

　否定的な反応がどこから来るのか知りたいなら、次の課題をやってみよう。これは「漂い戻り」と呼ばれ、EMDR療法で使用されている。これを「感情スキャン」に追加すると、さらなる記憶を思い出せることが多い。否定的認知を利用して記憶にアクセスすると、何が自分を動かしているのかを理解できる。この練習は、セラピストと一緒に行ったほうが簡単だが、安全 / 穏やかな場所や呼吸シフトのテクニックを十分に練習し、心の動揺を止めることができるなら、自己探究の入口ともなるだろう。準備ができていると思った人は、先ほど挙げた最近の出来事をひとつ選び、以下の指示に順に従ってほしい。記憶を特定したら止め、安全 / 穏やかな場所または呼吸シフトのテクニックでニュートラルな状態に戻る。その後、「記憶」の列に試金石記憶を書き込んでみよう。

　以下に、どのように練習を進めるかの例を挙げる。

　企業の研修担当者であるサンドラにとって、大勢の聴衆の前で話すことも仕事の一部である。しかし、それに対する彼女の不安は非常に大きく、本番の前にワインを何杯かあおって「覚悟」しなければならないほどだった。彼女は、「私は十分ではない」という否定的な認知を自覚していた。そして、漂い戻りにより、小学校4年生のときの出来事を思い出した。教師が何人かの児童を選び、翌年の教師に向かって紹介している記憶だった。教師はサンドラを立たせ、翌年の教師に向かって言った。「彼女はすごく変なの」

最近の出来事	記　憶
ヒューストンでの発表	10歳、アルバート先生に「すごく変」と言われた
私は十分ではない	(7 SUD)

　ここでも、「こうであるべき」ことはない。何も思いつかなくても

強制する必要はない。最近のひとつの出来事でうまくいかない場合は、別の出来事で試せばいい。セラピストにプロセスを導いてもらう必要のある人もいる。同じ感情で多くの記憶がつながっている人もいる。だから、数は気にする必要がない。最も古い記憶と最も苦痛の大きい記憶を、簡単に書き留めておけばいい。また、安全／穏やかな場所または呼吸シフトのテクニックでニュートラルな状態に戻るのを忘れないようにしてほしい。

漂い戻りのテクニック

1. 否定的認知と最近の出来事の両方を心の中に思い浮かべる。身体のどこで感じる？
2. 最近の出来事と否定的認知のことを考えているとき、体内の感じに注意する。心を子ども時代に戻していく。そのように感じた過去の記憶は？　自然に思いつくことがあれば、「記憶」の列に書き込む。年齢と SUD レベルも書いておく。
3. 最も小さかったときの記憶と最も SUD レベルが高い記憶もキーワードで書き留める。
4. それらを最近の出来事の隣りの「記憶」の列に書く。

どの出来事についても適当な否定的認知を決められない場合は、前述の感情スキャンを使ってみよう。試金石記憶を特定できたら、否定的認知リストから最も合うものを選ぶ。その古い記憶を思い浮かべて、今はどう感じるだろうか？　現在の状況に対する自分の反応に困っているときは、古い記憶に注目したほうがわかりやすいことがある。どちらにしろ、いったん自分の気持ちにぴったりくる否定的認知が見つかると、それが古い記憶と現在の状況の両方に合うことが多い。そうなったら該当する列に記入しよう。

今度は少し時間を取って考えてみよう。「記憶」の列に挙げた昔の体験が、現在の自分の反応の原因となっていることがわかるだろうか？　過去の体験の「触手」が現在に伸びているのが見えるだろうか？例えば、職場と家庭での反応は、子ども時代と同じ気持ちによって生じているだろうか？　それとも、それぞれ別の体験に由来しているだろうか？

そこでどうする？

　以降の章では、さらに練習を重ね、多くの問題を検討していくが、すでに記憶を特定できたとすれば、それは順調なスタートである。まだ特定できていない人も、さまざまな面から記憶ネットワークに光を当てていけば容易になるかもしれない。繰り返すが、子ども時代に根差した性格により、他の人より多くの手助けを必要とする人もいる。だれかを責めるのではなく、ただ知っていてほしい。記憶を特定できなくても、否定的認知がわかれば、現在、それに伴う気持ちが刺激されたときに自覚できるようになる。以降の練習も役に立つだろう。

　人々は一般に、1人で、またはセラピストの手助けを得て、現在の問題の原因となっている記憶を10〜20件特定できる。これらの記憶は身体的な反応を引き起こすことが多い。つまり、目を閉じ、それらを心に思い浮かべると、身体が反応したり、当時の考えや気持ちがよみがえったりする。このような記憶は完全に処理されていない。どれも、現在の幸福感や満足感に大きな影響を与えている。性格形成に貢献したものもあれば、何らかのきっかけで有害になるものもあるだろう。

　身体的な反応を引き起こす記憶は数多くあるかもしれないが、一般に類似した体験は同じ記憶ネットワークの中でつながっている。大きなトラウマなら、年齢を問わず、発生し、未処理になる可能性がある。それを除けば、最も早期の、または最も不安や恐怖のひどい記憶が現在の問題を解く鍵である。この重要な試金石記憶を処理すれば、同じネットワークでつながっている他の多くの記憶も自動的に変化する。記憶が正しく保存されれば、古い不快な感情、思考、身体的な感覚は生じなくなる。代わりに、肯定的な感情や思考、そして「私には価値がある」「私は成功できる」「私には選択肢がある」という気持ちが自動的に生じる。

　現在の否定的な反応に対処する方法はいろいろある。自己モニタリングや、感情を落ち着かせる各種の自己コントロールのテクニックもその例である。これまでの練習で、過去の記憶が現在の否定的な思い込みや反応につながっていることがわかれば、自分を動かすパターンも見えてくる。つまり、自分の反応にも敏感になり、おそらく感情に

流されてしまうことなく、「私の癖だ」と言えるだろう。怒り、恐怖、悲しみ、不安などを感じたら、呼吸シフトや安全／穏やかな場所を使えばいい。否定的な独り言が始まったら、漫画のキャラクターを思い出す。頭の中の嫌なイメージが消えなければ、ペンキ缶をかき混ぜたり、高圧洗浄機や大きなスポンジで洗い流したりすることができる。本書でさらに学んでいくこのようなテクニックは、自分の心や感情の状態を変えるのに役立つ。怒りや不安でいっぱいの状態より、安心して落ち着いた状態のほうが、人間は正しい選択ができるものである。

TICES ログ

EMDR 療法の目的のひとつは、現在の問題を引き起こしている記憶を処理することなので、クライエントには苦痛が生じる状況を明確にしてもらうようお願いしている。その効果的な方法のひとつが、TICES ログを日常的に利用して自分の反応を観察することである。ノートの新しいページを開き、縦に線を引いて、5 列に区切ってほしい。最初の列の一番上に「T」、2 番目の列に「I」と TICES の順に書いていく。各列には短い箇条書きで、現在の不快な状況に対する自分の反応を書いていく。

「T」は、Trigger（引き金）を意味する。ご存じのように、現在の状況は記憶ネットワークにリンクしている。過剰に反応するとすれば、その状況が過去の未処理の記憶の引き金となっていることが多い。だとすれば、その未処理の記憶は何だろうか？　家族の口論、だれかの表情、身ぶり、言葉によって屈辱や孤独を感じたこと、それとも同僚との不和？　何が起きたのかを思い出すキーワードを書いておいてほしい。

「I」は、Image（情景）を意味する。その出来事のことを考えると、心にどんな情景が浮かぶだろうか？　ほとんどの場合、出来事の最悪の場面だろう。本当に心が痛む部分、恥ずかしくて顔が赤くなる場面、怒りや悲しみがこみ上げる場面など。

「C」は、Cognition（認知）を意味する。その出来事のことを考えたときの気持ちに最も一致する否定的認知を選んでほしい。

「E」は、Emotion（感情）を意味する。その出来事のことを考えると、

どのような感情が生じるだろうか？

「S」は、Sensation（感覚）を意味する。その感情を体のどこで感じ、SUD はどのくらいだろうか？

反応をノートにメモしたら、安全 / 穏やかな場所か呼吸シフトのテクニックでニュートラルに戻ることが大切である。

体験が幼少期に限らないことを覚えておいてほしい。大きなトラウマは、年齢を問わず、強い影響を与える。例えば、兵士としてイラク戦争に従軍したデレックが治療を受けに来た。デレックとセラピストは、TICES ログを使ってデレックを悩ませる状況を特定し、過剰反応を見つけた。例えば、戦争から戻って以来、彼は息子のパーカーが泣くたびに自分がひどく動揺することに気付いた。抱いている息子が泣き出すと、デレックは妻に息子を渡さないではいられなかった。否定的認知は「自分の手に負えない」である。以下に彼の TICES ログを紹介する。

T	I	C	E	S
パーカーが泣いている	パーカーの顔を涙が流れる	自分の手に負えない	悲しみ / 恥	胸 / 腹部 8 SUD

デレックとセラピストは、TICES ログを確認した後、漂い戻りのテクニックを使用した。すると、問題は戦争中の出来事に遡ることがわかった。戦闘中、人質になっていた女性が銃撃戦で犠牲になり、幼い息子が泣き叫んだのである。兵士に戦闘を防ぐ方法はなかったが、これには部隊の全員がショックを受けた。デレックにとって、戦争中に受けた感情的な動揺は未処理の記憶として残り、それが現在も息子の不機嫌によって刺激されていた。この記憶を処理した後、デレックはパーカーの泣く姿に過剰に反応せず、息子との時間を十分に楽しめるようになった。

結局のところ、職場での人間関係、あるいは家族、友人、路上の見知らぬ人との関係における過剰反応は、未処理の記憶に起因することが多い。TICES ログを使用すれば、さまざまな方法で情報を引き出すことができる。

1. 回答を利用し、漂い戻りや感情スキャンで過剰反応を引き起こしている記憶を特定する。このとき、「試金石リスト」の各列に、最近の出来事、否定的認知、記憶（年齢と SUD も）をメモする。記憶がすでに特定されている場合は、その隣に星マークを記入する。これにより、自分を動かしている特に強力な記憶を認識することができる。試金石リストのさまざまな書き方については、後の章を参照されたい。
2. 各種の状況に否定的に反応した回数を記録し、それらが似たような感情や否定的認知に集中していないかどうか確認する。
3. 自分の行動が謎ではないことを認識する。行動はランダムではない。特定の状況によって未処理の記憶が刺激され、不快な思考、感情、身体的反応といった特定の反応が生じているのである。

これで、恐怖、悲しみ、怒り、不安、無力感などを感じるだけでなく、なぜそのように反応しているかを意識することができる。感じるだけでなく、反応を観察し、何か手を打つことができるのである。TICES ログを日常的に使用すれば、日常を振り返り、何に注目する必要があるかを明確にするチャンスも生まれる。否定的反応はときどきなのか、もっと頻繁か？　ひとりに対してだけ生じるのか、多くの人間に対して生じるのか？　家族、同僚、特定の友人仲間、知り合い、見知らぬ人など、だれといるときに、あるいはひとりでいるときに主に生じるのか？

TICES ログの反応により、自分がどういう人間か、どのような体験や記憶によって動かされているのかを詳しく認識できるようになる。そして、該当する状況が生じる前に心の準備をすることができるだろう。また、常に警戒を怠らず、自己コントロールのテクニックを使って否定的な反応に対処したり、適応的な反応に変えたりすることもできる。本書では、以降もそのようなテクニックを学んでいく。

自己コントロールのテクニックは、いつセラピストの助けを得るべきかを判断するにも役立つ。記憶の中には、特に問題となりやすいものがある。自己モニタリングと決意だけで十分な場合もあるだろう。否定的な感情が強すぎて、回避できないこともある。同じ刺激によって否定的反応が繰り返し生じるようなら、おそらく熟練したセラピス

トと一緒に記憶を処理したほうが有益だろう。セラピストの探し方、選び方は、付録Bを参照されたい。ガイドラインは他の身体的問題と同じである。脳と身体の他の部分が異なることはない。腕の骨が折れたら、病院に行って固定してもらうだろう。その後は、自然な治癒力に任せる。しかし、まず腕の骨を正しく固定してもらわなければどうしようもない。記憶と脳の情報処理システムについても同じである。

　以降の章では、人間を動かす記憶をさらに特定していく。世界で何百万人も悩ませている問題の分野についても検討したい。ピンとくる記述があれば、それは、あなた、あなたの愛する人、好きな人、あるいは嫌いな人を動かしているものについて、詳しい情報を得る手助けとなることだろう。

Chapter. 5
隠れた風景

　本章では、ほとんどの人が直面したことのあるタイプの問題を掘り下げてみよう。ここでは、表面に見えるものであれ、見えないものであれ、人がどんな力に動かされて否定的な「自己」意識を構築するのか、実例を挙げて紹介する。また、人生に満足や幸福を見出せない人が多く見受けられる理由についても検討したい。第一歩は、やはり出発点からである。親の愛情は、すべての生き物にとって成長の土台とされる。種の生存という本能に従い、赤ん坊は育てられ、守られるものと決まっている。親の愛情深い世話があってこそ、私たちは世界を知り、自分が人生の目的を達成できる価値ある生き物であることを学ぶ。愛されてこそ、愛することを学ぶ。しかし、すべてがうまくいくとは限らない。

　以下に、意外に一般的なシナリオを紹介しよう。

　ルシルは、初めての子を妊娠した。3人兄弟の末っ子だったが、赤ちゃんを持つのは彼女が最初である。家族全員が大喜びし、このすばらしい出来事を待ち望んだ。しかし、ルシルにのんびりするひまはなかった。妊娠がわかると同時期に夫が転勤になり、家族や友人と別れて遠くへ引っ越さなければならなかったからである。さらに不運なことには、悪阻(つわり)がひどく、妊娠していた9カ月間のほとんどを通じて吐き気に悩まされ、1日に数回も吐くことがあった。出産も簡単にはいかなかった。長い陣痛にさんざん苦しんだ挙句、緊急帝王切開となった。ルシルが目を覚まし、赤ん坊が見たいと言うと、看護師は朝になるまで待たなければならないと言った。しかしルシルは、ついに生まれたばかりの娘を腕に抱き取ったとき、こう思った。「何かがおかしい。何も感じない」

ルシルは、赤ん坊のエイミーを愛したいと思ったが、できなかった。娘のためにできるだけのことをしようと思いつつも、娘に愛着を感じられなかった。体調はひどく、気分が落ち込んだ。子どもに愛情を持てないという罪悪感にもさいなまれた。しかし、これはルシルが悪いのでも、エイミーが悪いのでもない。妊娠と出産の記憶が未処理のままルシルの脳に保存され、その否定的な感情と身体的な感覚が、エイミーの存在によって絶え間なくよみがえっていた。

　ルシルは抗うつ剤を服用し、カウンセリングを受けたが、赤ん坊に対する感情は変わらなかった。こうして彼女は、エイミーが泣けばミルクを与え、おむつが濡れれば交換するなどの世話はしたが、愛情や慈しみの感情は持たなかった。むしろ感情は、悲しみ、不安、怒りを行き来していた。ルシルの苦悩は、エイミーの抱き方や扱い方に現れた。エイミーは気難しくなり、夜泣きをし、事態はさらに悪化した。それは、本当の育児と愛情の欠如から生じる諸問題の第一歩だった。エイミーもルシルも間違っているわけではない。エイミーは、自分が愛されない人間だと思って育つかもしれないが、それは事実ではない。状況が異なれば、十分に愛されていただろう。不運なことに、母親の情報処理システムは、妊娠と出産にまつわるひどい経験を処理できなかったのである。ルシルは、エイミーを愛したいと切望していたにもかかわらず、処理されないままの否定的な経験が邪魔をして愛することができなかった。

　ルシルの問題は、EMDR療法で妊娠期の記憶と不快に感じる現在の状況を処理し、もし妊娠と出産が順調に運んでいたら存在したと思われる良い感情を体験させることで解消した。EMDR療法の後、ルシルの言葉を借りれば、エイミーは「面倒なものから、私の人生で最大の愛」に変わった。ルシルの変化は、エイミーを悲嘆と自己不信に満ちた人生から救ったとも言える。しかし、これほど幸運ではない人もいる。最終的に、親子の関係は人格を決める基本要素のひとつである。

　再び強調したいのだが、遺伝的な要因によって、特定の形で世界に反応しやすい場合もある。例えば、環境から受けるストレスに非常に敏感な子どももいる。これは親にとって大きな問題になりかねない。前にも述べたように、本書の目的は悪者を見つけることではなく、人間を理解することである。以降、親子の早期の関係に影響を与えるさ

まざまな要因について述べることで、読者にも家族内に同じ要因を見つけていただければ幸いに思う。

絆づくりと愛着

両親から愛されていないと感じて育つ人がいても不思議ではないかもしれない。何千人もの女性がルシルと同じ状況に苦しみ、どうにもできないでいる。このような女性は、友人みんなが喜んで出産を迎えているのを、空虚な気持ちで遠くから眺めることしかできない。このような反応の原因は、妊娠、出産、産後における物理的、感情的な別離にあることが多い。これには、妊娠期の不健康、難産、産後の強制的な別離、出産の何年も前に始まるさまざまな喪失や感情的問題が含まれる。以下に、最も一般的な原因を挙げてみよう。

物理的な分離

◆ 出産時、出産後、またはその後、母親が子どもと別れさせられた。
◆ 深刻な難産だった。
◆ 子どもが未熟児、または病気により、病院の新生児集中治療室や保育器に入れられた。
◆ 出産時に母親に麻酔がかかっていた。
◆ 母親の産後の健康状態が非常に悪かった。
◆ 子どもが養子に出された。
◆ その他の大きな別離が発生した。

感情的な分離

◆ 妊娠中、母親に感情的な問題が生じた。
◆ 出産後、母親に感情的な問題が生じた。
◆ 出産の2年以内に母親の家族が死亡した。
◆ 出産の2年以内に母親が流産した。
◆ 出産の前または直後に夫婦間の深刻な問題または別居があった。
◆ 母親が出産時に麻薬やアルコールの中毒だった。

◆ 母親が出産前または直後に引っ越した。
◆ 夫婦に深刻な金銭的問題があった。
◆ 望まない妊娠だった。
◆ 子どもが双子または三つ子だった。
◆ 心の絆の形成を妨げる他の出来事が生じた。

　結論として、「母（または父）は私を愛してくれなかった」という気持ちを抱いていた人は、その気持ちが正しかったかもしれない。しかし、前の章でも述べたとおり、治療がなければ、その原因はだれにもどうしようもなかったのである。

　エイミーに対するルシルの愛情の欠如は、出産関連のすべての出来事に起因する自動的な感情的、身体的反応だった。引っ越しによるホームシックと孤独、ひどい悪阻、長時間にわたる難産、手術（帝王切開）、産後の疲労と抑うつに伴う否定的な感情を想像してみてほしい。手助けがなければ、これは彼女の処理システムの容量を大きく上回っている。このうち、どれかひとつの要因でも心の絆を妨げるには十分だっただろう。

　父親も、自分の生い立ちや子どもの誕生前後のストレスによって同様の問題を抱えることがある。自分の両親が兄弟たちには愛情を注ぎ、自分には注いでいないと感じながら育つ子どもがいるのは、この理由もあるだろう。誕生ごとに状況が異なるのだから不思議ではない。しかし、「ママとパパが愛してくれない」という子どもの気持ちには、たいてい「何か自分が悪いに違いない」という気持ちが伴う。これは真実ではないが、それでも子どもの記憶システムには組み込まれる。すべての事例がルシルの場合ほど単純ではないが、親が子どもと心の絆を作ることができず、その結果として子どもが愛されない、あるいは望まれていないと感じる原因は数多くある。

　出産後の気分や心の絆を作る能力に影響を与える要因は、困難な出産、配偶者や家族との問題、幼少期の未解決のトラウマ、妊娠中の未解決のトラウマ、母親のホルモンの生理的な変化など数多くある。帝王切開が問題の原因となることもある。帝王切開が増加している現在、確かに手術が必要なケースも多いかもしれないが、私は、身体的な回復だけでなく、精神的な回復が必要となる可能性もあることを強調し

ておきたい。

　例えば、マリリンも、難産の末に帝王切開で出産した。手術後の部屋では、意識が混濁し、出産のことも、何が起こったかも明確に思い出すことができなかった。覚えていることと言えば、激痛、吐き気、消耗だった。その後、何週間、何カ月も、彼女は息子のドニーがそのトラウマに影響を受けていないかと心配した。「初めて母親になって、不安でいっぱいだった。ドニーはミルクを飲んだ後に泣き、よく吐いた。私はいつも、息子のためにもっと何かしてやれたのではないかと考えた。ミルクに関する問題は、トラウマが原因だったのだろうか？」と、彼女は話した。

　マリリンの不安は珍しいものではない。心の絆ができない母親の多くは、初めて赤ん坊を抱いたとき、怖い、何をしていいかわからない、あるいは「何も感じない」と言う。マリリンは、未処理の記憶が原因で、ドニーとの間に距離を感じていた。彼女は常に自分の行動をくよくよ後悔した。いつも息子に何か間違ったことをしたと感じた。愛情を持って息子を抱くこともできなかった。息子を傷つけるのではないかと恐れたからである。そして、ドニーはどんどん気難しくなっていった。EMDRセッションで記憶を処理すると、マリリンはリラックスして赤ん坊の世話を楽しめるようになった。皮肉なことに、記憶を処理してみると、彼女が息子を愛せなかったのは息子を傷つけることを恐れたからだった。そして実際には、息子を愛せなかったことが息子を傷つけていた。

　愛されていないという感覚が子どもに与える影響は甚大である。赤ん坊でも幼児でも、彼らは決して満足することがなく、憂うつで、不安で、怒りっぽいように見える。

　愛着が不足し続け、両親が「同調していない」、つまり子どものニーズに敏感に反応していない場合、子どもは、健康面や精神面も含め、生涯を通じて数々の問題を抱えることになる。そして、学校でもその後も「トラブルメーカー」と見なされることが多い。あるいは、いわゆる「不安定な愛着スタイル」によって否定的な反応が生じる場合もある。これは、なぜ人間がさまざまな特性を身につけ、それが性格だけでなく、対人関係にも影響するのかを説明する鍵となる。実は、このような愛着スタイルが、世代を超えて受け継がれる場合もある。親

子のコミュニケーションが脳に変化をもたらし、自分の感情に上手に対処する能力や自分に対する考え方を決定していくからである。さまざまな愛着スタイルを考えてみると、読者自身、家族、あるいは友人に見られる特徴を説明できることがあるかもしれない。

波長の違い

　両親が子どもに同調している場合、彼らは波長が同じと言うことができる。これが「安定した」愛着スタイルである。人生の最初の数年間、この絆は子どもの脳を十分に発達させ、ストレスがかかった場合でも平静を保ったり、人と良い関係を築いたりする能力の習得を助ける。子どもは泣き、愛情と世話で応えてくれる親を求める。親子のアイコンタクトと相互作用は、まるでダンスのように同じリズムで動く。成長過程で同調した相互作用によって感情的なニーズを満たされた子どもは、安定した自己意識と良好な人間関係の基盤をつくることができる。もちろん、すでに述べたように、さまざまな形で人間の幸福感や満足感は失われることがある。しかし、このような幸せな家庭生活が順調な出発点になることは間違いない。

　残念なことに、子どもに同調しない親もいる。心理学者は、約35%の確率でこの問題が生じると推定し、そのような同調の欠如を「不安定な愛着スタイル」と呼んでいる。例えば、自分の生い立ちや成人後の体験から生じたさまざまな理由により、一部の親は、親密さ、愛情表現、その他の強い感情を快いと思わない。子どもが泣いたり、自分を求めたりすると、そのような親は自動的に心を閉ざし、逃げてしまうことが多い。ジョアンの場合、40歳になっても、自分が10歳の頃に撮影されたビデオを見るのが非常に苦痛だと報告した。ビデオでは、母親が座っていて、ジョアンが歩み寄ってキスしようとする。母親は横や後ろに身をかわし、キスを避けようとする。母親がジョアンを抱いたり、「愛している」と言ったりすることは決してなかった。彼女は「キスしすぎ、ベタベタしすぎ」が「安っぽく見える」と言っていた。ある日、ジョアンは、母親が「赤ちゃんは好きだが、子どもは好きではない」と言っているのを立ち聞きする。子どもは要求が多すぎるからだ。

こうしてジョアンは、父や母に何かを求めたり、安らぎを求めたりせずに成長した。父親も、自分に対して母親と同様の態度だった。ジョアンは自分が愛されない人間なのだと思い、感情を押し殺すようになった。自分の求めにはだれも応えてくれないのだから、表現する理由もなかった。心理学者なら、彼女の親の愛着スタイルを「拒絶型」と呼ぶだろう。ジョアンも、自分の子どもを同様に育てる可能性は十分にあった。こうして世代から世代へと愛着スタイルは受け継がれる。ジョアンの両親は、自分たちが育てられたようにジョアンを育てた。ジョアンの物理的なニーズは満たしたが、感情的なニーズは満たさない。しかし、悪意はなく、必ずしも愛情不足でもなかった。彼らの子育てのスタイルは、自動的な反応であり、自分の両親や兄弟の子育てと何ら変わらない。彼らにとって、それは自然であり、あるべき姿である。

　親にとって、もうひとつの不安定な愛着スタイルは、「とらわれ型」である。これは、親自身の落ち着かない生活体験が邪魔をし、過度の不安や怒りを生じるものである。彼らは子どもに良く反応することもあるが、「自分のこと」のスイッチが入ると、まったく同調しなくなる。子どもは、自分のニーズを満たしてもらうためには、強く訴えなければならないことを学ぶ。不安になり、要求が多くなり、しつこく、過度に依存的になる。基本的には不安定なスタイルであるため、成長後の人間関係にも影響を与える。

　残りのカテゴリーは「無秩序型」の愛着である。親は、自身のトラウマや虐待の記憶により、険しい表情や怒りの爆発、荒っぽい扱いや暴力、あるいは恐ろしい顔の表情など、恐怖を与える行動によって子どもにトラウマを引き継ぐ。子どもは、自分が「ダブルバインド（二重拘束）」の状態にあると感じる。安らぎを得るために走り寄りたい人物が、同時に不安の根源なのだ。小学生くらいになると、無秩序型の子どもは両親をコントロールし、「罰する」ようになることがある。怒鳴ったり、大声で命令したり、気に入らないと癇癪を起こしたり。同じ状況で育っても、表情が凍りついたり、憂うつになったりする子どももいる。彼らは、自分の不安を内に隠し、「完璧な」行動によってみんなを幸せにしようとする。他の不安定な愛着スタイルと同様、やはり両親の「罪」は次の世代へと受け継がれていく。

繰り返して言うが、必ずしも愛情がないわけではない。親はよく、自分の行動は子どもに正しく成長してほしいためだと言う。しかし、子育ては、自分の生い立ちに起因する自動的な反応が、子どもの行動に刺激されて生じたものであることが多い。例えば、ジェンナの父、ハリーは、「子どもを甘やかすとダメになる」を信条とする家庭で育てられた。ハリーの父は、馬用の鞭を使い、子どもたちが言いつけに従い、責任感を持って育つようにした。やがてハリーは、自分の子どもたちが悪いことをすると、大声で怒鳴り、お尻を叩き、殴った。

　ジェンナは、長女として常に矢面に立ち、身を守るためには常に自分が支配権を握る必要があると感じて育った。一方、妹のクララは、ジェンナが殴られているとベッドの下に隠れた。そして不安と恐怖を感じながら育った。クララは自分は殴られることに耐えられないと思い、目立たず、人との接触を避け、決してトラブルを起こさない静かな子どもになった。成長すると、慢性的なうつ状態になった。ジェンナとクララの2人の人生は、トラウマを抱えた父親の「無秩序型の愛着」によって形成された。父親が彼女たちを愛していなかったわけではない。彼も、自身の生い立ちと未処理の記憶によって動かされていたのである。

　幸運なことに、否定的で不安定な愛着スタイルは、教師、コーチ、友人との肯定的な関係や必要に応じた心理療法によって変えることができる。しかし第一歩は、自分自身や他人の問題が子ども時代の未処理の記憶に起因するかもしれないと認識することである。あるいは、親として、自分の自動的な反応を見つめ、それが子どもに半永久的な影響を与えることを認識することである。「私は殴られたことがないから、自分の子どもも殴らない」という人もいるかもしれないが、言葉だけでも長期にわたる打撃を与える。例えばマイケルは、セラピストに言わせれば、最悪のうつ状態だった。自尊心が非常に低く、人生における意欲がまったくなかった。彼の両親が彼を殴ったことはなかった。しかし、父親はしばしば彼に庭掃除などの仕事をさせ、うんざりしたように顔をしかめたり、「それだけしかできないのか」などと言ったりした。

　多くの人は、落ち込んだり、自分を不幸にしている性格や行動を見つけたりすると、「両親もそうだったし、私も物心ついたときからそ

う。だから遺伝に違いない」と言う。しかし、それだけが理由ではない。人は、生まれたときから両親の影響を受けている。両親もそのまた両親の影響を受けている。たとえ遺伝的な要素があったにせよ、体験が重要な役割を担うことが研究で証明されている。どんな理由であれ、重要なのは責任の転嫁ではない。自由になることである。現在の自分は、子ども時代の体験によって形成されている。子どものときは支配力も選択肢もなかったが、大人になった今は違う。自分の気になる反応を見つけたら、各種のテクニックで対処し、その根底にある未処理の記憶を見つけられるかどうか試してほしい。この探究を助けるため、以降で、すでに学んだ自己コントロールのテクニックをさらに強化する。その後、自分を動かしている他の記憶も見つけてみよう。

転落防止ネットを広げる

　安全／穏やかな場所を見つけた人は、不安や恐怖が生じても、それを取り除く有効な方法をすでに持っていることになる。毎日、落ち着いた気分のときに使って、その力を常に高いレベルに維持しておくことをお勧めする。心が動揺したときにだけ使い続けていると、効果が薄くなる可能性があるからだ。安全／穏やかな場所で自分の心が否定的な連想に動かないことを確認したら、必ず定期的に想起し、バタフライハグをしたり、太腿を交互にゆっくり叩いたりして強化してほしい。

安全な場所を豊富に準備する

　良い記憶へのアクセスを強化することも役に立つ。まず、自分が幸福、達成感、喜びを感じた肯定的な記憶を文章に書いてみよう。強い肯定的な感情を与えるものであれば、最近の記憶でも子どもの頃の記憶でもかまわない。最高の瞬間を象徴するイメージはどうだろう？
　目を閉じて思い浮かべてみよう。それを最もよく表現する言葉は何だろう？　次に、「安全な場所」のときと同様、イメージと言葉を思い浮かべつつ、身体のどこで感じているかに注意する。記憶を楽しく味わってみよう。いったん気をそらし、何度か繰り返してみよう。そのイメージや言葉とともに良い感情を呼び起こすことができるだろう

か？

　強く肯定的な記憶があるかどうかを確認することには、2つの意味がある。ひとつには、肯定的な記憶は、困難に直面したり、悩んだりしたときに有用なリソースとなる。もうひとつには、これが記憶の倉庫を確認する良い方法であることだ。落ち込んでいるときは、純粋な喜びや幸福感をもたらす良い記憶を取り出せないかもしれない。良い記憶が見つからなかったり、楽しい記憶だったはずなのに、今、思い出すと悲しくなったりする。理由は簡単である。研究によれば、人間の記憶取得能力は感情の状態に左右される。うつ状態のときは、現在のことでも過去のことでも、純粋に楽しいと感じることが難しい。うつ状態がしばらく続き、何も楽しく思えないときは、専門家の手助けを得たほうがいいかもしれない。付録Bに多少の参考資料を挙げてある。また、本章の「自己探求」のセクションに書いてある課題はしないほうがいい。次の練習は否定的な感情を軽減するし、書いてあることは何が問題なのかを理解する助けになるかもしれないが、この時点で自分の記憶ネットワークに深入りすることは、おそらく避けたほうがいいだろう。ひょっとして、憂うつなのが今日だけなら、別の日にできるかもしれない。しかし、不幸だという感情がほぼ日常的にある場合、あるいは感情が極端に浮き沈みする場合は、まず、否定的な心の状態が多くの人に生じる理由を理解することを目的としてこの章を読み、その上でどうするかを決断してほしい。

スパイラルテクニック

　このテクニックは、誘導イメージ療法の伝統を踏まえたもので、恐怖、不安、怒りなど、心を動揺させる感情への対処に役立つ。快適な自宅で練習すれば、すぐにいつでも使えるようになるだろう。以下の手順を3回ほど、あるいは覚えるまで読んでみよう。次に目を閉じ、順番にやってみる。なかなか思い出せないようなら、手順を読んで録音し、それに従うといい。繰り返すが、すべてのテクニックが全員に有効なわけではない。だから、ここで紹介する多数のテクニックから、それぞれ自分に最適なものを見つけてほしい。

　0～10の段階で3程度の苦痛を伴う体験を選んでみよう。

1. その体験を象徴するイメージを思い浮かべる。
2. それを思い浮かべたとき、身体のどこで苦痛を感じるかに注意する。
3. その感情が「エネルギー」だと想像する。らせん階段のような渦巻き状のエネルギーだとすれば、右回り、左回りのどちらに回っているだろうか？
4. 今度は、心の中で、身体内の渦巻きの回転方向をゆっくりと変える。もともと右回りだったのなら、ゆっくりと左回りに変える。

　身体内の感情に何が起こったかに注目してみよう。多くの人の場合、渦巻きの方向を変えると感情が消え始める。感情が消え始めたら、自分が快適だと感じるまで続けよう。もし片方の方向でうまくいかなかったら、逆の方向を想像して不快な感情が軽減されるかどうか試す。このスパイラルテクニックに効果があったら、手順を覚えるまで、別の機会にも自宅の心地よい場所で練習してほしい。これは、いつでも嫌なことがあったとき、あるいは心を動揺させる問題や記憶に突き当たったときに使える。効果がなくても心配は要らない。Chapter.3、4で学習した安全／穏やかな場所や呼吸シフト、その他のテクニックを使ってかまわない。

再び否定的認知について

　前の章では、現在の不快な状況における自分の気持ちを言葉にした否定的認知を見つけた。否定的認知のリストは、「責任」「安全ではない」「コントロール／力がない」という3つのカテゴリーに分類されている。特定の出来事のイメージを思い浮かべ、そのときの気持ちに一致する否定的認知を3つのカテゴリーから選んだことと思う。「私は愛されない」「私は十分ではない」「私は捨てられる」「私は危険な状態にある」「私は無力だ」「私は失敗だ」など。これらは、最近の出来事について検討する際の否定的認知の例である。今度は、自分に影響を与えているさまざまな問題に注目し、さらに深く探ってみよう。

　最初に、3つのうち最初のカテゴリー、「責任」の中でまだ自分が気付いていない否定的認知を探してみよう。隠れた否定的認知は、い

つ表面化し、生活のあらゆる領域に影響を与えてもおかしくない。だから、もう一度綿密にリストを検討し、自分が意識していないものがないか探してほしい。この課題は宝探しのようなものである。自分を動かしているものが何かわかれば、手を打つことができる。否定的認知は、問題の原因ではない。単なる症状である。前にも述べたように、原因は通常、背後にある未処理の記憶である。

　本章ではすでに、両親の愛着のスタイルが自分の現在をつくっていることについて述べた。また、その前の練習では、常に両親が絡んでいるわけではないことも述べた。子ども時代、青年時代のさまざまな侮辱、例えば仲間外れ、いじめやからかい、教師の不用意な言葉なども、長期的な悪影響を及ぼす。振り返ってみれば、子どもは時には残酷なものだし、不適切な教師がいることもわかる。しかし、記憶が未処理の場合、人を動かすのは古い感情である。両親、他の権威者、同年代の子どもとのあらゆる体験が問題の原因となり、それが3つのカテゴリーの否定的認知によって表現される。しかし、最初のカテゴリーは最も重要であり、他の2つを合わせたよりも多様なニュアンスを含む。だから、まずこのカテゴリーに注目し、現在の自分に影響を与えているものがないか検討してみよう。

責任 — 悪いのは自分だ

　このカテゴリーは、抱えている問題について自分が悪いと感じるものである。理由はわからないが、人間の心には自分に何らかの欠陥があるという気持ちがある。「自分はどこか悪い」「自分は何か悪いことをした」、つまり「自分には欠陥がある」という気持ちである。このような体験は多くが子ども時代に生じるが、親の虐待や不注意が原因とは限らない。例えば、12歳のイーサンは、両親によって治療に連れて来られた。彼は極めて不安で、パニック発作があり、学校へ行くのを怖がるとのことだった。自尊心は極めて低く、隠れるように背中を丸め、内気で恥ずかしがり屋だった。彼の問題の大半は、彼の行動を常に監視している過保護な両親に起因していた。過保護は、イーサンが未熟児として約1,300グラムで生まれ、心臓や肺に問題があったために、生後何カ月も呼吸器を付けて入院していたせいだった。

　両親は、常に息子に細心の注意を払った。走っただけでも心配した。

隠れた風景 Chapter 5

彼が自分のことを身体的に劣っていると考え、家族の負担だと感じるようになったのだ。学校では、猫背と極度に内気な性格が、からかいと侮辱の対象となった。そして、他の子どもとの否定的な体験が重なった挙句、イーサンは学校に行くのを恐れるようになった。だからイーサンの自尊心の低さにつながる重要な記憶には、両親と他の残酷な子どもたちの両方が関与していた。しかし、そもそもの問題の基盤は、両親の無関心や悪意ではなく、愛と配慮だった。両親の行動は、自分たちの弱々しい未熟児が死ぬのではないかと恐れながら、病院や家庭で過ごした時期の未処理の記憶から生じていた。

幸運なことに、イーサンは12歳で治療を受け始めた。しかし、たとえ40歳で人間関係における不満や不安感を訴え、治療に来たとしても、基本は同じだっただろう。自分に対する不足感は幼少期に根差しているからである。それを示す例として、60歳を少し超えた看護師のエレインは、読書が難しいという症状でEMDRセラピストを訪れた。詳しく話を聞いたところ、彼女は人生を通じてうつと自尊心の問題に苦しみ、長年、心理療法を受けても問題が解決しないことを不思議に思っていた。

エレインは、母親の産後のうつ状態が自分に影響を与えたことを認識していた。看護師として何千人もの女性を見て、母親が出産後にうつ状態になると、赤ん坊が元気に成長するために必要とする絆を与えられないことを知っていたからだ。母親を求めるたびに空虚な空間しか見つからなくても、それが自分の責任ではないとわかっていた。6歳のときに祖母が亡くなり、大きなショックを受けたことも自覚していた。祖母はエレインの一番の保護者だった。しかし、そのような出来事の影響を意識しても、長年の深刻なうつは緩和されなかった。

エレインの生育歴・病歴聴取では、子ども時代の多くの体験から、エレインが「私は価値がない」と感じていたことがわかった。EMDRで最初に処理したのは、彼女が6年生のとき、エレインを含め、テストの点数でクラスの下位25％の生徒が絶対に大学に行けないだろうと教師に言われたことだった。これは、衝撃的な体験であり、40年が過ぎ、大学の学位を取得した後でも、エレインに強い感情的動揺を引き起こしていた。この記憶は、明らかに彼女の読書上の問題、そして賢くて優秀な兄に比べて自分がバカで「価値がない」という思い込

みにつながっていた。

　6年生のときの記憶を処理した後、記憶ネットワークから浮上したのは、祖母の死とそれを知ったときの状況だった。エレインは祖母の家に連れて行かれ、祖母が見えなかったので、待つ間、リビングルームでシンデレラの本を読んでいた。そのとき、おばが肩越しにのぞき込み、「死んだ」という文字を指さし、祖母が死んだことを伝えた。祖母の死とシンデレラの本の無意識の関連付けが、読書問題、特に楽しみのための読書が難しいという問題の始まりだったことを悟ったのは、エレインの記憶の処理における決定的な瞬間となった。数回のセッションで、この記憶は完全に処理され、SUDがゼロになるとともに、「私は価値がある」という新しい肯定的な考えが強くなった。繰り返すが、エレインのおばの行動は、意地悪でも彼女を傷つけようという意図でもなかった。しかし、このような体験の多くが未処理の記憶として人間の脳には残ってしまう。それが人間の性格をつくり、不利な人生に導いていく。

　望ましくない、または理解できない否定的な感情を持っていることを自覚できればいいのだが、ほとんどの場合、それらは記憶ネットワークの中に埋もれている。何歳であろうと、どれだけ知的で優秀な人物であろうと、恥に関係する問題をまったく持たない人はいない。例えば、ラファエルは、自分が不十分な人間だという感情と常に闘っていた。彼を育てたのは母親だった。母親は離婚し、隣町に恋人がいた。ラファエルの父がいなかったため、彼女は昼間はお針子として家で働き、子どもたちのために夕食を作り、夕方6時には電車で隣町へ出かけて恋人と夜を過ごしていた。そして朝の電車で家に戻り、子どもたちの朝食を作った。ラファエルは子どもの頃、重症の耳痛に悩まされ、暗闇でひとり痛みに耐えながら、「自分は重要ではない」と恥ずかしく感じていた。

　さて、ラファエルは50歳を過ぎてセラピストを訪れた。もし彼に、小さな子どもを夜、家に残しておくのがいいことかと尋ねたら、きっぱり「ノー」だろう。しかし、どれだけの情報を持っていても、古い未処理の記憶はネットワークの中で固まったまま、適応的な記憶と結び付いていない。だから退役兵は、他の兵士が自分の戦争中の体験を話すのを同情して聞くが、似たような状況で同じ行動をとった自分を

「失敗者」と責める。

　同様に、69歳のベテラン不動産業者、マルシアのケースを考えてみよう。彼女は「私は愛されない、私は賢くない」という否定的認知を持っていた。父親は彼女が3歳のときに亡くなり、母親は身体、言動、感情のすべての面で虐待した。マルシアの子ども時代、彼女はいつも「あなたがいなかったら、私の生活は良くなるのに」と言っていた。マルシアは自分が良い子だと思ったことがなかった。大人になってみると、母親が複数の問題を抱えていて、普通ではなかったことは明らかだった。子どもを決してそんなふうに扱うべきではない。しかし、知識と気持ちは別物である。何が正しいかという知識は、虐待的な母親の記憶とは別のネットワークに保存されている。子ども時代の記憶を処理した後のマルシアは、自分を強いと感じ、十分な自尊心を持っている。過去は変わっていないが、脳の中の記憶の保存方法が変わったのである。

自己探求

　さて、自分の過去をもう一歩探ってみよう。「安心できない」という言葉を使うのは、緑色を思い浮かべてくれと言うようなものだ。どんな緑色を考えているのか知りようがない。同様に、人が「安心できない」と言うのは、語るべきことの一部にすぎない。状況によって異なる感情が生じることもあるし、背後にある記憶が異なる場合もある。したがって、特定の状況で安心できない感じを感じると言うなら、それを正確に知る必要がある。

　前の章では、氷山の一角かもしれないが、最近のいくつかの出来事につながる否定的認知を明確にした。次のページに挙げた否定的認知は、自分の問題の分野を把握する上で役に立つ。言葉自体が、未処理の記憶を持つ記憶ネットワークにつながる可能性があるからだ。脳には、考えだけでなく、当初の出来事によって生じた否定的な身体感覚も保存されているが、それらが自分を動かしている記憶を知るヒントを与えてくれることもある。まず、最初のカテゴリーに書かれている否定的認知を検討し、最も苦痛を感じるものを選ぼう。次の練習では、リストに列記されたそれぞれの否定的認知にぴったり合う否定的な気

持ちに注目する。

　見出しとしてノートに「責任」と書く。次に、以下の手順をすべて読んでから、指示に従ってほしい。

1．否定的認知のリストを開き、最初の認知をゆっくり慎重に読む。言葉を読むときに身体がどのように感じているかに注意する。
2．その否定的認知を読むとき、身体に不快感があったり、呼吸が変化したり（速くなる、短くなる、のどにつかえるなど）するだろうか？　そのような場合は、ノートの「責任」の見出しの下に記録する。
3．何度か深呼吸して否定的な感情を追い払う。身体がニュートラルな状態に戻るまで待ってから先へ進む。落ち着かない場合は、すでに学習した安全な場所や呼吸シフトのテクニックを使う。
4．リストのひとつずつに対して、同様にゆっくり慎重に進めていく。身体に反応があるかどうかに注意する。
5．反応した認知を記録する。ひとつの認知から次の認知に進む前には、必ず深呼吸する。

　何かが起こるはずだと勝手に判断しない。ただ注意して観察する。すでに述べたように、身体の変化に敏感でない人もいる。その場合、うまくいかなくても気にする必要はない。
　では、以下のリストから始めてみよう。

責任：欠陥がある
私には愛される価値がない。
私は悪い人間だ。
私はひどい。
私は無価値だ（不十分だ）。
私は恥ずかしい人間だ。
私は愛されない。
私は十分ではない。
私には悪いものしか得る価値がない。
私は永久にダメだ。

私は醜い(私の身体は不愉快だ)。
私は……に値しない。
私はバカだ(頭が良くない)。
私は無意味だ(重要ではない)。
私は期待はずれだ。
私は死に値する。
私はみじめな人生に値する。
私は違う(仲間外れだ)。

今度は以下の文章を試してみよう。何か感じるものがあったら「だから私はどういうこと?」と自問してほしい。例えば、「私は恥ずかしい人間だ」「私はバカだ」「私は無価値だ」など。

私は何かすべきだった。
私は間違ったことをした。
私はバカだった。

全体像を見る
共感したのは、どの否定的認知だろうか? このカテゴリーの多くの否定的認知かもしれないし、どれでもないかもしれない。それぞれの認知の言葉は、未処理の記憶ネットワークに保存されている感情や考え方を表現したものだということを思い出してほしい。過去数年間で最も悩んだ出来事を考えてみよう。そのときの気持ちと否定的認知の言葉は一致しているだろうか? 否定的な反応を引き起こす状況はいつも類似しているだろうか?

そうだと思ったら、状況を詳しく探る前に、自己コントロールの練習をしておこう。安全な場所や、本章で見つけた肯定的な記憶とのつながりを使う。そうすれば、たとえ否定的な反応が起きても、呼吸シフト、安全/穏やかな場所、肯定的な記憶を使って動揺に対処できる。その後、まだ否定的な感情が残る場合は、ペンキ缶、漫画のキャラクター、スパイラルテクニックを使って解消する。基本的に、自分の否定的な気持ちは、現在の状況が記憶ネットワークに作用し、感情や身体的な感覚を引き起こすという予測可能な反応だということを理解し

てほしい。巻き込まれてしまうのではなく、十分な呼吸スペースを取って、気持ちを切り替えよう。

記憶を特定する

　望むなら、否定的な気持ちを引き起こしている試金石記憶をさらに見つけてもいい。強く反応してしまう否定的認知は、日常生活で頻繁に感じる恥ずかしさ、恐怖、怒り、悲しみ、無力感に対応している。あなた自身も、この章で紹介した人々と何ら変わらないことを思い出してほしい。未処理の記憶を持つことは恥ではない。それは、だれにでもある。自分ではどうしようもない遺伝子、生い立ち、その他の多くの要因が組み合わさった偶然の産物なのだ。だれを責めることもできない。

　ノートに記録した否定的認知のそれぞれについて、漂い戻りを使用し、以下の手順に従って記憶を特定してみよう。セラピストの手助けが必要な人もいるかもしれない。本を読んでいるときに祖母の死を知らされたというエレインの記憶は、処理の途中で思い出したものである。それぞれの否定的認知に対応する記憶が明らかになるかどうかに関係なく、一度にたくさん行うのはお勧めしない。気分転換をし、数日をかけて行ってほしい。ひとつの認知に対して漂い戻りを行ったら休憩を取り、呼吸シフトか安全/穏やかな場所のテクニックでニュートラルな状態に戻すことを忘れてはならない。漂い戻りがうまくいかなければ、いったん止め、後日やり直してほしい。成り行きにまかせ、無理をしないことである。

　以下の手順を暗記するまで読み、自分で選んだ最初の否定的認知に試してみよう。

1. 最近、その否定的認知を感じたのはいつだろう？　どのような出来事が起こったのだろう？　それを心に思い浮かべる。または、最近の出来事が浮かばないときは、その認知にだけ集中する。それを身体のどこで感じているだろう？
2. その最近の出来事（あれば）と否定的認知、例えば「私は違う」を思い浮かべ、感情に注意し、心を子ども時代へ遡らせよう。そのように感じた記憶が現れただろうか？　何かが自然に心に浮か

ぶかもしれない。最近の出来事、否定的な認知、記憶を、リストの適切な列に記入する。
3. 記憶を特定したら、その記憶に伴う感情は、現在、SUDで0〜10のいくつだろうか？ その出来事が起こったときの年齢と一緒に記入しておく。

何も心に浮かばないときは、否定的認知と身体的感覚を意識しつつ、両親のことを考える。子どもの頃の記憶が浮かんだら、ノートに記録しよう。浮かばないときは、兄弟姉妹や他の家族の一人ひとりに意識を向ける。それでも浮かばなければ、学校の教師、他の子どもたち（学校／キャンプ／近所）、あるいは他の顕著な人物に関する記憶を探す。否定的認知を心に抱きながら、彼らそれぞれについて考え、記憶が現れるかどうかを確認する。ニュートラルに戻すときは、呼吸シフトや安全／穏やかな場所を使う。腹式呼吸も、動揺を静めるのに役立つことがある。5まで数えながら、ゆっくり深く息を吸い、腹部を空気でいっぱいにする。そしてゆっくり吐き出すことである。吸ったときに腹部が膨らみ、吐いたときに縮むことに集中した後、力を抜く。気持ちが落ち着くまで、12回程度繰り返すといい。

自己ケア

自分の否定的認知と、その背後にある記憶が明確になったら、子どものときの自分に対して同情する時間を取ろう。自己憐憫ではない。傷ついたすべての子どもに抱くような理解と優しさである。本書で体験を共有してくれた人たちと同様、人間はだれでも、脳の働き、そして自分の同意や制御なしに脳に保存されている記憶の産物なのである。過去の自分に同情できるかどうか、やってみてほしい。

後の章でさらに自己探求を重ねれば、何が自分を動かしているのか、さらによく理解できるだろう。これには、慢性的な不安感、悲しみ、怒りの理由も含まれる。否定的な反応が頻繁にある場合は、その不快な感情がどのような状況で刺激されるのか、把握することも可能だろう。そうすれば、そのような状況に陥りそうなとき、あるいは否定的な感情や感覚が生じた後で、安全／穏やかな場所を使って気分を落ち

着かせることができる。苦痛を取り除くには、スパイラル、その他の
テクニックも利用していい。付録Aには、リマインダーとして用語集
と自己ケアのテクニックを簡単に列記した。

　この後、自動的な反応に対処するテクニックについてさらに学習す
る。自分の反応を観察し、それらのテクニックを使えば、かなりのこ
とができるだろう。長期的な問題は、それで自分が満足かどうかであ
る。そうでなければ、見つけた試金石記憶をセラピストと一緒に処理
することを考えたほうがいい。EMDR療法の目的は、古い、凝り固ま
った体験を「消化」し、身体的な感覚や感情が、自分の望まない方向
に自分を動かすのを防ぐことである。最も重要なのは、否定的な気持
ちや認知を肯定的なものに変え、新しい力と幸福感を持って、自由に
人生を体験できるようになることだ。すでに観察したように、未処理
の記憶は問題の原因となり、極めて幅広く、そして意外な形で幸福を
妨げる場合がある。それを理解すれば、自分の選択で、これまで見え
ていなかった全体像を再構築していくことができる。

Chapter. *6*
できればしたいけれど、できない

　愛、悲しみ、怒りと同様、不安や恐怖も重要で有用な感情である。それらは、困難な、または危険な状況が迫っている可能性を警告するものである。その危険が本当かどうか、どうすればいいのかを調べるなど、次の行動を導く危険信号でもある。だれでも、時々は、不安や恐怖を感じる。直面する状況や人に対する自然な反応であり、誤って生じない限りは、役に立つものである。不幸なことに、不安や恐怖が、現実と不釣り合いに増大し、意味のないもの、状況、行動に結び付く場合がよくある。確かに、唸り声を発し、荒い息を吐くロットワイラー犬は、恐怖を感じ、後ずさるに十分な理由である。飼い主と一緒に通りを散歩しているプードルはそうではない。しかし、犬恐怖症の人は、犬の絵を見ただけで恐怖を感じる。

　不適切な恐怖を感じる人は無数にいるが、全員が治療を求めるわけではない。そのような恐怖があってうれしいわけではないが、通常、その対象となるものや状況を避ける自然な反応を身に付けているからである。できるなら、回避するように生活を計画することも多い。米国で行われた調査によれば、公共の場で話すことに恐怖を感じる人は、死に恐怖を感じる人より多いが、ほとんどの人は、ただ人前で話すことを避け、忘れて過ごしている。治療を求めるのは、突然、仕事の上で人前で話さなければならなくなったとき、あるいは恐怖が何らかの形で邪魔になると悟ったとき、例えば、恐怖によって自分の信念に従うことができないときである。しかし、治療を受けていない人にとっても、恐怖や不安を引き起こす状況を完全に避けるのは不可能である。本章では、そのような心の動揺を引き起こす複雑な記憶の結び付きについて述べる。

14歳のジェームズの例を紹介しよう。彼は、いつもベッドに入るときに恐怖に襲われた。ひとりで寝ているときに、だれかが部屋に忍び込んで自分を殺すのが怖かった。その恐怖は非常に強く、ドアの方を向いて寝るか、ドアに背を向けて寝るかの決断が必要なほどだった。彼は、背を向けることに決めた。知らない間に後ろから殺されたほうが、何もできずに殺人者が向かってくるのを見るよりいいと思ったからだ。

　多くの人と同様、ジェームズは恐怖の原因を知らなかったが、何年も前から徐々に悪くなっていることはわかっていた。そこで彼のセラピストは、記憶ネットワークにアクセスするため、前夜の気持ちを思い出すように言った。ジェームズが心の中のイメージと部屋でひとりで寝ることへの恐怖に集中すると、記憶の処理が始まった。現れたのは、6年前、ジェームズが8歳のときの記憶だった。両親は旅行に出かけ、ジェームズは祖母と留守番をした。当時、新聞やテレビは、カリフォルニア州の「ナイトストーカー」連続殺人事件で大騒ぎしていた。次はどこが襲われるかわからず、市民の間には警戒ムードが漂っていた。ジェームズの脳は、両親の不在と殺人を結び付けた。それ以降、ひとりで部屋で寝ようとすると、彼は恐怖と不安を感じた。しかし、この記憶を処理すると、彼の症状はなくなった。

　幸運なことに、ジェームズの両親は、彼が14歳のときに治療に連れてきた。しかし他の何百万人もの人は、意味もなく苦しみ、不安を感じ、さまざまなものを怖がっている。感情を引き起こす状況は、具体的なこともあるが、どこにでもあるような場合もある。原因に関係なく、一般に、自分では何か気付かなくても、原因となるものが記憶ネットワークに保存されていることを覚えておいてほしい。

やはり両親？

　驚くことではないが、慢性的な不安や恐怖は、前の章で述べた不安定な愛着スタイルから生じた感情に起因する場合がある。私は再び両親に話を戻そうとしているのだろうか？　その通り。残念なことに、安全でない、安心できないという気持ちは、子どものときに十分に価

値を認められ、保護されていると感じなかったことに原因がある可能性がある。自分が十分ではないと感じ、他人が自分を悪い子だと思うのではないかと心配して育ったのである。

このような気持ちに他の問題が重なることもある。例えばローラは、出生時の障害により、生後8カ月間を病院で過ごした。手術は成功したが、8カ月も親から引き離された影響は大きかった。彼女は決して両親に親しみを感じなかった。そして、人と親しくなれない不安からセラピストを訪れた。彼女は友人から抱き締められることにさえ、恐怖を感じた。起業し、大きな成功を収めていても、「人と親しくなるのは安全ではない。みんなは自分のことをどうでもいいと思っている」という否定的な考えを持っていた。処理しなければならない子ども時代の記憶は2つあった。ひとつは、写真を撮るために父親の膝に座らなければならなかったことだった。ローラは、父親が自分を好きな「ふりをしている」と感じた。2つ目は、やはり母親が自分を気遣っている「ふりをしている」という記憶だった。これらの記憶を処理し、現在の友人との関係を処理すると、彼女は友人のハグを受け入れてもいいと感じるようになった。そして、「親密になっても安全だ。みんな本当に気にしてくれている」と肯定的に感じるようになった。

彼女の両親が本当に彼女を愛していて、ただそれを表現できなかったのか、それとも強制的な分離によって絆を作ることができなかったのかは、ほとんど関係がない。子どもは親の過ちの責任を取る。家庭内に生じた気持ちにも影響を受ける。親が何らかの理由で大変な状況にあると、子どもはニーズを満たしてもらえないことがある。例えばエヴァは、おそらく「良い」両親に恵まれていた。しかし不運なことに、エヴァの子ども時代に母親が癌を発病し、エヴァは安心感を持つことができなかった。やがて16歳のとき、母親は亡くなった。

このような環境は、慢性的な不安と否定的自己意識の原因となりやすい。しかし、他の環境を知らない人は、生活にこのような軽度の緊張があることを意識しない場合がある。一般に、感情的苦痛が何らかの形でエスカレートしない限り、治療が必要だとは認識されない。エヴァがセラピストを訪れたのは、ボーイフレンドと別れた後、自分がずっと男性に依存し、不健全な関係に巻き込まれてばかりいることに気付いたからである。彼女は「ひとりでいるのは安全ではない」とい

う否定的認知を持っていた。それは、母親が病気で精神的にもショックを受けていたという幼少時の記憶に結び付いていた。その記憶を処理した後、今度は母親の死を処理した。さらに、不健全な関係の記憶、最近のボーインフレンドとの別れも処理した。その結果、エヴァの恐怖はなくなり、自信を持って前向きに生きることができるようになった。彼女自身の中に安心感が生まれたため、男性の選択も変わり、いろいろなことが頑張れるようになった。

とにかく安全ではない

　安全ではないという感覚は、何百もの形で現れる。初めての人に会う、あるいは初めての場所で会うことに不安を感じる場合もあるだろう。自分では事態に対処できない、自分の「正体がバレる」と感じる人もいる。意味もなく、自分がバカで無能な「欠陥人間」に思え、テストを受けることが不安になる人もいる。原因が小学校時代の恥ずかしい体験であれ、家庭の問題であれ、要は、常に特定の状況になると、恐怖や不安といった身体的な反応が生じ、世界や自分のできることに関する見方が変わってしまうのである。ひとつひとつの体験が脳に保存され、問題につながる記憶ネットワークが増えるため、恐怖は年月とともに悪化する場合がある。また、テストで失敗したり、怖気づいてパーティーで無視されたりする体験が重なるにつれ、物事に対応する自分の無力や無能を確信してしまう。

否定的認知

　このセクションでは、否定的認知のうち、「安全ではない／弱い」という2番目のカテゴリーについて詳細に検討する。これらの認知は、恐怖や安心感の欠如など厄介な気持ちをもたらす。PTSDや恐怖症の人が抱いている否定的な思い込みは、3つのカテゴリーのどれにも属する場合もあるが、このカテゴリーが最も多く、そもそもの診断の根拠にも不安や恐怖が含まれる。多くの場合、恐怖を引き起こした具体的な出来事があり、その体験が未処理のまま残っている。そのため、同様の状況に出くわしたり、スピーチやヘビなど特定のものを想像しただけで、否定的な感情や身体的感覚が生じる。PTSDや恐怖症を持

つ人のほとんどは、レイプや猛犬など、恐怖の具体的な原因を特定できる。恐怖が長年続いているために、当初の原因を覚えていない人もいる。それでも、治療によって恐怖が組み込まれている記憶ネットワークへの対処は可能である。

逃げ切ることはできない

古いアメリカンインディアンの諺に、「自分の内にあるものからは逃げられない」というのがある。どこにいても、どこへ行っても、恐怖は記憶ネットワークの中にあり、スイッチが入るのを待っている。否定的な感情は軽症で済むこともあるが、ひどい恐怖症の人になると、恐怖を感じるものに絶対に近寄らないで済むよう生活を計画する場合もある。恐怖症は、一般に恐怖に対する恐怖を伴う。実際、恐怖を感じる行動を長年避けているために、今でも本当に怖いのかどうかわからないと報告する人もいる。彼らはむしろ、恐怖が生じたときに、その恐怖に我を忘れることを恐れている。適切に恐怖に対処したことがなければ、この態度は極めて妥当だろう。

この問題に対処するため、いくつかの心理療法では、本書でもすでに紹介したように、クライエントに多数の自己コントロール方法を教えることを重視している。恐怖を感じる対象や状況に対面させる「暴露療法」や、状況の危険性についての否定的な思い込みが正しいかどうかを実験し、不安を軽減させる「行動実験」を行うこともある。これらは、恐怖症に対する治療法として最も広く研究されている。恐怖症のタイプによって、成功率や再発率は大きく異なるが、高い効果を発揮する場合も多い。このような問題の治療におけるEMDRの研究はそれほど幅広く行われていない。しかし、世界中のEMDRセラピストに対して行われた調査では、高い成功率が報告されている。また、過去20年間で、脳内の記憶ネットワークの結び付きに関する情報も豊富になった。基本的にEMDR療法では、恐怖を引き起こしている記憶の処理に治療の重点を置く。言い換えれば、直接、原因を叩くのである。

ほとんどの人にとって、恐怖の当初の原因は極めて単純で、自分を怯えさせたり、傷つけたりした体験そのものであることが多い。犬が噛みつけば、犬恐怖症になるなどである。同時期に起こった何かによ

って恐怖が生じることもある。シェリーは、10年近く、車の運転に恐怖を感じていた。実は、この恐怖症は、交換留学生としてヨーロッパに滞在していた大学時代に始まったものだった。ヨーロッパに到着してまもなく、新しい知り合いがパーティーに招いてくれた。彼女は、交流を深めようと喜んで出かけた。ところが、パーティーで出されていたアルコール飲料を少し飲むと、気分が悪くなった。アパートに戻り、ベッドの上で、一晩中、ひどい幻覚に苦しんだ。だれかが飲み物にLSD（幻覚剤）を入れていたのだ。

　知り合いのいない外国にひとりぼっちで、突然、抑えの利かない幻覚に襲われ、家族や友人に電話で助けを求めるわけにもいかない心細さは想像に余りある。しかし、彼女はこの恐怖の体験を乗り切った。数日後、車で学校へ出かけたとき、他の車が急に彼女の前に飛び出した。衝突はしなかったが、アパートで感じたのと同様、「コントロールできない」気持ちに襲われ、恐怖が車の運転に移った。それが、運転恐怖症の原因である。また、パーティーの恐ろしい結果により、彼女は人前で警戒を怠ることは安全ではないという気持ちを持った。「信頼しきって」飲み物を飲んだ自分を責めたのである。

　もうひとつ、ステーシーの例を挙げよう。彼女も大学生のとき、親友と恋人が浮気をしているという疑惑を持った。本人たちに尋ねても「そんなことはない」と言う。「こんなに素敵な人たちを疑うなんて、私はどうかしている」と思ったが、心の奥深くでは「何かがおかしい」と感じていた。だれでもそんな体験はあるだろう。その気持ちはしばらく続いたが、ある日、バスに乗っていて外に目をやったとき、2人が街角で熱烈に抱き合っているのが見えた。彼らが自分に嘘をつき、本当に浮気をしていると知った彼女は、吐き気をもよおした。そして次の停留所で急いでバスを降り、道路に吐いた。この体験が、本格的な公共交通機関恐怖症の原因となった。同時に彼女は、だれも信用できないという気持ちを持つようになった。

　さて、「安全ではない／弱い」カテゴリーの否定的認知を持つ人には、「私は……すると、傷つく」という気持ちがある。傷つくのは身体または心である。これには、何かをすれば、自動車事故や飛行機事故に遭う、犬やヘビに噛まれる、溺れる、その他多くの恐ろしいことが起こる、または、恥をかく、何かを奪われる、だれかが自分を利用する、

などがある。例えばキャサリンは、長年にわたるうつ状態と、仕事を続けられないほどの強い不安の治療を求めて訪れた。彼女は、不安とうつの原因が、家庭での父親の暴力、特に彼女の2人の兄弟に対する暴力にあると考えていた。理屈にはかなっているが、詳しい生育歴・病歴聴取によって他の隠れた記憶のつながりが見つかることも少なくない。

　EMDRの生育歴・病歴聴取段階で、キャサリンは自分が泣けないことも話したが、それがいつからで、理由が何かはわからなかった。父親の暴力の記憶を処理しているとき、新しい記憶が現れた。「私は3歳のとき、教会でお腹が痛くなってしゃがみ、たぶんそのまま気絶してしまったの。目が覚めたら小児科のベッドにいた。夜だったので母は家に帰ってしまっていて、私は会いたいと言って泣いた。すると看護師が『泣くのを止めないと、お母さんに来てもらわないわよ！』と言ったの。昔のことだけど、それがブレーキになって私は泣くのが怖くなった。だから子どものときも隠れて泣いた。ベッドの下に隠れて泣いたの。変でしょう？」

　恐怖は、身体的、感情的に自分を傷つけた出来事や人が傷つけられたという話によって生じるが、子どものように、怖い映画を観て生じる場合もある。とにかく、恐怖や危機感は未処理の記憶に刻みつけられ、当時なら簡単に対処できたものが、長年の問題となることがある。例えばビリーは、ヘビに対して極度の恐怖を抱いていた。彼は、7歳くらいのとき、ガーターヘビが自分の脚の上を這っているのに気付き、半狂乱になった。恐怖と興奮で家まで走って帰ったところ、母に「臆病だ」と叱られた。その夜、ベッドに入ると、ベッドの脚をヘビが上ってくるように思えた。ビリーはこの出来事によって、「私は安全ではない」だけでなく、「だれも信用できない」という否定的認知を抱くようになった。結局は、自分を助けてくれると思った人によって感情が悪化したのである。この体験から、自分は支持に値する人間ではないという気持ちも生じたが、すべての問題は記憶の処理によって解消した。

　同じことは、グレッグにも言える。彼は30代後半だったが、小さな動物が怖いために、友人と一緒に公園にピクニックに行くこともできなかった。実は、5歳か6歳の頃、小さな犬に噛まれたのだが、最

悪なのは、彼の父親が大笑いし、傷を洗って包帯を巻いただけで済ませてしまったことだった。感情を受け止めず、慰めもしなかったことは、グレッグに恐怖だけでなく、自分を恥じ、非難する気持ちも植え付けた。

グレッグの父が犯した過ちは、極めて一般的である。大人はよく、気まずさから冗談を言ったり、友人をからかったりする。しかし、怯え、愛情を求める子どもには、ニーズに応えてくれる親が必要である。親は、子どもの恐怖を認め、愛情をもって静めてやらねばならない。重要なのは、もう安全であり、親のところへ来たことが正解だったと感じさせてやることである。これにより、恐怖の体験が、立ち直りと成功の基盤へと変わる。さもなければ、長年にわたる苦痛の原因となってしまう。

恐怖が別の目的を持っている場合、恐怖症の治療は複雑になる。これは「二次的利得」と呼ばれ、人が恐怖から何らかの利益を得ることを意味する。例えば、ヘビが恐ろしいものだと何度も聞かされたり、ヘビに噛まれたり、友人が噛まれたりしたためにヘビを怖がるクライエントの場合、関連の記憶を処理すれば恐怖が解消することが多い。しかし、あるクライエントは、キャンピング愛好家の妻だった。彼女はヘビを怖がり、そのおかげで夫に同行せずに済んでいた。彼女は数々の理由でキャンプが嫌いだったが、結婚生活の他の状況と同様、「イヤ」とは言えなかったのである。自分の言いたいことを言えないという問題の原因となっている記憶を処理するまで、恐怖症は治らなかった。したがって、まずは自問してほしい。症状が何らかの利益をもたらしているだろうか？　もしそうなら、その面を掘り下げてみる必要がある。

トラウマの中のトラウマ

性的虐待、事故、自然災害、戦争など、大きな攻撃を体験するとPTSDになる場合がある。PTSD患者は、悪夢、侵入思考、フラッシュバックなどにより、同じ出来事が何度も起こっているように感じる。PTSDにはさまざまな症状があり、持続的な恐怖と自制心の喪失が爆発的な怒り、うつ状態、引きこもりを引き起こし、家族や友人との関

係に悪影響を与える場合がある。

　本書の目的のひとつは、この原因と対処方法について理解を深めてもらうことである。もうひとつの目的は、周囲の人間に理解と思いやりを持って接してもらうことである。このような理由から、このセクションでは、仲間の元兵士を助けようとする男性、他の性的虐待被害者を助けようとする女性の体験を紹介する。前にも述べたように、人間は異なる点より似ている点が多いものである。記憶の与える影響はさまざまでも、否定的な感情、思考、身体的な反応と無縁な人はいない。何百万もの人が、事故、自然災害、テロ攻撃、身体的暴力、性的暴力によるトラウマに苦しんでいる。これは、いつでも、だれにでも起こりうることである。たとえ、自分や自分の家族に直接関係がなくても、私たちには共通の人間性と弱さがある。次の２つの体験を読むにあたり、もし自分だったらどうするかを考えてみてほしい。

戦争と平和の実現

　救急救命士や退役兵は、いずれも他人を守るために喜んで危険に直面しようとする点で似ている。しかし、全力を尽くしているにもかかわらず、しばしば罪悪感と無力感に打ちのめされる。これは、たとえ状況の100％をコントロールできないときでさえ、常に100％の成功を求めているためである。このような内面的なプレッシャーによる問題を抱える人は少なくない。もし、あなたが救急救命士、兵士、あるいはいずれかの家族や友人なら、このセクションは特別な意味を持つだろう。そうでない読者にとっては、救急救命士や兵士がどのような体験をしているかを理解し、共感を抱くきっかけとなるかもしれない。もし、読者がここで紹介する症状のいずれかを持っていたなら、自分について知る手助けとなるだろう。トラウマは、多くの身体的問題を引き起こし、いったん定着してしまうと、通常は勝手に治ってくれない。祖国のために戦ったり、前線の救急救命士として働いたことによってPTSDを発症した人は、失敗という感情を抱くことが多いため、問題は特に深刻である。多くの場合、彼らの症状は、自身の恐怖だけでなく、自分が人を傷つけたかもしれない、あるいは人を救えなかったという感情によって生じる。戦争での体験は、だれにでも否定的影響を与える可能性が十分にあるが、退役兵の感情の防御が破れ

るには他の理由があることがある。以下の例から、兵士がどれだけの苦痛を味わっているか、そして人間の記憶ネットワークがどれだけ複雑に絡み合っているかを感じていただければ幸いである。

ハル・ウォルターズは、既婚で37歳、11年の現役経験を持ち、勲章も受けた海兵隊二等軍曹（SSGT E-6）である。軍隊の初期医療担当医は、彼を戦闘後PTSDおよび大うつ病性障害と診断した。ウォルターズ軍曹は、2年前、自身にとって2回目であり最後のイラク従軍から家に戻って1週間もしないうちに、症状が悪化したと語った。年配の女性、子ども、人混みなど、さまざまな刺激によって、毎日のように戦闘の記憶がよみがえり、彼を苦しめていた。

彼の症状には、不眠症、不安に伴う悪夢、断続的な号泣、怒りやうつの浮き沈み、胃の不調、慢性的な疲労、集中力や記憶力の低下、社会的な孤独感、頻繁な頭痛、交互に現れる感情的な麻痺状態と怒りの暴発あるいは理由のない涙、過覚醒（緊張、警戒状態）、過剰な驚き（突然の音に飛び上がるなど）、食欲喪失、倦怠感、複数の戦争関連の記憶に伴う罪悪感などがあった。これらの症状はすべて、単独でも複数の組み合わせでも、多くの兵士に見られる。現存する最古の記録から現在に至るまで、その数は何百万人にものぼる。

処理すべき彼の記憶は山ほどあったが、特に重要なものがひとつあった。彼は警備勤務中だったが、部隊は突進してきた1台の車に発砲せざるをえなかった。車は無数の弾丸で撃ち抜かれ、内部には煙が立ち込め、止まった。乗員のだれかがドアを開けようとし、後部ドアから年配のイラン人女性が転がり出た。瀕死の重傷を負い、大量の血を流し、苦痛に叫んでいたが、彼と仲間たちが見守る中で痙攣して倒れた。彼がセラピストに話したところでは、車に乗っていた全員が撃たれ、すでに死んでいたか、死に近い状態にあった。しかし、規則により、爆発物処理班が車を点検し、自爆目的でないことがわからない限り、兵士たちは近づくことが許されなかった。年配のイラン人女性が地面の上でもがき、叫んでいた時間は何時間にも思えたが、実際には出血多量で死に至るまで数分のことだっただろう。

ハルの表情は、この恐ろしい出来事を語る間に劇的に変化した。がっくりとうなだれ、震える手で頭を抱え、涙を流しながら、1日に（1晩に）何度もその記憶に悩まされると語った。自殺する気はないと言

ったが、強い慙愧(ざんき)の念と罪悪感によって生き続けることに疑問を感じていた。犠牲となった女性が高齢だったことを何度も口にしたため、セラピストは彼女が知り合いに似ていたのかと尋ねた。彼はその質問を念入りに考えた結果、最初は「違う」と答えたが、まもなく考えを翻し、「そう言われてみると、彼女を見て祖母を思い出した」と答えた。どのように似ていたかと尋ねると、「祖母はナイジェリア出身だったが、8歳くらいのときに数年間一緒に住んでいた」と答えた。そして、しばらく間を置いて言った。「でも、母といつもひどい口論をしていた。ある日、祖母は、もうここには住んでいられないからアフリカに帰ると私に言った」

ハルのセラピストは、彼女が本当に故郷に帰ったのかと尋ねた。「ええ。2、3日のうちに。飛行機に乗る日に泣いて私にさよならを言って、それ以来、会っていない」と彼は答えた。

「二度と会っていない?」セラピストは尋ねた。

「ええ。祖母は電話を持っていなかったし、字も書けず、電子メールも使えなかった。最後に祖母のことを聞いたのは、祖母が帰国して2年くらい後だった。母が私に、祖母が癌と診断されて亡くなったと言った」ハルはうなだれ、頭を振った。「私は、出て行くのを止めるべきだった。止めていたら、まだ生きていたかもしれない」どういう意味かとセラピストは尋ねた。「ナイジェリアではなく、このアメリカにいて癌と診断されたのなら、治療を受け、助かったかもしれない」

彼はその後、母と祖母の間に入って家族の不和を防ぐことができなかったという罪悪感を訴えた。祖母に対する思いと、イラクの高齢女性が結び付いていた可能性はあるかと尋ねると、彼は遠くを見つめ、「前には気付かなかったが、彼女は祖母と同じくらいの年齢だった。私はどちらの死も自分に責任があると感じていた」と言った。

ハルは、腹部の感覚に集中するよう指示され、同様の感覚と、だれかが傷ついたことに対する責任感や罪悪感を持った人生で最初の体験まで心を戻していった。彼は、ほとんど即座に、自分が6歳くらいで、弟が4歳だったときの外出を思い出した。池の近くの岩の上を歩いていたとき、弟が足を滑らせ、頭を打った。弟が大声で泣き出し、顔に血が流れるのを見て「怖くなり」、罪悪感を持ったと話すと、ハルの手は震え始めた。ハルは急いで家まで父親を呼びに行ったが、父親は

弟に注意していなかったと言ってハルを怒鳴りつけ、後で殴った。この記憶と祖母の記憶は完全に処理され、ハルは自分がまだ幼かったこと、6歳では助けを呼びに行くのが精一杯だったと認識することができた。8歳で祖母を引き止めるのも、おそらく無理だっただろう。

　この後、イラクでの体験の記憶を処理した。セッションの後、SUDを確認すると、ハルは1と答えた。どうしてゼロにならないのかと尋ねると、「無実のおばあさんが亡くなって、ゼロになることはありえない。自分が彼女の死に関係があることはわかっている……しかし、選択肢もなかった。車は自分たちに突進してきて、警告にも応じなかった。発砲しなかったら、もっと多くの人が死んだかもしれない。決して正当化できない悲劇だが、戦争の現実だ」前に述べたように、処理によって有用な記憶は残り、残りは捨て去られる。軍人が、人間性や生きるための「知恵」を失うことはない。ただ、自分にどうしようもなかった状況で、取らざるをえなかった行動による痛みを忘れることはできる。

　もうひとつ覚えておきたいのは、だれでも子ども時代にさまざまな問題に翻弄された経験を持つことである。それが、その後の体験と重なって、やがて症状として現れる。そのような体験は、戦争中に最も顕著に見られる。実は、戦争の間に起こった出来事だけでも、独力では回復できないほどの打撃を与えることがある。疲労、肉体労働、責任、死んだ者との関係、ひどい情景……まだまだある。悪い時期、悪い場所、運の悪さ。理由は何であれ、研究により、3カ月続けばPTSDは「慢性」とされる。治療しなければ、症状は生涯にわたる。数年経ってから何かのきっかけで否定的な感情や自己判断が生じるなど、遅れて反応が生じる場合もある。つまり、いつ症状が現れるかはわからない。軍隊に所属する男性や女性は、目に見える傷や見えない傷を負って帰宅しているかもしれない。彼らは、手助け、理解、尊敬を受けるに値する。戦争のような体験をして、無傷で済む人などいるだろうか？

　PTSDは、普通の生活を不可能にする。PTSDに苦しむ人は、心の泥沼で生き延びるために何らかの行動を取らざるをえない。麻薬やアルコールに溺れ、事態を悪化させる人もいる。治療を受けに来る人は、心の中の魔物と対峙する勇気と意志を称えられるべきである。特定の出来事に関する侵入思考、悪夢、フラッシュバックなど、ウォル

ターズ軍曹と同じ何らかの症状がある人は、選択肢の検討をお勧めする。ひとりで闘い続けることもできるが、軍曹のように助けを求めることもできるのだ。起こったことを詳細に語る必要はない。早ければ12回程度のセッションで安らぎが訪れるかもしれない。情報は付録Bに挙げている。どうか助けを得ることに躊躇しないでほしい。

秘密を守る

年齢を問わず、レイプや不適切な接触などの性的虐待被害者は、罪や恥を感じる気持ちとともに、不安感や無力感を持つことが多い。レイプの被害者は、自分の服装や歩いていた場所などについて自分を責めるかもしれないが、それは正当ではない。他人に性的な圧力を加える権利はだれにもないのだ。レイプであれ、幼児虐待であれ、すべての責任は加害者にある。

虐待被害者の心から離れない否定的な感情は、現実ではなく、症状である。前に挙げた「責任」「安全ではない」「コントロール／力がない」という3つのカテゴリーは、否定的な気持ちを表現するのに役立つ。また、EMDR療法では複数の段階を経て処理が進行する。他のトラウマ被害者と同様、性的虐待の被害者は、まず加害者に然るべき責任を負わせ、記憶を適切なネットワークに統合して過去のものとし、最後に、自分には新しい選択をする力と能力があるという感覚を持てるようになる。

以下の体験談は、ある性的虐待の被害者が、自分のような被害者を助けるとともに、このような虐待がもたらす危険な兆候と影響を多くの人に理解してほしいという意図で語ってくれたものである。ナンシーの父親は、まだ彼女の年齢が低いとき、彼女の記憶では12歳頃から虐待を始めた。

私は36歳のとき、自分の子どもが通う小学校の講堂で「子どもたちを性的虐待から守る」と題したPTAの集会に出た。講師が典型的な虐待者（子どもの知っている人物で、無害な遊びを通じて子どもの信頼を得た後、エスカレートしていく）について説明したとき、突然、涙がとめどなくあふれてきた。泣くのを止めることも、立ち上がって出て行くこともできなかった。その場に凍りついてしまったようだっ

た。子どものとき、父が夜、部屋にやってきて、身体をこすりつけたり、私の脚の間を触ったり、秘密を守るよう約束させたりしたことははっきり覚えていたが、その瞬間まで、その虐待が典型的なパターンで、自分だけではないとは知らなかったのだ。

　子どもの頃、父親、そして父親が私の身体を支配することに対する恐怖は、日常生活の一部だった。私の体は自分のものではないように思えた。私はそのことをだれにも話せなかった。話せば、父が私を殺すか、母親に告げて母親が出て行ってしまうかだと思っていた。父親に「やめて」と言う権利があること、父親のしていることが私の罪ではないことなど知らなかった。私が何か悪いことをしたから、父が罰しているのだと感じたこともあった。私がそうしてもらいたがっているのだと父親が私に言ったこともあった。父親が他の種類の愛情を注いでくれることは好きだったので、たぶん私が悪いせいだろうと思った。虐待されている間ずっと、私は自分が何か間違ったこと、恥ずかしいことの一部であり、どうしても逃げられないと感じていた。

　大人になってからの私は、うつと不安でしばしば心理療法を受けた。治療は役に立ったが、症状をまったく消すことはできなかった。小さな物音で叫び声を上げて目覚め、現実や想像を問わず危険には過敏で、10代のときに死んだ父の幽霊がいると感じていた。父がなぜか生き返り、性的虐待を他言したという理由で自分を殺すのではないかと怖かった。うつ状態が訪れると、働くこともできず、生きていくのに必要最小限のことしかできなかった。自分に関する思い込みから、私を大事にせず、私のニーズに気を配らない男性ばかり、必死に追い求めた。自分の体はどうでもよく、知性は重要ではなかった。自分が魅力的でセクシーに見え、だれかが自分を求めてくれることだけが重要だった。

　数年前、いつもの深刻なうつ状態にあるとき、友人がEMDRを薦めてくれた。新しいセラピストと私は、苦痛を感じる記憶に集中するときの安全策をいくつか決めた。そうすれば、何かの感情が生じても安心して対処できるからだ。ときどき止まって整理し、休憩を取りながら、ゆっくり進めた。ところが、私はすぐにこの治療を安全だと感じ、1回のセッションで多くの記憶をスイスイと処理することができた。私たちは、記憶をひとつずつ処理した。私の気持ちと記憶は、ひ

とりでに良いものに変わっていくようだった。最初は、母が来て私を救ってくれた。次は自分で自分を救う方法を見つけた。新しいイメージが自動的に現れるようだった。今では、昔の出来事を思い出しても、今、起こったことのようには感じない。確かに恐ろしいことだった。自分がどう感じたかは知っているが、もう追体験することはない。

　処理した最初の記憶のひとつは、私が5歳のとき、父と一緒にシカゴの繁華街にいるものだった。父は怒って私を置いて行こうとした。私は迷子になった気がして、無力で、怖かった。父をどうやって見つけていいかわからなかった。シカゴに住んでいたわけではないので、家へ帰る道はまったくわからなかった。その出来事について、覚えていたのはそれだけだったが、思い出すたびに5歳の自分に戻り、捨てられ、ひとりぼっちのように感じた。それ以来ずっと、だれかが迎えに来るのが遅かったり、待ち合わせを忘れたりすると、私は同じ恐怖、孤独、怒りを感じた。しかし、もう終わったことなのだ。

　記憶の処理が人に与える影響について、理論的なことはわからない。わかるのは、子ども時代のトラウマや、自分が弱いという感覚が、なぜか変わったことだけだ。どうにもできない現在進行形の危険と思っていたものが、自分の中の記憶になり、自分の外に巨大な姿を見せることはなくなった。

　読者や、読者の知り合いが、このような過去と闘っていたら、ぜひ治療があることを教えてあげてほしい。自分を責める気持ちや恥辱感は「症状」であり、現実ではない。本書の冒頭で挙げた詩の例を覚えていらっしゃるだろうか？　「バラは赤い」という言葉を聞くと、真実ではないにもかかわらず、「スミレは青い」という言葉が浮かぶ。自分を責める気持ちや恥辱感は、反射的な「スミレは青い」である。自分がそう感じるからと言って、そうとは限らない。それが自分の体験を語る妨げとなっている場合もあるだろう。しかし、EMDR処理は心の中で起こることであり、起こった事実について詳細に語る必要はない。自分のペースで、自分の時間に行うことができる。本書で紹介する自己コントロールのテクニックは、きっと読者の役に立つだろう。しかし、戦争によるPTSDのように、トラウマがいったん定着してしまった場合は、専門家の手助けがなければ一般に克服は難しい。人生

は単に痛みに耐えるだけではない。それはあなたの罪ではなく、ナンシーが言うように、あなたはひとりではないのだ。

なぜ選べないのか？

これまで述べてきたように、トラウマは恐怖や不安を感じさせるだけでなく、選択する力を奪う。多くの人は、自分の人生が過去の出来事によって動かされていて、道理にかなっているように見えるけれども実際には不健全な行動に引きずり込まれているとは疑っていない。例えば67歳のスーザンは、見えない力に支配されているように感じてEMDR療法に助けを求めた。彼女は、だれにも「ノー」と言えなかった。それを変えたいと強く願い、変えれば解消できそうなストレス要因や負担も明確にしていた。しかし彼女は、自分の娘、孫娘、夫との関係が大きな障害と考えていた。「みんな私が必要なの」と、彼女は言った。経済的な支援であれ、危機状態への介入や救出であれ、彼女をあてにしている人は多すぎた。そしてそれが疲労と困憊を引き起こしていた。セラピストとの話し合いで、彼女は愛情に満ちた関係を維持しつつ、自分の対応方法を変える必要があると認識していた。しかし、実行は難しかった。

スーザンは、セラピストに尋ねられ、悩むような過去のトラウマはないと答えた。「さあ、年上の従兄との間に問題はあったけれど、重要とは思えない。そのことは考えたことがないし、今考えてみても大したことではないから。長い人生、よくあることよ」セラピストがその出来事を処理するよう勧めると、彼女はやや腹を立てたようだった。「時間の無駄でしょうけどね」しかし、何かの手がかりにと試してみることにした。それは、8歳のとき、ティーンエイジャーの従兄にレイプされた記憶だった。彼女は処理によって現れた感情に驚いた。痛み、怒り、憤り、孤独……。彼女にとって最も強烈だったのは、人を裏切ってはいけない、そして喜ばせたいという気持ちだった。彼女は従兄に嫌われたくないと思っていて、従兄は彼女が従わなければ二度と遊んでやらないと脅した。

次のセッションを始めたとき、スーザンは、まだ理由はわからないが、今後は絶対にだれにも自分を利用させないと宣言した。彼女はそ

の前の週、家族や周囲の人間が自分の親切をどれだけ乱用しているかをそれまで以上に明確に認識し、嫌な気持ちになっていた。記憶の処理が進むにつれ、スーザンと家族の関係も健全になっていった。今では、自分の意志を通せば人に拒絶されると感じることなく、普通に「ノー」と言うことができる。これは、多くの人が抱えている問題である。読者がこの部類に入ると思ったら、その原因を探ってみるといい。未処理の記憶がそのように感じさせているのではないだろうか？

　スーザンの対極とも言えるベンジャミンは、特に危機的状況になると、どうしても人を助けることができなかった。そして、自分は人と異なる、共感や思いやりがない、ストレスがかかると「普通に」行動できないという意識に悩まされていた。漂い戻りにより、彼は友人の自動車事故を目撃した事件を思い出した。彼と数人の友人は、自動車事故を目撃し、助けに駆け寄った。ベンジャミンは車内にいた友人を助けようとしたが、ドアを開けた瞬間、彼女は外に落ち、歩道に頭を打ちつけた。そして意識を取り戻すことなく、数日後に亡くなった。ベンジャミンは、彼女が頭を打つのを防がず、彼女を殺したと自分を責めていた。

　EMDRで記憶を処理する間、彼は「なんてバカなんだ」「こんなことしてるなんて信じられない」などと言ったが、最後には「わかった。あれは僕の責任じゃなかったんだ！」と言った。その後まもなく彼は別の街に引っ越したが、セラピストにメールを送ってきた。空港で前を歩いていた女性が転んだとき、彼は自分の荷物を放置し、だれよりも早く駆け寄って彼女を助け起こした。そして数日後、自分がその危機的状況に極めて普通に反応したことを自覚したという。彼女をとても心配し、過去の自分ではなく、他の人がしたであろうと同じ行動を取ることができたのだ。彼は、自分の行動や反応が友人の死を招いたのではないことを悟った。現在の行動は、未処理の記憶ではなく、処理された記憶から自動的に生じたものである。彼は、もはや過去の記憶に影響されず、自分の道を選ぶことが可能となった。

自己探求

　不安や恐怖は、身体的、精神的な痛みを感じた体験から生じること

がある。どちらであろうと違いはない。それによって PTSD や本格的な恐怖症になることもあれば、軽度の不安や否定的な自己観を持つこともある。前の章では、「自分に何か悪いところがある」という気持ちをメインとする否定的認知のリストを検討した。このセクションでは、「安全ではない」「コントロール/力がない」という残り2つのカテゴリーを扱う。

安全ではない/弱い

本書ではすでに、恐怖と不安に関係のある多くの例を紹介した。恐怖症や PTSD があると自覚する読者なら、どの否定的認知（以下のリスト参照）が自分に該当するか、すぐにわかるだろう。わからない人、あるいはこの分野で自分の弱点がどこかを知りたい人は、ノートの新しいページに「安全ではない」という見出しを書いてほしい。呼吸シフト、腹式呼吸、安全/穏やかな場所のテクニックを必要に応じて使う準備もしよう。次に、以下の文章の空白に当てはまる言葉で最初に思いついたものをノートに書いてほしい。

　　＿＿＿＿＿＿＿＿＿＿するのは安全ではない。

次に、以下のリストにゆっくり目を通し、身体の反応に注意する。自分に該当すると思う否定的認知があれば書き留める。終わったら、Chapter.4 で学習した漂い戻りで現在の出来事と記憶を特定し、試金石リストに書き込んでほしい。

安全ではない/弱い

だれも信用できない。
危険な状態にある。
……するのは安全ではない（……に自分で記入するか、下から選ぶ）
　　間違いを犯すのは安全ではない。
　　感じるのは安全ではない。
　　感情を見せるのは安全ではない。
　　無防備になるのは安全ではない。
　　自分を主張するのは安全ではない。

弱いのは安全ではない。
人に頼るのは安全ではない。
自分が関わらない限り安全ではない。
自分が欲しいもの、必要とするものを手に入れない限り安全ではない。
人と親密になるのは安全ではない。
愛するのは安全ではない。

　このような感情は、未処理の記憶に端を発していることが多い。未処理の記憶は、現在の多くの反応の隠れた原因となっている。例えばマックスは、やるといった仕事を最後までやり遂げない同僚に対して非常に怒っていた。「私は安全ではない／人を信用できない」という否定的認知を感じた最近の体験を処理すると、過去の記憶とのつながりが浮かび上がった。マックスは、子どものとき病院に行き、医者から「これから打つ注射は痛くない」と言われた。しかし、実際にはそうではなかった。この記憶を処理すると、同僚に対するマックスの怒りは消えた。彼女の性格を考えれば、やり遂げないことは最初から予測できたのだ。マックスの現在の反応は、もはや過去に引きずられなくなった。昔の医者との出来事が何十年も経って職場での問題につながっていたことは、やはり記憶ネットワークの複雑な絡み合いを示す例である。だから、漂い戻りを使って根源的な記憶を探すときは、心の赴くままにするといい。すべて成り行きに任せることだ。

コントロール／力がない

　このカテゴリーは、肯定的な選択をし、世界をコントロールする能力に関連する。前にカテゴリーの否定的認知を無事に解消した人は、もう何かやだれかが自分を傷つけるとは感じていないだろう。次のカテゴリーは、「自分には出来事に対処するだけの力や強さがない」「自分や人生をコントロールできない」と言う否定的な感情に重点を置いている。要は、個人の能力、あるいは心理学者の言う「内的統制の所在」の問題である。つまり、力の源は自分の外ではなく内にあるのだ。
　他の２つのカテゴリーの否定的認知と同様、否定的な感情や思い込みの原因は、不十分あるいは何らかの形で「劣って」いると感じた出

来事の未処理の記憶にある。例えばジュディは、50歳の女性で、人間関係も仕事もうまくいっていなかった。夫と暮らしていたときは、自分が見劣りすると感じ、人目を気にしていた。すばらしい創造力を持っていたにもかかわらず、彼女は作家としてのキャリアをなかなか踏み出せなかった。ひとつの問題は、脚本を発表するために必要なコネを持っている人と話すとき、自分が臆病で、どもりで、バカで、ノロイと感じることだった。彼女のセラピストによれば、彼女は軽度から中程度の慢性的な恥辱感の中で生きているようだった。彼女の否定的認知は、「私は成功できない」だった。その理由は生育歴・病歴聴取で明らかになった。彼女の父は競争好きで、自分の子どもたちに言葉遊びからスポーツまで、あらゆることで競わせた。しかし、4人の末っ子だったジュディはあまり勝てなかった

　その対極とも言うべきデヴィッドは、常にトップ志向だった。彼の否定的認知は「完璧でなければならない」で、ストレスに加え、嫌でも長時間働かなければならないという気持ちは、健康に悪影響をもたらしていた。デヴィッドの問題の出発点は、10歳の頃の試金石記憶だった。父親は1日に12時間も働き、疲れ果てて帰宅していた。また、自身の生い立ちと疲労から、非常に短気だった。ある日、デヴィッドが単語の宿題を終えると、父親が来てテストをした。デヴィッドは単語を覚えていたが、緊張して間違いばかりした。父親は、徐々にイライラを募らせた。そしてデヴィッドが再び間違えたとき、ついに父親は怒りを爆発させ、壁に拳で穴を開けた。父親は後年、これを笑い話にしたが、デヴィッドにとっては決定的な瞬間だった。彼の言葉を借りれば、「あれが僕の頭だったかもしれない！」からだ。それ以降、失敗は許されず、何があっても成功しなければならないと感じるようになった。「すべて」できなければ、彼は不安と恐怖を感じた。

　自分が無力に感じる人も、いつもトップでなければ気が済まない人も、問題は記憶ネットワークを調べると出てくることが多い。だからまず、このカテゴリーのどの否定的認知が自分に該当するかを検討してほしい。そして、その認知に伴う否定的な感情と身体的な感覚を見つける。例えば、「私は無力だ」という言葉を、未処理の記憶を持つレイプ被害者が思い浮かべれば、否定的な感情が生じる。しかし、「12ステッププログラム」（訳注：章末参照）を終えた人なら肯定的な感情

を持つだろう。前にも述べたように、ゆっくりとリストを読み、身体の反応に注意してほしい。そして、ノートの「コントロール/力がない」という見出しの下に、選んだ言葉を書く。書き終わり、もし自分でやりたいと思うなら、漂い戻りを使って最近の出来事と記憶を探り、試金石リストに書き加えよう。

コントロール/力がない
主導権がない。
無力だ（力がない）。
欲しいものが得られない。
自分を主張できない。
言いたいことを言えない。
自分を信用できない。
ダメな人間だ（失敗する）
成功できない。
完璧でなければならない。
自分では対処できない。

選ぶことを選ぶ

すでに述べたように、恐怖や不安は、人間が状況を見極め、本当に危険があるのか、どうすればいいのかを判断するための警告となる。しかし、古い記憶の残りかすである場合もある。TICESログを書いている方は、自分に苦痛を与える状況のサンプルが幅広く集まったことだろう。自分の否定的認知とそれを引き起こす記憶が明確になれば、何が自分を動かしているのか、だいたいの検討がつく。恐怖症、PTSD、その他の強い恐怖を克服するには、一般にセラピストの手助けが要る。そうでない限り、もっと楽に、前向きな感情を持って生きるために、自己コントロールのテクニックを活用してほしい。

「安全 / 穏やかな場所」の各種テクニック

　現在の状況と否定的認知のリストを書いた人は、自分がよく抱く否定的な感情を把握し、対処するテクニックを磨くといい。自分のリストを見て、特定の否定的な感情や思考がどのくらいの頻度で生じているかを確認しよう。「安全 / 穏やかな場所」を見つけることができたら、他の感情も追加し、心が動揺したときに使えるようにするといい。「私は十分でない」とよく感じる人は、自分が達成感を得た肯定的な記憶がないか探してほしい。あれば、Chapter.3 で学んだ「安全 / 穏やかな場所」の練習方法を使い、その肯定的な感情とそれを思い出すのに使うキーワードやイメージを結び付けてみよう。「私は愛されない」とよく感じる人は、自分がありのままで受け入れられ、安心したときのことを思い出してほしい。否定的な感情のスイッチが入ってしまったときに、それらの感情を引き出せるよう練習しておこう。

　肯定的な記憶がなかなか見つからない人にアドバイスがある。落ち込んでいるときは特に、肯定的な体験を思い出すのが難しい。研究では、気分が沈んでいると、脳が暗い感情を伴う記憶だけを思い出す傾向があり、肯定的なことを考えにくいことが実証されている。その場合、あるいは「安全 / 穏やかな場所」の結び付けや他のテクニックでさまざまな状況での否定的な感情を克服できない場合は、セラピストと協力し、苦痛の原因となっている記憶を処理することをお勧めする。セラピストの選び方についてのガイドラインは、付録 B に挙げた。

　子どもの頃の否定的な体験は、皆さん自身の責任ではない。しかし、大人になった今、それを何とかする責任は自分にある。自分について何か変えたいことを発見したなら、あとはそれをひとりで成し遂げるか、手助けを借りるかを検討すべきである。

　私は、子どもをどうやって愛し、大切に育てるかをよく知っている家庭ですべての人間が育ったらどんな世界になるか、ときどき想像してみる。私の仕事仲間 2 人には、アダムというかわいい息子がいる。彼は 3 歳のとき、プールの深みに落ち、沈み始めた。父親はすぐに飛び込んで助け上げ、プールの端から母親に手渡した。これは、その場にいた全員にとって怖い出来事だった。しかし、母親は本書で述べた方法を使って恐怖に対処し、アダムに集中することができた。彼女は

自分が怖がっている姿を見せなかった。子どもの恐怖を和らげようと笑うこともなかった。アダムを抱きしめ、「もう大丈夫。もう安心よ」と繰り返し、ゆっくり深呼吸するよう促した。彼らはその日、その事件について何度も話し、その都度、子どもに深呼吸をさせた。

その6カ月ほど後、母親がアダムをお風呂から抱き上げているとき、アダムはまっすぐ母親の目を見つめ、首に手を回して、「もう安心」「ママ、大好き」と言った。そして、プールから引き上げて慰めてくれたことを覚えているかと尋ねた。母親は、もちろんはっきり覚えていると答え、息子自身が安全に守られ、愛されていると感じていることをうれしく思った。

アダムが6歳のとき、彼の両親と私は一緒に出かけ、公園に立ち寄った。アダムは、トンネルや高い場所に吊るされたネットに登って遊んだ。しばらくして暗くなってきたので、私たちはアダムに降りてくるように言った。彼は戻り始めたが、とてもゆっくりで、しかも止まってばかりいた。理由がわからないので、もう一度アダムを呼んだが、やはりゆっくり、止まりながら降りてくる。そのとき、理由がわかった。4歳くらいの小さな女の子が、周囲に母親もいないまま、ネットに登り、怖くて降りられなくなっていたのだ。アダムは女の子に自分について来るよう励まし、ゆっくり、彼女が追いつくのを待ちながら降りていた。アダムは女の子を置いてはいかなかった。2人がついに地面に降りると、アダムは女の子を見つめ、腕を軽く叩いて「もう大丈夫。もう安心」と言った。そして歩き去ろうとしたとき、ちょうど女の子の母親が走ってきた。

アダムの世代の全員が、愛情深く、適切な対応のできる両親に育てられていたら、どんな世界になるだろうか。小さな男の子や女の子が、弱い子をからかったり、助けを求めている子を無視したりすることなく、他人に配慮し、自信を持って、親切に接することができたらどうだろう。多くの人は、アダムのような子ども時代を送らない。しかし、幸運なことに、年をとっても、適切な手助けがあれば自分を「育て直す」ことができる。

バタフライハグ

EMDR療法は、トレーニングを受け、免許を取得したセラピストに

よって行われる必要があるが、その一部なら自分で行うこともできる。EMDR療法のすべての手順を必要とする記憶の処理はできない。しかし、両側性刺激のひとつの方法（軽く叩くこと）で軽度の不安を和らげることは可能かもしれない。研究者は、交互に軽く叩く動作によって弛緩反応が生じることを理論的に説明している。ただし、そこから否定的な記憶が導き出される可能性もある。したがって、効果をよく観察することが重要である。

Chapter.3で述べたように、バタフライハグは、集団に対してEMDR療法を行うためにメキシコで開発された。「安全/穏やかな場所」を強化するときに、すでにこの両側性刺激を利用した人もあるだろう。そのときは、交互に叩くことで肯定的な感情が強くなるかどうかを試してもらった。効果的に使うことができる人は、ストレスや不安を感じたときにも使ってかまわない。ただし、「安全/穏やかな場所」と同様、自分をよく観察し、否定的な記憶を導かないよう注意が必要である。ご存じのように、記憶ネットワークは複雑に絡み合った連想の網である。自分の反応を観察し、苦痛の高い記憶を引き出して終わらないようにしてほしい。もし、そうなってしまった場合は、自己コントロールのテクニックを使って閉じておこう。「安全/穏やかな場所」のテクニックには、スパイラル、ペンキ缶、漫画キャラクター、呼吸シフトなどがある。

バタフライハグを試してみるには、まず両腕を胸の前で交差させ、左手を右肩、右手を左肩に置く。SUDが3程度の苦痛を感じる記憶を取り出そう。なぜ苦痛なのか検討してみたことはあるか？　その記憶が何かの問題を引き起こしているか？　もしそうなら、問題をどうにかする意志があるか？　これで、不安に直接対処する準備ができた。苦痛を感じる状況を思い浮かべ、その感情に注意しながら、両肩を4～6回、ゆっくりと叩く。これが1セット。深呼吸する。気分が良くなったと感じたら、さらに5セット続ける。もし、気分が悪化したり、他の否定的な記憶が現れたりしたら、止めて他の自己コントロールを行ってほしい。

バタフライハグが自分にとって効果的だと思ったら、同じくらいの速度と時間で太腿を交互にゆっくり叩いてみよう。これもうまくいったら、状況に応じて好きなほうを使えることになる。どちらのテクニ

ックも、軽度のストレスや不安（SUDが4以下）への対処に役立つ。ただ、苦痛を軽減しているか、もっと苦痛の大きい記憶を導いているかに常に注意してほしい。人間の記憶ネットワークは予想できないことがある。ある分野で効果的でも、別の分野では逆効果になることもある。しかし、さまざまな自己コントロールの手法を学んでおけば、さまざまな人生の苦難に対処しやすくなる。継続的に自分に問いかけてほしいのは、それで十分なのか、それとも、人生に期待する満足と喜びのレベルを低く設定しすぎているのかである。

(訳注) 12ステッププログラム

　12ステップはAA（Alcoholics Anonymous）アルコール依存症の自助グループで、依存を克服するために立てている生活信条や規則である。

1. 依存に対して無力であることを認めること。
2. 自分を超えた大きな力（どんな形であれ）によって助けられると信じていること。
3. 自分を超えた大きな力に自身を委ねることを決めること。
4. 自分を調べること。
5. 自分を超えた大きな力に対し、自分に対し、そしてもうひとりの人に対して、自分の過ちを認めること。
6. 自身の性格上の欠点を自分を超えた大きな力に正してもらう準備ができていること。
7. こうした欠点を自分を超えた大きな力に取り除いてもらうように頼むこと。
8. 自分が他人にした過ちを表にし、これらの過ちの埋め合わせを進んでする気持ちになっていること。
9. 傷つけない限り、直接傷つけた人と触れ合うようにすること。
10. 自分を調べ続け、間違いを認めること。
11. 祈りや瞑想を通して、悟りを探り、自分を超えた大きな力とのつながりを求めること。
12. 必要に応じて12のステップのメッセージを他人に伝えること。

Chapter. 7
脳、身体、心の結び付き

　身体の問題にはさまざまな形がある。「体、私の体、私の友人であり伴侶。私の人生で最大の裏切り者」と始まる詩があるが、これは多くの人の気持ちを代弁しているのではないだろうか。なしでは生きられないが、思いどおりにならない。したいことがあるのに、身体が別のことをしてしまう。高い台から飛び込みに挑戦したいのに、膝が震えてくる。交流するためにパーティーに行ったのに、会話を始めようとするとどもってしまう。楽しい人生を送りたいのに、医者には説明できないような痛みがある。だから本章では、身体上の深刻な問題の例を紹介したい。身体の問題は非常に多いが、問題が始まった時期とそのときの状況を調査すれば治ることも多い。まず、本人は純粋に身体的な問題だと思っているが、実は未処理の記憶に原因があるかもしれない多様な症状を検討してみよう。章の最後では、自己探求と苦痛を抑えるのに役立つ自己コントロールの方法を紹介する。

　心理学者が「精神身体医学」について語るとき、それは一般に「精神」が「身体」に与える影響を意味する。しかし、多くの人は、まるで苦痛を「すべて心の問題よ」と片付けられるように感じるだろう。実はそうではない。身体の制御センターは脳である。脳、心、身体の相互作用は常に存在する。身体の反応が心の平静を乱す場合もある。身体の調子が悪かったり、疲れたりして、気分が落ち込んだ経験はだれにでもある。心の状態が身体に影響を与えることもある。精神的なストレスが、循環器系、呼吸器、免疫系に影響を与えることは、多くの研究で証明されている。しかし、さまざまな身体と心の問題を探る上で、精神的に、身体的に、どう感じ、反応しているかに直接影響を与える可能性があるのは、脳に記憶がどのように保存されているかであることを覚えておいてほしい。病気や四肢の切断といった明白な身体上の

問題がある場合でも、それに対する感じ方は未処理の記憶によって決まる。逆に、未処理の記憶によって生じる症状が、医学的問題と誤解されることもある。

やめて、殺さないで

カールの例から始めよう。彼と同じ症状を持つ人は何千人もいる。彼の過去20年間の体験を紹介する。

症状は、13、14歳くらいから始まった。正確にいつ気分が悪くなったのか、何をしていたのかは思い出せないが、以降の長い年月、人生の一部となった。それが起きると、頭がくらくらし、体が震え、冷や汗が流れ、めまいがして歩くこともできなくなる。最後には嘔吐する。これまで、さまざまな理論を唱える医者の診断を受けたが、だれも答えは出せなかった。唯一、回復する方法は、数時間、眠ることだ。自分で調べたところ、これに似た症状を示す病気はたくさんある。これまでの医者の治療は、どれも効果がなかった。

成長し、大学に行き、結婚しても、症状は続き、私の人生を支配し続けた。スポーツ、テスト、スピーチ、デート、面接、パーティーなど、あらゆるときに症状は出た。この「モンスター」は、私の人生を支配し、私にはなすすべがなかった。この病気のおかげで、結婚生活や子どもとの関係も悪化し、離婚を考えたこともあった。子どもたちは成長し、いろいろな活動（スポーツや音楽）に参加したが、子どもたちとの関係にも亀裂が入った。私は2、3年間、息子の野球チームのコーチをしたが、そのストレスに耐えられず、試合ごとに体調を崩したので辞めざるをえなかった。コーチを辞めた後も、試合を見に行くと気分が悪くなった。ある日、息子が妻に、私が病気になりすぎるから「新しいパパがほしい」と言っているのを聞いた。私はそのことにショックを受け、今すぐどうにかしなければならないと思った。

30年も苦しんだ後、カールは自分がパニック障害であることを突き止め、身体的な反応の原因となっていた記憶を処理することで症状を解消した。処理した記憶には、転校、スポーツをして友達を作る

ことへのプレッシャーなどがあった。パニック発作の最初の体験でトラウマを受ける人もいる。気分が非常に悪く、死ぬのではないかと思うからだ。前の章で述べたように、恐怖の感情は子ども時代の多くの記憶に固定され、成長後もストレスの大きい状況によってスイッチが入る。事をさらに複雑にするのは、脳が恐怖に反応し、何らかの脅威に備えようとして身体を興奮させることだ。しかし、支配的な感情は恐怖や無力感である。だから、身体の反応に対して「どうにもできない」と感じる。そして、動悸、めまい、のどにつまる感じなど、明らかな理由のない身体的感覚がさらなる恐怖を生み、「これで私は死ぬ」という考えも記憶ネットワークの中で凍りついてしまう。自分の身体が自分を殺そうとしていると感じるのに、どこへ逃げればいいのだろう？ 今度はいつ、どうにもできない身体感覚が始まるのかという心配がストレスとなり、身体的反応を悪化させ、悪循環になる。その上、身体的感覚は本物である。「すべて心の問題」という言葉は、嘔吐したり失神したりする人には何の意味もない。だから、多くの人がカールのように、医者から医者へと治療を求めて何年もさまようことになる。しかし、答えは脳、身体、心のつながりにあり、反応を引き起こしている未処理の記憶を処理することで、自由がもたらされることがある。

どうにもできないと感じる子ども時代の出来事の多くが、長期的に恐怖の反応を引き起こす。例えば、パニック障害の研究によれば、パニック障害を持つ人の半数以上が、幼少期や少年期に、死別、離婚、その他の理由で両親から引き離されている。このような体験では、子どもは、見捨てられたという感情を抱き、悪影響を受けることが多い。子どもは「自分がどんな悪いことをしたのか」と考え、自分なりの説明を見つける。また、当然ながら、自分を愛し、保護してくれるはずの人がひとりいなくなったことで、寂しく、不安にも感じる。このような感情すべてが記憶ネットワークの中で凍りつき、成長後のストレスで未処理の記憶のスイッチが入ると、自制できない身体反応として現れる。

呼吸困難

愛情の乏しい子育てが多くの問題を引き起こすことは、すでに述べ

た。子どもに感情的な影響を与えるだけでなく、非常に早期から、健康に害を与える場合もある。例えば、幼少期の気管支喘息は、親子の絆の欠如によって生じることがある。幼いジャンナは、生後わずか7カ月ですでに喘息と診断された。日常的に息切れし、吸入を必要とすることも多く、1週間に4日以上は夜中に呼吸困難になって母親を起こした。2種類の薬を服用していたが、それでも救急診療が必要になる。医師は、彼女の全般的な健康状態をA〜FのDと評価した。

母親のジュアニータは、ジャンナの喘息が遺伝だと考えていた。甥3人、姪1人、伯母2人もやはり重症の喘息だった。夫の側でも、従兄弟7人が喘息持ちだった。しかし、幼少期の喘息は母親のストレスと関係があることが多い。ジュアニータがセラピストに話したことは、そのパターンに該当していた。彼女は宗教的に厳格な家族の出身だったが、結婚前に妊娠した。彼女は落ち込み、妊娠を家族に隠した。「心の痛み」も感じた。妊娠を告げたとき、家族はあまりに動転し、結婚式に来なかった。ジュアニータは、両親をそれほど失望させたことに強い罪悪感を抱いた。

ジュアニータは、びくびくし、落ち込んで毎日を過ごした。家族が自分を支援してくれなかったことが悲しかった。ジャンナは難産の末、帝王切開で生まれた。赤ん坊は母親から引き離され、3時間後に戻ってきたが、ジュアニータは授乳できなかった。赤ん坊を初めて抱いたときに愛情を感じず、ただ「怖かった」からだ。彼女は、赤ん坊と感情的にも身体的にも結び付くことができないと思った。保険の事情から、ジュアニータは退院できる状態になる前に病院を追い出され、夫は彼女が期待したより早く仕事に戻らなければならなかった。

ジュアニータの3回のセッションでは、妊娠を知ったときのショック、家族の反応、妊娠中の悲しみと恐怖、陣痛と分娩、そして赤ん坊が引き離されたときの悲しさ、初めて抱いたときの怖さなどの記憶をターゲットとした。処理中、ジュアニータは、恐怖のない新しい出産の経験を想像した。妊娠を知ったときのことを想像し、大喜びした。妊娠中にわくわくすることも体験した。うれし泣きもした。そしてジャンナが帝王切開なしに生まれるところを想像した。生まれてすぐに一緒に過ごした感じを体験し、ジャンナは涙を流した。そして十分に病院で過ごした。何もかも順調にいった。

セッションの終了後、ジュアニータは家に帰り、その日は休むよう指示された。翌週、セラピストを訪れた彼女は、これまでになく幸せで驚いていると報告した。その上、彼女の新しい満足感と愛情が娘にも影響を与えていた。ジャンナの喘息が消えたのだ。昼も夜も症状がなく、遊んでもゼイゼイいわなかった。薬の必要はまったくなかった。すべてが完璧だった。1年経っても、ジャンナに喘息の症状はなかった。

心、脳、身体

結論を言えば、さまざまな感情的、身体的感覚が未処理の記憶から生じている可能性がある。Chapter.5で述べたように、未処理の記憶が心の絆の形成を妨げ、愛し、育むという母親らしい感情を妨げる場合もある。これには、無感覚あるいは空虚な身体的感覚が伴う。逆に、未処理の記憶が強い身体的反応を引き起こす場合もある。パニック障害に伴う身体的症状、幼少期の喘息などは、感知した危険に身体が反応した真の感覚である。未処理の記憶に組み込まれた「危険だ」という感情は、しばしば現在の出来事に刺激されて生じる。

このような強い感情や不快な身体的感覚は未処理の記憶によって生じるが、脳は身体全体に信号を送っているため、「心の中だけの問題」とは言えない。脳は身体の一部であり、すべての身体反応の源である。パニック障害、幼少期の喘息などの症状は、記憶の不適切な保存という身体的現実に対する身体的反応の場合がある。これは、医師の診察や医学的治療を受けても効果がない場合、考慮すべき点である。純粋な医学的症状ではなく、違った種類の介入が必要かもしれないからである。未処理の記憶が問題の中心かどうかを調べるのに、時間はさほどかからない。

過去の重荷

私が1989年に発表した対照研究のある参加者は、オーラルレイプの後、1週間に何度も感じていた吐き気が治療によって消えたと報告した。それからしばらくして私は、ベスというクライエントの運転恐怖症を治療することになった。彼女は2、3回、自動車事故を起こしていたので、その記憶を処理のターゲットとした。あるセッションで、

ベスは首の後ろを引っ張られるような感覚があり、それが突然なくなったと言った。それは、毎月のようにカイロプラクティック治療に通う原因となっていた感覚と同じだった。彼女は、自分が怪我をした事故は何年も前のことだったので、その感覚と事故を関連づけたことはなかったと言った。そのセッションの後、その症状でカイロプラクティック治療が必要になることは二度となかった。別のクライエントは、子どもの頃に恥をかいた記憶を処理すると、猫背が自然に伸びた。このような事実は、感覚が「心」の中ではなく脳の中にあり、身体で感じるものであることを明確に物語っている。

幻の消滅

痛みは出たり消えたりし、その出所と理由を特定するのは難しい場合がある。しかし、幻肢痛ほど不思議なものはない。事故、戦争、病気で腕や脚を失った人は、米国だけでも約160万人と推定され、人口に占める割合は他の先進国でも同程度とされる。地雷によって四肢を失う人は世界で何千人にものぼり、ほとんどが民間人、そしてその過半数が子どもである。報告によれば、その約80％が今でも失った手足があるかのように感じ、半数以上が慢性的に痛み（しかも多くは強い痛み）を感じている。

多くの人が理不尽な痛みに苦しみ、ありもしない手足の痛みを感じるのは自分の頭がおかしいせいだと考えているのは、悲しいことである。このような患者の多くは「すべて心の問題」と告げられている。痛む身体の部分がないため、鎮痛剤は効果がない。かつて、一部の内科医は神経の損傷に原因があると考え、外科医は脊髄の一部を切除したり、手足の残りの部分を切り刻んで「健康な」神経を見つけようとした。これも効果はなかった。現在は、幻肢痛に対する理解が深まり、切断に対処しようとする脳の変化に問題の中心があると考えられている。私たちは、EMDR療法により、幻肢痛がその怪我の未処理の記憶に保存されている感覚のひとつであることも発見した。

幻肢痛は、手足を失ったときに感じた感覚を含むため、人によって感じ方が異なる。足が押し潰された感覚、腕をもぎ取られた感覚、そしてその後の治療の痛みなどである。例えば、ジムは現役の海兵隊員だったが、交通事故で脚を切断した。彼は、古典的な幻肢痛に悩ま

された。よく訓練された冷静な海兵隊員らしく、彼はさまざまな痛みを描写し、10段階で強度を表した。それには、「かゆい」（3）、持続的な「座っていて足がしびれたときのようなチクチクする感じ」（5）のほか、次のようなものがあった。

◆ 鈍い、ずきずきする痛み ― 6
◆ 日常的な鋭い痛み ― 8
◆ 足（幻肢）から太腿にかけての放散痛 ― 8
◆ 激しいけいれん ― 9
◆ 週に1度の激烈な「縫う」痛み ― 10

　これに耐えることを想像してみてほしい。しかも、緩和する方法はない。彼は、痛みを緩和することに望みを持っていたわけではなく、事故に関する他の症状、すなわち日常的な侵入思考を伴う本格的なPTSD、過覚醒（常に警戒状態にあること）、車の運転の問題、うつ状態、不安、短気、睡眠障害、低エネルギー、罪悪感、持続的なうつと不安と短気、不眠症などのために治療に訪れた。彼は未来に絶望していただけでなく、他人から「変人」だと思われると思い込み、人と接するのを苦痛に感じていた。

　ジムは、除隊となり、故郷に帰ったため、EMDRのセッションは4回しか受けられなかったが、その4回で大きな進歩を遂げた。記憶再処理のセッションで、彼は自分が地面に座り、ほとんど切断状態になった脚からの出血を抑えようとしている記憶をターゲットとした。治療時間は短かったが、これでPTSDとうつは解消した。痛みもすべてなくなり、彼が容易に無視できる程度、2～3レベルのうずきが残るだけになった。処理中、ジムは、自分が回復できる人間であるという新しい感覚を持つようになり、「鋼は曲がり、延びるが、壊れない」というモットーを掲げた。また、自分が新しい義足で堂々と歩き、「強く、たくましい」と感じているという自己イメージが自然に浮かんだと報告した。

　ジムのような幻肢痛は非常にわかりやすい。このような場合は、事故の記憶、記憶を呼び覚ます現在の刺激、将来に対する本人の恐怖を処理する。しかし、いつもそう簡単とは限らない。あるドイツの症例

は非常に複雑だった。アルジャーのオートバイは、飲酒運転の車にはねられた。脚から身体を強く引っ張られたせいで、アルジャーは体内に多数の傷を負った。痛みがあまりにひどいため、医師は脚を切断した後、彼を薬で眠らせた。その後、アルジャーはさまざまなリハビリを試みたが、依然として強い幻肢痛に悩まされた。そのレベルは10段階で10に相当し、8年間も続いた。彼はリハビリ中に精神科医に出会い、EMDR治療を受けることになった。

アルジャーの痛みをなくすには、9回のセッションが必要だった。オートバイ事故の記憶に加え、彼の罪悪感と喪失感も処理する必要があった。彼の妻が事故のことを聞いて流産したからである。「神は常にすべてを見通し、すべての人を守る」と言った牧師の記憶も処理した。アルジャーは怒りと罪悪感を抱き、「自分は良くないから神に守られなかったのだ」と思ったからである。セッションの終了後、アルジャーは、自分は罰せられるようなことは何もしていないと認識し、新しい人生を踏み出すことにエネルギーを注ぐようになった。さらに数回のセッションで事故の光景を処理すると、痛みは完全に消え、セラピストの確認によれば、18カ月後も5年後も再発しなかった。

重要なのは、ジムやアルジャーの身体的痛みが8年間も脳に保存されていたにもかかわらず、記憶の処理によって消えたことである。これらは孤立した症例ではなく、4カ国の研究者がEMDRによって幻肢痛の治療に成功した例を発表している。確かに神経その他の器質的な損傷がある場合もあるが、多くの症例で痛みは保存された記憶の一部にすぎなかった。したがって、幻肢痛は身体の他の部分にも現れる。例えば、乳房切除手術を受けた女性が胸の痛みを訴える症例は多い。手術の記憶が「固まっている」限り、手術した部分あるいは怪我をした部分の痛みは長年にわたって続く。同じ理由で、火傷をしたり、襲われたりした人が、傷が治ってから長い間、痛みの感覚を持ち続けることもある。この場合、トラウマに含まれる痛みの感覚が、現在も記憶ネットワークに残っているのである。このような感覚を持つ読者は、記憶の処理によって苦痛が緩和されるかどうかを検討したほうがいいかもしれない。

脳、身体、心の結び付き Chapter 7

頭から足まで

　頭痛など、説明のつかない他の部分の痛みも、未処理の記憶に起因する場合がある。例えば、私が治療した性的虐待被害者のひとりは、EMDRによる最初のセッションで長年の頭痛から解放されたと報告した。このような報告は少なくない。ある活発で優秀なツアーガイドは、数週間に1度、片頭痛で2日間ほど寝込むことがあった。神経科を受診したり、脳スキャンを受けたり、本に出ているあらゆる片頭痛薬を試したりしたが、効果はなかった。セラピストは、彼女が常に仕事に150％の力を注ぎ、完璧主義の傾向があることに気付いた。想像通り、片頭痛が起こる前日または前夜、彼女には必ず何か失敗したと感じることがあった。彼女とセラピストは、「私は期待はずれである」「私は不十分である」といった感情に関連する記憶をターゲットとし、片頭痛は解消した。もうひとりのクライエントは、8歳のときから毎週日曜日の夜になると頭痛があった。調べてみると、その頃、両親が別居し、彼は週末を父親と過ごし、日曜の夜になると母親の家へ帰っていた。両親の別居の記憶を処理してみると、頭痛は両親の家を行き来するときの不安の現れであることが明らかとなった。だから、もし家族が頭痛に悩まされているようなら、その原因がストレスや古い記憶の名残りではないか、記憶の処理によって確認することを勧める。大して時間はかからないはずだ。

　もともと身体的な原因があった場合でも、痛みが持続する場合は、調べたほうがいいかもしれない。脳に保存された痛みが多くの形を取ることを示すには、最後の例ひとつで十分だろう。45歳のソーシャルワーカー、トリーシャは、セラピストを訪れる1年前、車で正面衝突事故を体験していた。トリーシャは、フラッシュバック、無力感、悪夢、侵入思考に悩まされ、腰と脚の痛みによって生活に支障をきたしていた。彼女は歩行器を使い、右足を引きずって歩いていた。事故で夫も怪我をしたことが、事故が自分の責任だったという彼女の罪悪感を強めていた。事故をターゲットとしたセッションの間、トリーシャが自分に向かってくるヘッドライトのイメージを見ると、まるでブレーキを踏むように右足が前にピンと伸びた。足は処理の間、ずっとその位置にあり、そこで彼女は自分ができるだけのことをしたと悟った。彼女は「無力感の治癒」と「痛みの治癒」を報告し、セッション

が終わると自力で歩いて出て行った。

これも幻肢痛の一種である。歩けないというトリーシャの症状は現実だった。痛みによって歩けなかったのである。当初の痛みの原因がなくなっても、その感覚は、事故の未処理の記憶の中に残っていた。手術の後の消えない痛みと同様、これも保存された記憶が身体的な症状として現れる例である。

何も感じない

すでに述べたように、記憶に保存された体験の感覚は、痛みを引き起こすことがある。逆に、感じたいと思う感覚を感じさせないこともある。これはセックスセラピーによくあるケースである。伴侶に愛情を持ち、親密に感じたいと思いつつ、性的な感情を持てない。何らかの理由で、それが阻害されているのである。これも過去の記憶に起因することが多い。例えばビルは、妻に対する性的無能症で EMDR 療法を紹介された。彼の症状は、6歳のときの両親の離婚に遡っていた。父親の代わりになろうとして失敗したときの母親の言葉が、症状の原因だった。もちろん6歳で大人の仕事は無理である。しかし、小さな子どもは、両親の亀裂を自分の責任だと思うものである。ビルの場合、大人になり、母親が病気によって療養施設に引っ越したことで、再び罪悪感や母親が自分に失望した記憶、「男ではない」と言った母親の言葉がよみがえった。彼の「不能」は、母親の面倒を十分に見ることができないという感情の身体的表現だった。処理により、彼の感情は「自分は不十分である」から「自分はこのままで立派である」に変化し、性的な感覚も能力も戻った。

ビルの問題は、現在の出来事に刺激されて生じたが、もっと深刻で長期的な性的問題もある。34歳のサンディは、性的な興奮やオーガズムを体験できないというセックスセラピーの女性グループに参加していた。彼女は恋人に強い愛情を抱いていたが、性的関係を持つことができなかった。最後に性的感情を抱いたのはいつかとグループのメンバーが尋ねると、サンディは「1回もない」と答え、非常に動揺した。

セラピストは、彼女に対する個人的な EMDR セッションで漂い戻りを使い、15歳のときの初デートの記憶を引き出した。相手は彼女

を家まで送り、2人はドアの前で純真なファーストキスをした。彼女はそのとき初めて、電気が走るような感じがしたことを覚えていた。しかし父親がドアを勢いよく開け、彼女を「だらしない女」と罵ると、その感覚は瞬時に消え、それから20年、性的感情を持つことはなかった。処理の後、彼女は感覚を取り戻し、オーガズムを感じることもできるようになった。彼女の性的感情を閉じ込めていたドアが、ついに開いたのである。

医学的な疾患と誤解された症状によって苦しむ人は、何千人もいる。そのような症状の中には、ひとつの記憶に起因するとすぐに明確になるものもある。サンディの場合、ひとつの事件によって、性的感情を持てなくなった。多くの要因が絡み合った複雑な例もある。また、医学的な疾患が原因と誤解される問題もある。過去にその症状があり、いったん消えたものが、何年も後に戻ってくる。医学的治療は役に立たず、医師は単なる「再発」だと言う。道理にかなってはいるが、実はそうではないかもしれない。EMDR療法を求めて訪れるほとんどの人は、身体的な問題の原因を探すのではなく、他の感情的な症状の緩和だけを求めている。しかし、すでに述べたように、人間の記憶ネットワークは複雑であり、影響は広範囲に及ぶ場合がある。

アーロンは50歳で、ベトナム戦争に反対する学生運動の古い記憶に悩んでセラピストを訪れた。彼は、学生と警察の衝突を防ごうとしたが、混乱の中で殴られ、全身をめった打ちにされた。彼は頭部の深い傷と両足の麻痺によって長期入院したが、熱心なリハビリによって回復した。その30年後、麻痺が再発したのである。彼はすでに18カ月、両脚の感覚を失い、歩行器に頼って歩いていた。医師は、当初の傷によって神経が損傷したことによる神経障害と診断した。しかし彼がセラピストを訪れたのは、それが理由ではなかった。米国軍がイラクに出動して以来、ベトナム戦争反対運動に参加したときのフラッシュバックを見るようになったからである。

殴られた記憶を処理しているとき、他の記憶が浮かび上がった。彼は、頭がおかしいと言われるのを恐れて、これまでだれにも話していないことをセラピストに打ち明けた。前世は強制収容所で死んだのではないかと思うことがあると言うのだ。子どもの頃から、強制収容所で生活し、死んでいった残酷な光景がフラッシュバックや悪夢にまざ

まざと現れ、その記憶を説明するにはそう考えるしかないと言う。彼は、自分が無力で、自由に動けず、恐ろしい状況を変えることができないと感じていた。強制収容所のイメージをターゲットとし、眼球運動を数セット行うと、アーロンはため息をついて言った。「ああ、これは自分ではなくて、伯父の記憶だった！」彼は、伯父の体験談の中に身を置き、すべてを鮮やかに感じ、においを嗅ぎ、味わい、音を聞くことにより、自分の体験だと信じ込んでいたのである。これは、出来事について聞いただけで本格的なPTSDを生じる「代理トラウマ」の典型的な例である。これは、幼い子どもによく起こる。自分が悪いと思っているため、テレビで見たことが自分に起こっているように感じるのである。

　アーロンは、伯父のハーシェルが米国に来たとき、わずか4歳だった。ハーシェルは死の収容所の生存者で、ロシア軍によって解放されたとき、アーロンの両親が保証人となって米国に呼び寄せたのである。家族のアパートは小さかったので、ハーシェルとアーロンは部屋を共有した。ハーシェルは、歴史の繰り返しが甥っ子を襲うのを恐れ、また事実を忘れないためにも、収容所時代の恐ろしい体験を語った。自分の記憶に苦しみながら、日々の闘い、恐怖、突然の死について何度も話して聞かせた。

　アーロンは、その話を自分の体験と受け止めた。何年も後、記憶を処理してみると、その体験が成人してからの意思決定にどれほど影響を与えていたかがわかった。彼は自分の神経障害を、無力感、人生における麻痺状態、世界を動かす力のなさの象徴と考え始めた。伯父から吸収した記憶や考えに、自分が縛られる必要はないとも考え始めた。彼は、米国のイラク侵攻によって、ベトナム戦争反対運動で殴られたときの無力感がよみがえったことを認識した。殴られたときの記憶がよみがえったために、当時の神経障害も戻ってきたのだろう。それらの体験はすべて、強制収容所で無力だった伯父の物語にもつながっていた。

　アーロンとセラピストは、1年間をかけて、ベトナム戦争時代の記憶、伯父から聞いた強制収容所の物語、両親との不和を処理した。記憶が再処理されるにつれ、アーロンは杖で歩くようになり、最後のセッションでは杖なしで歩いた。彼は再び自分の世界を動かせるよう

になり、自分を不具にしていた記憶から解放された。人間は明らかに、自分のものではない体験からも多くのことを吸収できるのである。

不可解な医学的症状の原因は、痛んだり麻痺したりする身体の部分ではなく、脳の記憶ネットワークに存在する可能性がある。幻肢痛や麻痺に伴う感覚は、完全に現実である。記憶ネットワークから生じる過去の感覚でも、現在の医学的疾患による感覚でも、まったく違いはない。例えば、神経が傷ついたことによる本当の神経障害でも、未処理の記憶による感覚の喪失でも、麻痺している手をピンでつつかれて感じないという点では同じである。説明のつかない身体症状のある読者は、未処理の記憶に原因がないか、ぜひ探ってみてほしい。

割れた鏡

前のセクションでは、記憶ネットワークに起因する身体的症状について述べた。しかし、人が治療を求める「体の問題」は多岐にわたる。多くの人は自分のどこかを変えられればいいなと思っている程度だが、中には自分の容姿が強い苦痛の種となっている人もいる。彼らは自分の体の一部が奇形、あるいは醜いと思っている。それが妄想と解釈され、統合失調症やパラノイアと診断される人もいる。他のだれが見てもおかしくないのに、本人はそう思い込む。その結果、人を避けたり、不要な手術を受けたり、自殺未遂をしたりする。ステファニーは、同僚が自分を軽蔑するという理由で2年間も仕事に行けなかった。彼女は、過剰な汗のせいで、自分が臭いと思っていた。1日に2度もシャワーを浴び、頻繁に下着を換え、パウダーや消臭剤をたっぷり使ってもである。社交の場に出ると、周囲の人間が自分について陰口を言っていると思い、とても耐えられなかった。

過去15年間、自殺を考えたり、3種類の薬を飲んだりしていたせいで、彼女は何度も入院した。何も効果はなかった。唯一の頼みは、自分のパソコンの近くに置いた消臭剤だった。彼女は自分が臭いと言われていると思い、羞恥心のあまり、帰宅すると睡眠薬を故意に多く服用して再び病院に運ばれた。EMDR療法で、彼女はその問題が始まったときのことを思い出した。12歳のとき、金曜日の調理実習に食材を持ってくるよう指示されたことがあった。不運にも実習は中

止になった。そして月曜日、体育館の自分のロッカーを開けて運動着が入っていると思っていた袋を開くと、腐った魚の臭いが部屋に立ちこめた。調理実習が中止になり、週末の間、食材を置き忘れていたのだ。学校の友達は彼女をからかい、汚い下着の臭いだと笑った。その上、校長先生に呼び出され、不衛生だと叱られた。彼女は泣いて家に帰り、1週間学校に行くことができなかった。さらにその数年後、病院で男性の汗腺があると言われた。

　ステファニーは、それらの過去の経験が未処理だったために、30年間も思い込みに苦しんだ。3回のセッションの後、症状は消え、5年後も再発していなかった。ステファニーの場合、多くの人と同様、自然災害や暴力など「大きなトラウマ」が症状の原因ではなかった。このような敏感な年頃に起きた恥ずかしい出来事が原因となることは多い。思春期は非常に傷つきやすい時期であり、笑いものになることが生涯の傷を残すこともある。ステファニーの治療は3回で済んだが、決定的な事件を思い出したのは最後のセッションだった。最初のターゲットは、周囲の人に自分の臭いが嫌われていると思い込ませた最近の出来事だった。しかし、記憶ネットワークはすべてつながっている。問題の原因となった古い出来事を思い出せない場合でも、探ってみる価値はある。症状から解放されるきっかけが見つかるかもしれない。

　摂食障害の原因となる感情も、同じようなタイプの記憶から生じることがある。このため本人は太り過ぎだと思い込んでいるが、周囲の全員は痩せ過ぎだと心配している。思春期に好きな人から言われた不用意な言葉が原因で、食べられなくなった人の報告は数えきれないほどある。幼少期の食事中の事故や虐待の記憶が原因で、喉が詰まったように感じる人もいる。EMDR療法は、何でも治せるわけではないが、健康的で適応的なライフスタイルを阻害している記憶を処理することにより、身体のコントロールを取り戻す手助けにはなる。

　人間は、周囲の人には理解できなくても、自分の容姿についてさまざまな否定的な思い込みを持つ。例えば男性は、髪の毛が薄くなることを過度に気にし、鏡の前で何時間も髪を直したり、はげるという侵入思考に悩まされたりする。これは、未処理の記憶が自分に対する見方をねじ曲げているせいかもしれない。バカにされたという記憶が明確にある場合もあれば、友人の何気ない言葉が原因になることもある。

マーラは、10代の頃、彼女のわき毛について言ったおばの言葉がきっかけで、24年間も自分が醜い毛に覆われていると思い込んでいた。思い込みがひどいあまり、毎日、鏡の前で何時間もかけ、目に見える毛をすべて抜いてからでなければ、出かけることができなかった。この思い込みは3回のセッションで消え、彼女は人生で初めて、ビキニを着て楽しく娘と泳ぎに行くことができた。前にも述べたように、問題の原因である未処理の記憶を見つけるのに時間はさほどかからない。

どこかが悪いに違いない

　自分の体のどこかが病気だと思い、長い時間をかけて病名や診断を探す人も多い。友人や家族が心気症と言い、恐怖を打ち消してやろうとしても、ほとんど効果はない。原因が本当の病気や喪失にある場合もある。例えば、過去に癌にかかったり、近い親戚や友人を癌で亡くした人は、病気になることを過度に心配し、咳をしただけで肺癌ではないかと考える。また、原因が意外なところにある場合もある。どちらにせよ、重要なのは恐怖と不安に対処することである。恐怖と不安は人生をみじめにするだけでなく、継続的なストレスとなって身体に悪い影響を与えることもある。

心から追い払う

　ジェイミーは、癌の治療を終えた後にセラピストを訪れた。彼女は癌と診断される2年前から、自分が乳癌なのではないかという漠然とした疑いを強めていた。医師はそれを「根拠がない」と言い、抗不安薬を処方した。セルフチェックや毎年のマンモグラフィー検査にもかかわらず、彼女の癌はかなり進行してから発見された。幸運にも、治療は成功した。しかし、腫瘍マーカーが正常値に戻っても、期待した安心感は得られなかった。逆に、急激にパニックに陥り、「絶対」に「私は死ぬ」と感じるようになった。最も深刻な刺激は、乳癌啓発月間中に地元のバスに掲げられた「早期発見が命を救う」という看板だった。彼女は不安になり、絶望し、イライラした。つまり、癌の再発を経験したことはないが、再発の恐怖は常にあるのだ。癌から生還し、今度はどうやって生きればいいのかわからなかった。癌の恐怖は着実に悪

化していた。

　セラピストとともにバスの広告という現在の刺激に集中し、漂い戻りを使うと、彼女が癌と診断されたときの記憶がよみがえった。彼女は、同じパニック状態にあり、確実な死を感じていた。これは、癌患者によくあるケースである。診断自体のショックに、医師が言ったこと、言わなかったことが加わる。最初のEMDRセッションで、ジェイミーのSUDは8から1に下がった。

　1週間後、ジェイミーは、看板を見てもパニックを起こしたり「私は死ぬ」という感覚を持ったりしなくなった。記憶の再評価ではSUDが1になり、記憶に伴う感情はなくなったが、胸に不快な熱い感覚があった。それをターゲットにすると、切除された胸の焼けるような感覚、手術中に胸が切除される想像上のシーン、盛り上がった傷跡を最初に鏡で見たときの記憶が現れ、次々に処理された。焼けるような感覚はいったん強くなった後、腕、胸、首、頭の順に消え、そのセッションの後は胸の幻想痛がなくなった。新しく生じた肯定的な認知は、「私は強い女だ。怖かったけれど、私には乗り切る力があると思っていた。私はやり遂げた」だった。それは、本当に真実に聞こえた。ジェイミーは、そう報告した後、安堵の涙を流し、「10年経っても、そう信じられないと思っていた」と言った。

　次のセッションで、ジェイミーは自分で癌を招いたという考えを持っていることを発見した。「すべて自分が悪い」という否定的認知と一緒に凍りついていた子ども時代の多くの記憶を2回のセッションで処理すると、それが終わる頃には、「私は何も悪いことをしていない……起こることは仕方がない」という確固たる考えを持つようになった。また、「私は何か大きなことができる」というエネルギッシュな感覚も生まれた。7年後、すべての検査結果は彼女に癌がないことを示していた。年に1回のマンモグラフィー検査のときに感じていた不安もなくなった。再発への過剰な恐怖が解消したことに加え、ジェイミーは自分の身体、直感、そして人生に何が起こっても乗り切れる力に大きな自信を持つようになった。

　この結果は、多くの意味で極めて重要である。ひとつには、死への恐怖に捉われていては、人生を楽しむことができない。癌、心臓発作、脳卒中などの病気を体験した人には、充実した人生を再開するか、死

の影に脅かされながら生きるかの選択肢がある。心と身体は別物ではない。絶え間ない心の動揺は、現在の生活だけでなく、健康にも悪影響を与える。研究では、心臓発作を体験した人のうち、うつやトラウマの症状がある人は、再発や死亡のリスクが高まることが証明されている。また、最近の研究では、わずか8回のEMDRセッションで、心臓発作を起こしたばかりの人の心理的苦痛を有効に治療することができた。ハリケーンの後、3年以上、PTSDの症状を持つ子どもを対象とした別の研究では、EMDR療法を行った翌年は病院を受診する回数が減った。したがって、本書で紹介する自己コントロールのテクニックでうつや不安を緩和できない人は、ぜひトラウマの処理を検討してほしい。これはまさしくトラウマなのである。自分の身体を信用できない、制御できないと感じたら、何か手を打つべきである。

正しくても間違っていても

これまで述べたように、身体の反応が固定化し、それが過度に気になる場合、背後で糸を引く犯人は未処理の記憶であることが多い。しかし、未処理の記憶から生じる感情が恐怖ではなく、安心の場合もある。

パムは、何年も体調不良と事故に苦しんだ後、42歳でセラピストを訪れた。慢性的な痛みがあり、完全に元気だという気がしないと言う。彼女は10歳のとき、身体の一部が麻痺した。医師は原因を見つけることができず、心因性のものだと両親に告げた。病院から家に帰ると、両親は彼女に「元気」を出させようとした。しかし、彼女は一晩中、痛みで泣き叫んだ。

最初の医師たちは間違っていた。翌朝、両親はパムを別の病院に連れて行き、別の検査の結果で、緊急手術が必要なことがわかった。パムが目覚めたとき、母は、脳から癌性の腫瘍を切り取ったと告げた。10歳のパムは、癌が見つかり、やっと家族が自分を信じてくれて良かったと思った。この経験が「自分が受け入れられるためには診断が必要だ」という感情を固定化することになった。このような経緯で、病気でなければ、人の気を引いたり、愛情をかけてもらったりすることができないと思い込む人は多い。病気になることが、他のすべての人の面倒を見るのをやめる、あるいは「ノー」と言う唯一の方法になる人もいる。どちらにしろ、一般に、問題の根源には未処理の記憶が

ある。

　また、問題の原因が、1回だけ会った人、二度と会わない人、自分がどんな害を及ぼしたかも知らず、幸せに去ってしまった人にあることもある。自分がどんな問題を引き起こしたかを知ったら、きっとショックを受けたことだろう。例えばリタは、19歳の大学1年生で、休暇の後、次の1学期間、ブラジルに留学する予定だった。母親は、リタがブラジルに行く前にEMDRで恐怖と不安を解決してもらうことを希望していた。リタは健康だったが、風邪をひいたり、少しでも何かの症状が出たりすると、正気を失ったように母を呼び、一緒にいてもらいたがるというのだ。だから母親は、リタが国を出る前に大丈夫かどうかを確認したいと言った。漂い戻りにより、リタは8歳のとき、犬に噛まれて救急治療室に運ばれたことがわかった。治療室のスタッフは、その傷で死ぬ可能性があると冗談を言い合っていた。リタは、今では自分がからかわれたと理解していたが、明らかに当時の感情は記憶ネットワークの中で凍りつき、それ以来、極度に死ぬことを恐れていた。

　さて、確かにどこかが悪い場合もある。EMDR療法で身体的症状を治すことはできない。例えば、注意欠陥多動性障害（ADHD）で薬を服用している子どもたちは何千人もいる。診断が正しければ、それは先天的な神経疾患であり、EMDRでは治療できない。しかし、ADHDの多くの症状は、衝撃的な体験をした、あるいは心的外傷を受けた子どもたちとまったく同じである。例えば、ブラッドリーの母親は、ブラッドリーが公園で転んで頭を打ったその週から夜尿や夢中歩行などの症状が始まったので、頭に傷があるに違いないと考えた。彼に起きた他の変化について、母親の説明を引用しよう。

　日が経つにつれ、事態は悪くなった。ブラッドリーは、いつもなら明るく、社交的で、頭の良い子だが、不機嫌に黙り込み、落ち着かず、怒りっぽくなった。部屋にひとりでいることも、風呂に入ることもできなくなった。自宅教育だが、彼は常に優秀で、集中力があり、教えやすい子だった。それが、非常に気が散りやすく、落ち着かず、簡単な作業ですら座ってできなくなった。今は、すぐに泣き、否定的で、侵入的な思考もある。頭から「悪い考えを追い出す」ことができない

と、よく私に訴える。嘘をつく。常に手が震える。私は、息子に何があったのかと数人の友人に聞かれた。水泳のコーチでさえ、練習やミーティングの時間に彼の集中時間が顕著に短くなったことに気付いた。タイムは不可解なほど悪くなり、まるで泳ぎ方を忘れてしまったかのように、明らかにぎこちなく、動きに協調性がない。

　実は、映画『プレデター』が、6歳の少年、ブラッドリーのトラウマとなっていた。転んだことは偶然にすぎない。この記憶を処理すると、彼の症状は消えた。このような症状の多くはADHDの子どもにも見られる。しかし、多くの子どもたちは、未処理の記憶に起因する注意散漫、行動問題、短気、集中力の短さを、ADHDと誤診されていると思われる。したがって、読者の知っている子どもがそのような症状を見せる場合は、不安や恐怖を感じた体験が原因となっていないか、専門的な診断を受けることをお勧めする。

　EMDR療法は、怪我、毒、遺伝的な脳障害を治すものではない。しかし、ADHDの場合には、失敗の記憶や、子ども時代にからかわれたり恥をかいたりした経験がその症状に伴うことが多く、それをEMDRで処理することはできる。それで症状が軽くなり、薬の量を減らせる場合も少なくない。また、このほどEMDR研究者は、自閉症と診断された人も含め、知的障害者の症例を報告した。彼らの記憶を処理したところ、トラウマの症状が消えたばかりでなく、介護者の報告によれば、社会的機能や認知機能も改善されたという。彼らは進んで活動に取り組み、独立心を見せ、新しいスキルを習得するようになった。例えば、3歳のときに自閉症と診断された54歳の男性は、5歳から施設で暮らし、暴力を振るうために隔離されたこともあった。彼は、EMDR療法を受けた後、「前よりリラックスして、憂うつでなく、快適で、心が軽く感じ、それほど神経質でなくなった」と語った。知的障害を持つ別の22歳の男性は、身体障害者用のグループホームで暮らし、自閉症と脳性まひと診断されていた。彼は、自分の変化を「自分の力を取り戻した」と表現した。たとえ、先天的な神経障害による症状でも、未処理の記憶が関わっている場合は改善されるのである。

　人間は、毎日、新しいことを学ぶことも忘れてはならない。最近の研究者の報告によれば、早い年齢で学校に入学し、クラスの年上の子

どもとの比較だけで、ADHDと誤診されている子どもが何千人もいるという。彼らは、年齢が低いために、集中力に欠けたり、学習についていけなかったりし、それをADHDと診断され、薬を処方されている。そのような子どもたちの場合、おそらくクラスでの多くの失敗やいじめの体験を処理する必要があるだろう。大人でも、同様の問題や原因は当てはまる。年齢に関係なく、未処理の記憶は、症状の事実上の原因、あるいは問題を悪化させる要因となりうる。

変えようのない身体的状況がある場合もある。そのような場合、EMDRでは、それに対する感情に対処する。身体的な怪我をした人の多くは、不具になったと感じ、引きこもりがちになる。自分に何が起こったのかを理解しようとすると、恐怖や罪悪感が自動的に生じてしまうことも多い。強酸を浴びせられたバングラデシュの被害者は、EMDRによる処理後、「恥ずべきは彼、私ではない」と叫んだ。同様のインドの被害者は、夫の第一夫人によるその暴行で失明したが、もう恐怖に怯えることはなくなった。読み書きができなかったが、今では点字を習得し、子育てに復帰している。

多くの人は、苦痛を乗り越えるだけでなく、経験を有意義に生かす道を見つけている。苦痛を味わった人には、他人を助けたいと望む人が多い。そして、年齢に下限はない。マリアという10歳の少女は、シャワー中に地震に見舞われた。シャワー室のドアのガラスが割れ、全身に突き刺さった。数回の手術と辛い治療に加え、学校では男の子たちに「お化け」と呼ばれた。彼女は、両親に連れられて来たEMDR療法の最後のセッションで、目を大きく開いて叫んだ。「なぜ自分にこんなことが起こったのか、やっとわかった。私が話せば、切り傷、火傷、他の怪我をした子どもたちが、自分たちにも希望があると信じてくれるから」

結局のところ、障害が何であれ、人間は自分を取り戻すことができる。私はよく、亡くなった同僚のことを考える。ロン・マルティネスは自分の肉体に誇りを持つ、有名なスポーツ選手だった。ある日、彼はプールに飛び込んで頸椎を痛め、救出された。一瞬のうちに四肢不随となったのである。しかし彼はあきらめなかった。家族で初めて大学へ行き、セラピストとして多くの人に光を与えた。彼のモットーは、「重要なのは、何が起こるかではない。どう対処するかである」だった。

悲劇の原因は自分の責任ではないかもしれない。しかし、それをどうするかは自分で決めることができる。

自己探求

　本章で紹介したような身体的問題を持つ人は、Chapter.4の漂い戻りで自分の行動を決めている記憶がないか確認してみることをお勧めする。自分の症状についての感じに集中し、3つのカテゴリーのうちどの否定的認知に該当するか考えてみよう。該当しなければ、嫌な気持ちを最後に感じたときのことに集中し、心に浮かぶ考えに注意する。そして、心の赴くままに任せ、他の記憶が現れるかどうか観察しよう。何か現れたら、試金石リストに書き加える。

　前にも述べたように、EMDR療法は、純粋に身体的な症状を解消するものではない。しかし、病気や障害があるときの自分について持っている感情の多くは、不用意な他人の言葉にまつわる未処理の記憶、あるいは他の人や他のものになりたがっている自分の感情に起因している。不適切に高い基準を押し付ける厳しい両親、教師、コーチを持つ人は少なくない。多くの人は、言われた言葉を表面的には忘れているが、それらは記憶ネットワークの中に残っている。実は、子どもが明らかな症状を見せるのは良いことである。症状があれば、長年にわたって静かに苦しむことなく、必要な手助けをすぐに得られるからである。

　例えば、ブリトニーは、明るく、運動好きで、魅力的な11歳の少女だった。母親は、ブリトニーが自分のまつ毛を抜き始めたのを見てセラピストのもとを訪れた。ブリトニーは、新しい学年になり、非常に批判的な教師がクラスで叱り散らすようになってから、まつ毛を抜き始めた。他にもストレスの種はあった。母親が新しい事業を始めたこと、男性のコーチが怒鳴るため、大好きな体操のクラスに行きたくなくなったことなどだった。セラピストは、EMDR療法で、教師が最初に怒鳴ったときのことをターゲットとした。これで、まつ毛を抜く行動は、1カ月に1回に減ったが、なくなりはしなかった。そこでセラピストは、怒鳴るコーチをターゲットにした。ブリトニーに、最悪の場面を描写するように言うと、彼女は大きく目を開いて言った。「彼

は怒鳴って、背を向けて、聞こえよがしに言ったの。『全員、殺してやる。全員、釘で殺してやる』」

　子どもは、何かを見たり、聞いたりした直後から、まつ毛や髪を抜くほかにも、ブラッドリーのような顕著な症状を見せることがある。かと思えば、記憶ネットワークにしまい込んだ未処理の記憶が、何年も後になって症状として現れることもある。したがって、漂い戻りを行うときは、クラスメート、教師、コーチ、医者、聖職者など、人生のあらゆる主要登場人物を検討する必要がある。ブリトニーの教師やコーチは、普通に仕事をしているつもりだったのかもしれない。子どもたちを一生怖がらせるとは思っていなかったかもしれない。何も考えていなかったかもしれない。残念なことに、彼らの意図は関係がない。彼らが傷を負わせたのなら、治すのがセラピストの仕事である。

光の流れのテクニック

　身体的な苦痛を感じている人には、以下の誘導イメージ療法が役に立つかもしれない。これは多くの場合、感情的苦痛を少なくとも一時的に消し、感じ方を変える手助けとなる。身体的苦痛を軽減するにも有効である。他の自己コントロールテクニックと同様、これで十分に問題に対処できるか、他に助けを求めたほうがよいかを判断するのは、本人である。

　このテクニックは、特定の種類の身体的苦痛や感情的に効果が高い。すぐにエネルギーを高めたいときにも役に立つ。行う場所は、快適な自宅または仕事部屋が望ましい。行った後は、しばらく休憩してから、次の行動に移る。まず、手順を読んで暗記し、それから実行してほしい。覚えるのが難しい場合は、手順を読み上げて録音し、それに従うといい。すでに録音された製品については付録Aに挙げた。

　不安を感じたら、その不快な身体感覚に注目してほしい。以下を自問してみよう。

「もし、それに＿＿＿＿＿＿＿＿があったら、どんなだろう？」

　空白部分には、以下の言葉を当てはめる。

a) 形
b) サイズ
c) 色
d) 温度
e) 手触り
f) 音（高いか低いか）

　形、その他の特徴を覚えておこう。
　次に、「自分の好きな色、または癒しを連想する色」について考える。
　その色の光が、自分の頭の上から差し込み、身体の中のその形に降り注ぐと想像してほしい。その光は宇宙から来ているので、永遠に尽きることはない。**光は、その形に降り注ぎ、その内と外とで浸透し、振動しています。そのとき、形、大きさ、色は、どうなるでしょうか？**
　否定的な感じが変わっていたら、快適に感じるまで光を出し続けてみよう。変化がなければ、安全／穏やかな場所、スパイラル、呼吸のテクニックを使用し、ニュートラルな状態に戻る。
　何年も前から、クライエントたちはこの光の流れのテクニックを有効と報告している。最近の調査では、不眠症にも効果があることが実証された。インドネシアでは、安全な場所と光の流れの2つのテクニックを組み合わせ、睡眠障害の治療に利用している。ある研究グループは、HIVの診断によってトラウマを受けた5人の女性の例を報告している。これらの女性は全員が、ひどい恐怖、屈辱感、不安を感じていた。HIVは恐ろしい病気であるだけでなく、それに感染することは現地文化では不名誉であり、恥と考えられていたからである。セラピストは、彼女たちが快適でリラックスした感情を呼び出せるよう、安全な場所のテクニックを教えた。次に、光の流れのテクニックで否定的な身体感覚を照らし出すよう指示した。すると、3日間で、全員がすぐに眠れるようになった。以降、さらに106人が治療を受け、75％の眠りが改善された。改善されなかった人たちは、安全な場所を想像できなかった。その中には、危険な環境で生活する多数の囚人が含まれた。さらなる研究が必要ではあるが、眠ることに問題のある読者にとっては、試してみる価値は十分にあると私は思う。もちろん副作用はないし、だれでも眠りに関しては助けが必要なときがある。

Chapter. 8

私に何を望むの？

　家族、友人、同僚とうまくいかないことが多いのはなぜだろう？「血は水よりも濃し、だろ？　それならなぜ、兄弟を絞殺したくなるんだ？」「妻がうるさくてかなわない。逃げ出して隠れたくなるよ」「結婚して10年にもなるのに、私が怒るとわかっていることを繰り返すなんて」「どうして彼はそんなことができるのかしら？」「なんで彼女は？」「いったいどうして？」正当な怒り、憤り、苦痛、罪悪感により、人は傷つき、誤解あるいは無視されたと感じ、自分の価値が認められていないと考える。私を見て！　私の望みやニーズを尊重して！確かに妥当な訴えかもしれない。しかし、人にはそれぞれ考え方や傷があり、バランスを取るのは非常に難しい。時には、思いもよらないときに底なしの苦痛が現れる。本書でこれまでに紹介したような問題が1日に出くわす人の数だけあるとすれば、人間関係において、対処の難しい、あるいは理解できない気持ちが生じたとしても不思議ではない。

傷だらけのニーズ

　単純な人間はいない。人間はすべて、遺伝と経験の相互作用の産物である。何かに傷つきやすい性質を遺伝的に受け継ぐこともあるが、人間が抱える大半の問題は、遺伝だけに起因するものではない。一般に、自分が何者かという感覚や周囲に対する期待は、処理済みの記憶と未処理の記憶の両方によって決まる。意識的な反応も、無意識の反応も、それらの記憶の上に成り立っている。自分自身を理解することさえ難しいのに、どうして他人まで理解できるだろうか？　専門家の助けを求める人も多い。家族向けのセラピーは15種類ほどあり、さ

まざまなコミュニケーションのパターンや問題の理解を目的としている。家族や夫婦を対象としたセラピストのほとんどは、人が互いへの対処方法を変えれば、健全で生産的な関係を築けると考えている。残念なことに、幼少期の記憶が不健全な反応を引き起こす限り、それは流れに逆らって泳ぐようなものだ。自分の行動を変えたいと望んでも、どうにもできないいつものパターンに陥ってしまう。しかし、これまでも述べたように、行動がどこから生じているかを理解することは、自分を変えるために何をすればいいかを知る第一歩である。

私はどうなるの？

 セラピストは、しばしば Chapter.5 で説明した愛着のカテゴリーで人間関係を理解する。不安定な愛着を持つ両親は、特有の子育てをする。その子どもたちが成長すると、自分の子どもも同様に扱い、同様の関係に陥ることが多い。例えば、アレクサンドラは、うつ状態を訴えてセラピストを訪れた。彼女は 37 歳で 2 回離婚し、5 年前からジョーと不幸な関係を続けていた。彼女は「彼と一緒には暮らせないけれど、彼なしでも暮らせない」と言い、何度も別れたが、その度に彼の元に戻っていた。

 アレクサンドラいわく、ジョーは彼女に文句を言うか、彼女を無視するかのどちらかだった。言いたいことを言うべきだとわかっていても、「いったい何になるの？ どうせ何も変わらない」と考え、何も言うことができなかった。落ち込んでいるときは、自分にはそれ以上を望む価値はない、過去も常にそうだったと考えた。なぜか、男性との関係はいつも同じパターンに陥る。最初は有望に思えるのに、最後は自分が踏みつけられ、永久に何も変わらないように感じた。

 アレクサンドラの現状は、彼女の経歴から容易に理解できた。4 人兄弟の末っ子で、いつも母からは小言を言われ、父からは無視された。兄たちはアレクサンドラをいじめ、何もしなくても、兄たちが何かすれば彼女のせいだと責められた。小学校 1 年生の頃から、学校から帰ったときに出迎えてくれる人はいなかった。両親が帰ってくるまで近所の家で待たせてもらうと罰せられた。愛してくれるように思えた唯一の人は祖父だったが、6 歳のときに亡くなった。アレクサンドラは、祖父の死で絶望し、祖父ほど自分を愛してくれる人は絶対にいないと

思ったことを覚えている。だれも構ってくれないと思った。8歳のとき、家族全員と公園にいて、彼女はハチに刺された。全員が彼女を無視し、彼女は痛みを押し殺し、痛くないと自分に言い聞かせた記憶がある。そのときから、彼女は自分のニーズや感情は重要ではないと感じ、あらゆる感覚が表面に出ないようになった。結局、兄たちのように愛され、世話をしてもらえるほど「良い子ではない」のだ。

アレクサンドラの両親は、親密さや強い感情を見せることを快く思わない、いわゆる「拒絶型」の愛着を示していた。このような愛着スタイルの両親は、子どもの愛情やニーズから目を逸らし、逃げることが多い。そして子どもは、肯定的な感情や支援の欠如から、快適さを求める自分の感情や欲望を押し殺すようになる。子どもは、自分が注意を引くほど良い子ではない、あるいは価値がないと考える。アレクサンドラは、ジョーと両親の反応が似ていたことから、ジョーに自分の気持ちを表現できなかったのである。子どものときと同様、彼女は自分が重要ではないと感じていた。

最後にジョーが自分を無視したときのことに集中し、漂い戻りを行うと、彼女は子どものときに家族といた孤独感が浮かび上がった。それを処理すると、家族によって小言を言われ、拒否、軽視、無視された記憶が現れ、成長後の男性関係とも類似していた。アレクサンドラは、悪い相手を選ぶだけでなく、自分の感情やニーズを明確に認識し、表現するスキルに欠けていた。また、祖父の死を含む幼少期のさまざまな体験により、男性との関係を終わらせようとすると、それが引き金となって、自分が無価値だという感覚、そして孤独と絶望が生じた。処理する記憶は数多くあったが、それでも1年後、彼女はジョーと永遠に縁を切り、幼少期のような強い寂しさを感じることなくひとりで暮らせるようになった。

再び男性と付き合うようになったアレクサンドラは、過去と異なるパターンに気が付いた。かつて彼女は、相手に愛され、受け入れられるために、相手が自分に何を望んでいるかを理解し、そのような人間になろうとして「自分を失って」いた。それが今では「自分を感じ」、過去のパターンが変わっている。自分の価値を意識するようになると、「自分を捨てる」ことに抵抗を感じるようになった。過去とは違ったタイプの男性を選ぶようになり、自分のニーズに合わないことがわか

ると、後悔することなく別れた。彼女は、愛情に満ちた有能な大人として両親や兄たちに然るべき敬意を求め、その意味で継続的な問題を抱えているが、現在の恋人は、彼女をサポートしている。アレクサンドラは、コミュニケーションの新しい方法を学ぶ手助けを必要としたが、もはや流れに逆らって泳いではいない。子どものときの記憶から、自分が無価値で「どうでもいい」人間だと感じることはなくなった。

有用なコミュニケーションスキル

アレクサンドラが学んだスキルのいくつかは、自分の感情がわからない、あるいはそれを伝えられない読者にとっても役立つ可能性がある。例えば、彼女はジョーと別れる前、ジョーに向かって気持ちを表現できるよう、セラピストとともに、少し不安を感じる状況で練習を重ねた。まず、彼女は自分の感情を理解する必要があったため、ジョーが自分を無視したときのことに集中した。次に、「今、そのときの気持ちを抱くとしたら、どうなるだろう？」「どんな考えを持つだろう？」「この状況についての考えを踏まえ、何と言うだろう？」と自問した。彼女が想定した状況には、例えば、ジョーにテレビを観させておくのではなく、自分の感情についてジョーと話し合う、あるいは、話もしないのにずっと居間をうろうろされるのは不快だとジョーに伝える、などがあった。彼女はセラピストと一緒に、自分の言うべき言葉を段階的に考えた。最も優しいのは「私は……と思っている。あなたには……してほしい」、最も強いのは「そのような態度を続けるなら、出て行ってほしい」だった。

もし自分の気持ちがわかりにくければ、信頼している友達や尊敬する人物が同じ立場にあったらどう感じるか想像するといい。その人なら、その気持ちと望みをどのように表現するだろうか？　逆の問題、すなわち気持ちが強すぎるという問題を持つ人は、客観的に自分の反応を観察してみよう。その反応は有用だろうか？　自分にメリットがあるだろうか？　「反応が、自分の子どもの部分から出ているのか、大人の部分から出ているのか」自問してみることも重要である。表現しなければならないと感じることが、実は未処理の記憶から生じていることもある。この問題については、次のセクションで検討する。

だれを責める?

　アレクサンドラが、他人からのひどい扱いを許容することを学んだのは、拒否され、見捨てられ、孤独になるのを防ぐためである。彼女の両親は、拒絶的で批判的だった。一方、同様の状況で、ジョージはまったく違うことを学んだ。彼は、長期的な関係を維持できないと感じ、極度のうつ状態でセラピストを訪れた。数々の恋人と別れ、一番新しい恋人からも、彼が批判的すぎるという理由でフラれたばかりだった。ジョージは、彼女の出かける準備が少しでも遅いと、思慮が足りないと責めた。彼女が料理をすれば、食事が温かくないなど、何かに文句をつけた。彼女のしてくれたことに対して、褒めたり、感謝したりするどころか、気に入らないことを見つけては怒って文句を言っていたのである。彼は、親密な関係と愛情を望んでいたにもかかわらず、自動的に他人のすることに難点を見つけていた。ここでも、問題の根源は、両親の彼に対する、そして互いに対する反応にあった。

　ジョージの両親は、極めて辛い体験をし、抑圧的な国から難民としてアメリカに来た。彼らは自身の不安を抱え、精神的に参っていたために、「とらわれ型」の愛着スタイルになった。自身の苦痛に耐えるのが精一杯で、子どもの求めに応えることができなかったのである。このような両親の子どもは、生き延びるために、怒り、かんしゃく、大声で自分のニーズを満たさせようとする。意外ではなかったが、ジョージは兄弟と仲が良くなかった。両親の気を引こうと争って育ったからである。口論やケンカもよくした。それに加え、ジョージの父は、妻に対して極めて批判的で「非常に短気」で、家の中でよく怒りを爆発させた。これは、まさしく現在のジョージの行動の手本である。父親が自分や母親に対して取った行動を、彼は自動的に示していた。

　だれでも、自分の望みを持ち、望ましい行動も知っているが、果たして考えて行動しているのか、「膝を叩くと足が上がる」ような反射で動いているのか、振り返ってみるといい。熱くなって反応していないだろうか? 自分の言葉が他人にどのような影響を与えているか観察しているだろうか? 行動が自分の大人の部分から生じているだろうか? ジョージのように人間関係における常に批判的な反応は、しばしば具体的な幼少期の体験によって引き起こされる。彼は、父親が怒って自分を批判したり、母親が非常に厳しく自分に接したりした記

憶を多く持っていた。母親も、息子に決して満足することがなかった。ジョージに言わせれば、母親は口うるさく、命令的で、父親は抑圧的だった。父親は、妻や子どもたちに欠点があると考えると容赦なく暴言を吐いた。ジョージの記憶では、4歳のときでさえ、おもちゃを片付けない、騒がしいなど、父親は常に自分を叱りとばした。ジョージは、自分が欠点だらけの人間で、危険な立場にあるという意識を持つようになり、「自分は十分でない」「自分は安全ではない」「他人は信用できない」など、否定的な思考で表現した。このため、ガールフレンドが自分のニーズを満たしてくれないことがあると、それが過去の記憶を刺激し、父親や母親に見たような怒りと批判的な反応を取っていたのである。健全な関係にそのような反応を望む女性は、ほとんどいないだろう。

このような行動にしばらくでも耐えられる女性は、アレクサンドラのように、子どものときから自分のニーズが満たされないことに慣れている場合が多い。どちらにとっても、最終的な目標は、子ども時代の苦痛に彩られた観点からではなく、健全な大人の観点から、互いに反応することである。アレクサンドラは、過去の記憶を処理することによって壊滅的なパターンから解放されたが、ジョージも同様だった。彼は、両親の限界、すなわち両親が自らの経歴によってそのような行動を取っていたことを理解し、両親に対する怒りを消した。子ども時代から溜まりに溜まっていた怒りとともに、自分が良くない人間であるという感情も流れ去り、彼は傷ついた子どもではなく、大人として人間関係を持つことができるようになった。

空洞を埋める

アニーシャは、インド出身の21歳の女性である。治療が成功し、経験を語りたいと申し出てくれた。彼女の話は、「恋は盲目」、つまり他の形でニーズを満たすべきなのに、間違った相手にしがみついてしまう状況を理解する手助けとなるだろう。アニーシャは、幼い頃から、人を喜ばせるのが好きで、信用のできる子どもだった。しかし、17歳のとき、その世界はもろくも崩れ去った。彼女は次のように語っている。

私の伯父は、ちょっとしたことで激情し、容赦なく私を殴って怒りを爆発させた。父は、その場にいても助けてくれなかった。私は傷つき、絶望し、家族と一緒にいれば安心だとも思えなくなった。私は生きる喜びを失い、両親や親戚との関係も悪くなっていった。

　このような状況を背景に、彼女は、数年前に出会った若い男性、ゴラクと交際するようになった。それは平等な関係ではなかった。彼は彼女のすべてになった。

　私は、家族に対する感情を過去のものにし、前に進もうとした。私にはゴラクがいて、幸せになるチャンスがあった。私は、自分が愛せるのはゴラクだけだと思い込んだ。彼こそ、すべての希望と望みを託せる相手だと思った。私は、そのままの彼、少なくとも私の頭の中で作り上げた彼を愛した。私は、自分以上に彼との関係を大切にした。しかし、手遅れになってから気付いたのだが、ゴラクは明らかに、私が彼をあがめ奉って、彼の言うことなら何でもきくことを楽しんでいた。私はあらゆる用事をこなし、彼の犬を洗い、彼の望むことなら何でもした。彼を喜ばせようとしたのだ。しかし不運にも、それは十分ではなかったと見えて、珍しさがなくなると、彼は果物の腐った部分のように私を邪険にした。しかし、私の彼に対する愛は消えなかった。彼が私を無視し、傲慢に振る舞ってもかまわなかった。私は彼を一生愛し続けると思っていた。彼は、自分に都合のいいときは、私がいることを喜んだ。私だけは、何があっても彼を愛したからだ。やがて私は妊娠し、ゴラクは私を捨てた。彼は、私とは一切の関係を切りたがった。そのときから、私は彼にとって振り落としたい重荷でしかなかった。

　それから覚えていることといったら、私が妊娠していることを裏付けるエコー写真、母の驚きと嘆き、父の冷たい落胆、そして中絶しなければならないという苦しい罪悪感である。骨が見えるほど手首を切り、朝、血と涙でぐっしょり枕が濡れていたことを覚えている。胸と肺が常に痛み、まるでそこに空洞があるかのように呼吸が苦しかった。私はすべてを失った。すべてが無意味だったのだ。

ここでも、重要なことは、どれだけ苦しんだか、どれだけ状況が絶望的かに関係なく、未処理の記憶が人を動かしていることである。現在、アニーシャは、以前とはまったく違った考えを持っている。彼女の言葉を借りれば、8カ月間にわたって療法を受け、私は徐々に、以前より中立的で分別のある人間に変わったと思う。今の私は、新しい人間のようだ。私は永遠にこのことに感謝するだろう。自分を顧みないだれかに必死にしがみついたり、利用され、捨てられたりして、逃げ場のない苦しみの中でもがいている人は、新しい道を選べばいいのである。人間はだれでも、喜びを与え、価値を認めてくれる関係を築くことができる。そのような関係を持っていないと感じたら、何が障害となっているかを考えてみてほしい。新しい方法を学び、未処理の記憶を変えれば、あなたも変われるのだから。

破壊のダンス

　家庭内暴力の話を聞くと、多くの人は、そのようなことがどうやって起こるのか不思議に思う。「なぜ、彼はそんなふうに振る舞うの?」「なぜ、彼女はされるがままなの?」その答えは、脳に残った未処理の記憶が、人の考え、感情、行動を決定している極端なケースにすぎないことが多い。破綻に走るカップルのやり取りは、口論から暴力までさまざまである。諍いの中には、カップルの話し合いによって解決可能なものがある。しかし、暴力がお決まりになってしまったが最後、どのような合意も無駄である。そのような場合には、カップルが別々に治療を受ける必要がある。暴力に悩む夫婦のほとんどにとって、夫婦向けのセラピーはお勧めしない。むしろ、止めたほうがいい。威圧、脅迫、軽蔑、侮辱などを含む「言葉の暴力」も、感情に壊滅的な影響を与えることも忘れてはならない。これは、産後のうつ状態に大きく貢献することが証明されている。言葉であれ身体的であれ、暴力は個人の問題である。まず、夫婦それぞれが別に治療を受ける必要がある。その上で、まだ「夫婦」の問題があれば、適切なセラピストに相談すればいい。付録Bの資料を参考にされたい。
　このような破壊的な関係に陥る人の中には、交際中、あるいは親密になるまでは、順調に見える人もいる。だから結婚するのである。結

婚したり、同居を始めたりして初めて問題が始まる。あるいは、支配的になる経歴の持ち主で、交際中から横暴な人もいる。しかし、アニーシャのように、多くのカップルは、新しい愛というベールに包まれて、支配的な行動の本当の意味が見えなくなっている。そして親密になり、古い記憶が頻繁に刺激されるにつれ、問題は深刻になっていく。ほとんどの場合、それは過去の癒されない苦痛であり、それが現在の新しい「家族」の中で反応を引き起こしている。

人の感情的な痛みに対する反応は、トラウマの経歴、育てられた環境などにより、さまざまである。これには子どものときに見た家庭でのやり取りも含まれる。例えば「私は十分ではない／私は価値がない」という気持ちは怒りや短気になることもあれば、「だれも気にかけない」からと服従や自棄につながることもある。時には、言葉や身体による慢性的な暴力にエスカレートする。暴力を受けた人間は、現在の脅威や苦痛に反応するが、それでも過去のトラウマからその種の関係を続けることがある。

もちろん例外はある。経済的な困難、文化的な思い込み、極端な形での支配によって、慢性的に不健全な関係から抜け出せない人もいる。しかし、ここでの目標は、そのような関係に一般的に見られる心理的な力学について述べることである。心理的な力学は、読者が思っているより影響が大きく、読者や読者の周囲にも見られる可能性がある。次のセクションでは、言葉の暴力のレベルにあるカップルの諍いに注目する。一般的に重要なのは、2人のいずれかが変化を求めるまでにどのくらい待てるかである。

怒りの誤った管理

ジャックは、妻を担当するセラピストが夫婦でのセッションに1度参加してほしいと依頼したことから治療に訪れた。セラピストはいくつかの質問をし、彼の過去と彼の現在の行動の間につながりを見出した。セラピストは、彼の闘争的で支配的な行動とトラウマの経歴を懸念し、EMDR療法を紹介した。ジャックとメアリーは、3年前に結婚していた。彼は妻に直接暴力を振るったことはなかったが、妻の持ち物を破壊し、口論はどんどん頻繁に、そして激しくなっていた。これらは、さらなる暴力が起こるという危険信号である。メアリーは、彼

に限界を申し渡した。個人として心理療法を受け、行動を変えるか、アパートを出ていくかである。メアリーは、自身の EMDR 療法で子ども時代の問題を処理した。その結果、夫が変わらなければ、関係を打ち切り、経済的に独立する覚悟ができていた。

　ジャックは前にも心理療法を受けたことがあったが、効果はなかった。それは驚くにはあたらない。健全な大人の関係を妨げる子ども時代の気持ちが治療室でも生じるためである。幸運なことに、ジャックは、そのような問題の扱いにおいて非常に優秀なセラピストのもとを訪れた。それでも最初のセッションで、彼は自分の主張に固執し、彼の過去に関して総合的な情報を集めようとするセラピストの試みをかわすとともに、正当とは思えないメアリーの多くの「欠点」を言い立てた。最初のうちの数回のセッションはすっぽかし、来るときは遅刻した。それでも来たときには、現在のアルコールとマリファナの乱用、うつ症状、21 歳のときに突然関係を断たれたときの自殺未遂について語った。結局のところ、彼も苦しむ人間であり、その感情的苦痛をメアリーに押し付けていたのだ。

　彼の現在の精神状態と、彼の行動がメアリーを追い詰めているという事実は、さらなる懸念を感じさせた。そこでセラピストは 2 人に会い、身体的な暴力にエスカレートするのを防ぐ明確な計画を立てた。つまり、メアリーには、ジャックが暴力的になったときに身の安全を守る策が必要であり、ジャックには、彼女と自分と両方のために自分の行動に歯止めをかける計画が必要だったからである。ジャックは、自分の行動によって自分がダメな人間だという感覚をさらに強め、それが悪循環につながっていた。セラピストはジャックに、自分がいつ怒りを感じるかに注目し、怒りをメアリーにぶつける代わりに、問題を「保留」し、とりあえず「立ち去る」ように言った。また、その「問題」を心理療法のときに持ってきて、前向きな対応を考えるよう促した。ジャックは最初は嫌がったが、しばらく話し合った後、「自分の方法」ではうまくいかないことを認めた。

　メアリーは、ジャックが怒りを感じ、自分で「立ち去る」ことができないように見えたら、自分のほうが一時的に出て行くことに同意した。ジャックは、出て行こうとするメアリーを引き止めた経験はなかった。また、必要に応じてどちらかがその場を離れることに異存もな

かった。これで、実行可能な短期計画は完成である。メアリーはすでに（両方のセラピストの合意のもとで）、ジャックが計画に従わない場合は彼のほうが出て行く、あるいは行動にすぐに変化が見られない場合も出て行くという決断を下していて、それが彼のやる気につながっていた。ジャックは決して治療を好んではいなかったが、メアリーとの関係を維持することには真剣であり、新しい方法を試すことに合意した。

次のセッションで、ジャックはメアリーに感じた怒りについて「実況中継」並みに熱心に解説した。それは、2人がまだ会ってもいないときの彼女の行動と選択についての彼の不満だった。その話から見て取れたのは、怒りの背後にある不安感、失敗への恐怖、恥ずかしさ、深く根付いた無力感と無能感だった。ジャックは、自分の抱える問題と、自分では完全に間違っているとは思っていない自分の行動を理解し、対処しようと努力していた。自分がいつかメアリーに怒りをぶつけ、その直後にメアリーという彼の人生で最高の伴侶を失う恐怖を涙ながらに訴えることがわかっていた。彼は、EMDR療法に頼ることに同意した。

次のセッションで、ジャックはまず最近のメアリーとの口論について不平を述べた。セラピストは、口論について話す彼が胸に手を置いていることに気付いた。2人は、その感覚から漂い戻りを行い、最初のターゲットとして彼が10歳のときの両親の争いの記憶を見つけた。それは、決して解消されることのなかった家庭内の戦争における多くの闘いのひとつだった。ジャックは、ここで初めて、過去と現在のつながりを実感した。彼の否定的認知は、「自分は無力だ」だった。そして、彼が選んだ肯定的認知は、「今の自分には選択肢がある」だった。これで多くのことが意味を持ち始めた。

この具体的な記憶を完全に再処理するには、数回のセッションが必要だった。しかし、ジャックとセラピストは、再評価ごとに努力の成果を感じた。ジャックの理解は劇的に深まり、自分とメアリーの両方に対して同情を抱くようになった。子どもの頃に見た争いを処理すると、家庭内での怒りや口論は減っていった。彼は初めて、自分の愛する2人の人間が互いに傷つけ合うのを見てどれほど無力に感じたか、そしてそのために家庭を戦場、つまり終わりのない痛みと争いが繰り

返され、問題が決して解決されない場所だと見なすようになったかを、口に出して言えるようになった。そして最後に、厳しい現実を消化し始めた。自分の現在の行動、特にメアリーの過去に対する嫉妬は、暴力的だった父親とそっくりだったのである。

ジャックは、最初のターゲットを完全に再処理した後、無力感に関連する他の記憶に取り組んだ。彼は、酒とドラッグを断ち、地元のジムで運動を始めるとともに、メアリーと静かに心を開いて話し合うようになった。メアリーも、引き続き自分のEMDRセラピストと自身の問題に取り組んだ。ジャックとセラピストは、引き続き感情の高ぶりに注意したが、彼が以前のように自制を失うことはなかった。彼はセラピストに、今でもときどき怒ったり、イライラしたりすることはあるが、自分の内部の何かが変わったと話した。彼は、最初の漂い戻りのときのように胸に手を置き、「もうあの感じはない。あの感じは、記憶にある限りずっとあったが、それが今はなくなった」と言った。

EMDRによる記憶処理が終わった後、ジャックとメアリーは、関係を構築するスキルに重点を置いた夫婦向けのセラピーを紹介された。2人とも、心のつながりを維持しながら意見の相違に対処する方法を子どもの頃に学べなかったからである。2人とも、自分の両親にそんなスキルがなかったことを認めた。2人はそれを学び、将来的に計画している自分たちの子どもにもそれを教えたいと希望していた。「自分は無力だ」と感じていたジャックが、今では、自分と自分の新しい家族の人生に肯定的な変化を引き起こすことができると確信している。

ジャックのセラピストは、最初のセッションで、治療を受けにきた理由を書くよう求めた。ジャックは、「過去を乗り越えたい」と書いた。その説明を求めると、彼はメアリーの過去を乗り越えたいのだと言った。彼は、自分に乗り越えるべき過去があるとは思っていなかった。彼女の過去に対処する方法が必要だと考えていたのである。幸運なことに、彼は当初の目標を達成した。ただし、期待とは異なった意味でだが。

有用な関係構築スキル

ジャックとメアリーが、それぞれのセラピストから学んだスキルのいくつかは、どんな関係にも応用できる。重要なのは、関係の浮き沈

みを連続として捉えることである。ジャックとメアリーの関係は、怒りと口論がエスカレートするにつれて危険性を増していたが、だれでも衝動的に怒りを爆発させることがある。自分のストレスを伴侶にぶつけるところまで行くかもしれない。本章の最後のセクションでは有用なスキルを詳しく紹介するが、ここでも怒りに対処する最も直接的なスキルをいくつか挙げたい。

計画を作成する ── 怒りのエスカレートを抑え、2人が互いに傷つけあったり、子どもに口論を見せたりしないための固い合意。両親の口論は、子どもに壊滅的な影響を与え、子どもの安心感を打ち砕く可能性がある。合意には「タイムアウト」ルールを含めるといい。片方が「タイムアウト」が必要だと言ったら、いつ戻ってきて、感情的にならずに問題を話し合うかを2人で決めてその場を離れるというものである。計画に従ってもすぐに効果が現れない場合は、セラピストか最寄りの家庭内暴力相談センターなどに支援を求めることを勧める。合意は、双方が強い意志を持ち、守ろうとする場合にのみ効果がある。カップルによっては、専門知識を持つ家庭内暴力セラピストの介入なしには不可能な場合もある。外部の支援があっても無理という場合もある。「限界」を見極めてほしい。

傾向に注目する ── 内容に捉われすぎてはならない。争いのパターン、例えば争いが起きやすい時、場所、テーマ、あるいは解決する、しないにかかわらず終結の形に注目しよう。怒りのないニュートラルな時間にそのテーマについて話し合い、一緒に取り組むといい。タイムアウトルールに合意したり、行き詰まったら中立的な仲裁者に支援を求めたりすることも検討する。2人がチームとして問題を見つめるという姿勢を忘れないように。

自分の「引き金」を知る ── 強い感情や非生産的な反応を引き起こす問題やシナリオを把握しよう。それをパートナーに伝え、その引き金が「引かれた」場合には落ち着くまで接触を断つ方法について合意する。パートナーの引き金についても理解する必要がある。これにより、互いの引き金を作った問題について理解を深め、共感を持つことができる。自分にどう処してほしいかについて、ロールプレイをしてみるのもいい。

押しつ押されつ

 ほとんどの人は、子ども時代に何らかの傷を負っている。悪夢のような経験を重ねてきた人もいる。リンダもそのひとりだ。彼女の過去は、自身だけでなく、関係を持つ相手の幸せにも影響を与えていた。彼女がまだ赤ん坊のとき、母親はダンサーとしてのキャリアを積むために彼女を親戚に預けた。そして2年後になって返せと要求し、泣き叫ぶリンダを彼女にとっては唯一の両親の手から強引にもぎ取った。それ以来、リンダは、アルコール依存症の母親から言葉と身体の両面で虐待を受け、自分は最低な子どもだと思い込んだ。さらに、まだ幼い頃に義理の父親から、10歳のときには女の従姉から性的虐待を受けた。母親にそのことを話すと、それは自分のせいだと言われた。ティーンエイジャーになってからは、家庭でも学校でも虐待といじめを受けたが、大人になると少し治まった。7年間の結婚生活の後、自分の唯一の心の友だと思っていた夫が、自分の親戚と浮気していることがわかった。次は、15歳の従弟が自分の3歳の息子と幼い娘を性的に虐待した。

 セラピストを訪れた43歳のリンダは、自尊心が低く、うつ状態で、不安と深刻な夫婦問題を抱えていた。夫のレオナルドに対する病的な嫉妬、かんしゃく、怒りの暴発は、もはや夫の忍耐を超えていた。夫はついに、何かが変わらなければ離婚すると宣言していた。リンダは前にも2年間の心理療法を受け、自分の過去について理解していたが、行動は変わらなかった。レオナルドは自分の行動に責任を取り、結婚生活を守ろうとする姿勢をあらゆる形で示していた。リンダはそのことを頭では理解していたが、感情的な反応は過去のトラウマに動かされていた。

 リンダのようにひどい虐待を受けた人の場合、あらゆる人間関係が悪影響を受ける。親戚、知り合い、同僚の中に、とにかく理解できない人がいるという人は多いだろう。なぜ、彼らは子どものように振る舞うのだろう？ 結婚相手、友人、継父母、義理の親戚、同僚など、あらゆる人間との破綻は、たいていの場合、未処理の記憶ネットワークに保存された感情の火山に起因する。そのような人は、良い人のときもあるが、理解の難しい形で「スイッチ」が入ると無神経で短気な人に豹変する。その上彼らは、子どものときに自分で落ち着くすべを

学んでいない。両親から共感してもらったこともないので、なかなか人に共感を抱くこともできない。人生が人間関係の破綻の連続になるのも当然である。不安、うつ状態、自殺未遂も多い。心の奥底には、恐怖に怯え、自分は重要でないと感じさせる未処理の記憶ネットワークがある。

夫の浮気を含め、すべてのトラウマを処理した後、リンダとレオナルドは再び幸せな結婚生活を送り、自分たちの経験を他の人のために役立てたいと希望した。だからここで、同じようなカップル、あるいは手に負えないように思える人を前にして絶望しそうな人に対して、彼らのメッセージを紹介したい。リンダは次のように語っている。

私たちは繰り返し機能不全に陥っていた。私は「見捨てられること」を連想するのには極めて敏感だった。夫が私を無視したり、私が話している間に彼が歩き去ったりすることもある。彼が歩き去ろうものなら、私は逆上した。自分でも理解できなかったが、ひどい逆上ぶりだった。私たちは、どうやってコミュニケーションを取るべきかもわからず、互いを聞いてもいなかった。私はよく泣いた。重要だと思えることについても、ただ泣きたいときもあった。

子ども時代にアルコール依存症の母親と暮らしたせいか、私には生活に何か劇的なことがなければならないという感覚があった。私は非現実的な期待を抱き、２人の平穏な時間をよく妨害した。あるいは、長い間、口論しないでいると、何か理由を見つけて口論を始めた。良くも悪くも、私には刺激が必要だった。私は短気で、忍耐力に乏しかった。彼にとってはそれがスイッチだった。私が彼に何かを伝えようとしてイライラし、怒り始めた瞬間、彼は心を閉ざす。私は彼が私を大切にしてくれないと思い、彼は私が彼を尊重していないと感じた。私はひとりになるのが嫌いで、常に彼の居場所をしつこく尋ねた。もちろん彼は激怒し、よく私に怒りをぶつけた。

EMDRの後、一番驚いたのは、本当の自分を発見したことである。私はひとりでいることを楽しんだ。その時間を楽しみにした。怯えたり、不安に思うことはなくなった。自分という新しい感覚が生まれた。自分の欲しいものを明確に認識でき、それを追い求めた。また、私は人を信じやすい性格だった。口論ははるかに減った。私たちは、何か

をあきらめると感じることなく、妥協することを学んだ。私は、それまでとは違う形で愛することを学んだ。2人の関係から前より多くを得られることもわかった。私は自分の望むものを相手に察知してもらおうとせず、自分で求めるようになった。

　他のカップルに対するアドバイスとして、自分たちの関係にどれだけの価値があるか、どれだけ投資してきたかを真剣に考えてほしい。性急に終わりを宣言しないでほしい。本当に愛し合っているなら、努力することである。放棄するのは簡単だが、それで何を学ぶだろう？　別の相手と同じ間違いを繰り返すのをどのように防ぐのか？　何度も離婚を繰り返す人には原因がある。過去に起因する問題が根底にあり、それが人を愛し、信じ、尊敬するのを阻んでいるかもしれない。

　激しい議論をするからといって、必ず結婚が破綻するわけではない。適切な支援があれば事態が変わることについて、レオナルドの意見を紹介しよう。

　療法を受ける前、私は、誇らしくうれしい気持ちと、不可解な怒りを交互に繰り返していた。リンダは一方では、器用で、寛大で、想像力あふれる女性だった。しかしまた一方では、非常に気まぐれで、その気分の浮き沈みが私を振り回した。私は、この2つの人格の違いをどう理解すべきなのか、途方に暮れていた。

　私たちは2人とも、感情に任せるより効果的な問題解決方法があることを学んだ。要点を得ない感情任せの言い争いを止め、意見の相違に対しては、よく考え、結果を優先した解決策を見つければ、長期的で愛情に満ちた強い絆を結ぶことができる。EMDRの前と後とで最大の違いは、実は信頼だった。EMDRの後、私たちの関係には、確固たる不変の基盤ができた。この新しい基盤さえできれば、私たちの過去にはなかった信頼が長年にわたって積み重ねられる。私たちは、この新しい基盤により、長い年月に耐える強さを結婚生活に加えることになった。

　このように、リンダとレオナルドは非常に異なる言葉で思いを語っている。リンダは、しばしばレオナルドが自分の感情を大切に扱わず、

自分を無視したと感じていた。レオナルドも、リンダが自分の論理を尊重していないと思い、同様に感じていた。多くのカップルと同様、彼らの関係も、互いのスイッチを押さずにコミュニケーションを取ることができるようになって強化された。レオナルドは「良い結婚には、情熱、感情、そして知性が、すべて適切な時と場所に必要だとわかった」と語っている。どんなカップルでも、未処理の記憶が邪魔しなければ物事は容易である。

何にスイッチが入るのか？

現在の状況が、まったく予想もしない、無関係に見えるもののスイッチを入れることがある。その例がエヴァである。彼女も健全な恋愛関係を維持できなかった。彼女は麻薬中毒のシングルマザーに育てられた。おまけに母親と長く交際していた男性はサディスティックで、10代の少女期を通じてエヴァに性的虐待を加えた。エヴァはなかなか良い女友達を選んでいたが、過去の恋人はすべて性的、肉体的、感情的に暴力的だった。そして現在は、オスカーという男性と「切れたり戻ったり」の関係にあった。彼は肉体的、性的な虐待はしなかったが、言葉での暴力を振るった過去があり、何も言わずに彼女を捨てることがときどきあった。カップルとしての問題は、爆発的な口論だった。このストレスでエヴァが自分の髪を抜いてしまうこともよくあった。母親の虐待的な恋人を含め、エヴァの多数の過去の記憶を処理した結果、自分についての感情は改善されたが、交際パターンは改善されなかった。このため、総合的な評価の結果、オスカーにも共同セッションに来てもらうことになった。

オスカーは、エヴァのことを、物静か、協力的、独立心がある、優しいと同時に、嫉妬深い、怒りっぽい、支配的と表現した。エヴァは、オスカーのことを「良い人」と表現し、長期的な関係を前提としているものの、「状況が厄介になる」と関係から逃げ出そうとする彼の傾向を恐れていた。エヴァは、オスカーに対して腹が立つと感情を「コントロールできない」と感じ、それを感じたオスカーは、子どもの頃によく見た暴力にエスカレートするのではないかという恐れから、無意識に「逃げ出す」結果となっていた。彼は、他の女性との友人関係に対するエヴァの「偏執的な嫉妬と怒り」にもためらいを感じていた。

セラピストは、オスカーと一緒に漂い戻りを行う許可をエヴァに求めた。最初は、最近の口論で体験した「コントロールできない」という感情だった。漂い戻りにより、彼女が9歳のとき、母親に向かって、夜、家にいてほしい、ひとりで置いていかないでほしいとリビングルームで叫んでいる記憶が浮かび上がった。記憶の中で、エヴァは拳から血が出るまで壁を叩き、男性関係にのめり込んでいる母親の注意を引いて、置いて行かれまいとしていた。問題は、「自分は重要ではない」という感情と「置き去りにされる」という恐怖だった。オスカーとエヴァは、そのセッションの後、自分たちの争いが引き起こしていた苦痛を以前よりよく理解した。また、エヴァはEMDRの次のターゲットも発掘した。子ども時代の記憶を処理すると、2人の関係は劇的に変化した。エヴァは、恐怖や大げさな振る舞いなしに、自分のニーズや希望を伝えることができるようになった。

関係に関するもうひとつのアドバイス

助けを求めることを恥ずかしがってはならない。テレビ番組は愛の喜びや悲しみをよく扱うが、そこに至るまでの困難を説明したり、強調したりすることはない。成長過程で関係の構築方法を学ばなかった人は、おそらく本を読んだり、クラスに参加したり、セラピストの指導を受けたりしたほうがいいだろう。本能的にできることではないからだ。このようなことは両親から学ぶものとされるが、両親が知らないことは教えることもできない。しかし、自分の子どもや大切な人たちのためにも、これは知っておかねばならない。結局、健全な大人の関係を築くためには、感情的に健全な大人が必要なのである。

持つ者、持たぬ者

探しているけれど、永続的な関係に関心のある人に出会わないという人がよくいる。結婚に向いている人もいるかもしれないが、自分は「価値を認めない」という人もいる。彼らは尋ねられると、自分の両親がどれだけ不幸だったかを語り、自分はそんな監獄に進んで入る気はないと言う。両親の離婚によって苦しんだ人は、そんな賭けに出たくないと言う。残念なことに、彼らは歴史が繰り返すと信じている。

確かに、放っておけば歴史は繰り返す可能性が高いが、防ぐ方法はある。私たちは、両親の失敗から学ぶこともできれば、苦しみながら育ったダメージを修復することもできる。関係において過去に失敗した経験があっても、自分の間違いから学び、次はもっと良い選択をすることができる。

選択の自由

これまでに述べたように、現在の関係における問題には理由がある。意識していようとしていまいと、子ども時代の恐怖が記憶のネットワークに引っかかっているのかもしれない。悪いパターンに陥って、間違った相手を選んでいる可能性もある。そのようなパターンの多くは、否応なしの不適応的な解決策に基づいた両親の関係に起因している。例えば、家族療法家は、両親が自分たちの問題に対処する方法のひとつとして子どもを利用することを「三角関係」と呼ぶが、そのせいで両親から感情的な荷物を背負わされている人もいる。結婚にストレスがかかると、両親が「特別な子ども」に注目して圧力を抜こうとすることがある。「特別な子ども」とは、優秀である場合も、その逆の場合もあり、とにかく注目の的となる。また、夫婦ゲンカがあると、親が自分の「特別な子ども」を選ぶ場合もある。それがソニアのケースだった。

ソニアは、労働者階級のイタリア人家族に生まれた。彼女は当初、うつ状態、絶望感、生きがいの喪失を理由にセラピストを訪れた。2人の姉妹がいずれも結婚して子どもを持っているにもかかわらず、彼女に結婚歴はなかった。子どもを育てることに高い価値を置く家族の中で、34歳の彼女は居場所がないと感じていた。孤独で社会的にも孤立し、彼女を支え、慈しんでくれる男性と出会える見込みはなさそうだった。

彼女が愛を見つけられなかったのは、子ども時代の「三角関係」が原因だった。彼女は、父親が自分の感情的な親密感を満たすための「お気に入り」として利用された。元をたどれば、その父親は虐待されて育っており、そのせいで非常に短気だった。それを「言い訳」として、ソニアや他の子どもたちを何かにつけて殴り、ののしり、怒りをぶつけた。しかし、彼の「特別な子ども」だったソニアだけは、家族の中

で唯一、父親と対決することも慰めることもできた。そのため母親はソニアを嫌い、しばしば冷遇した。父親は、自分の妻に感情的な支えを求める代わりに、ソニアに向かって自分の妻がどれほど横暴かを打ち明けた。ソニアは、父親に気に入られるすべを覚え、母親が「手に負えない」女だという父親の否定的な考えを共有するようになった。自分に対する母親の冷たい態度と嫉妬もあり、それは決して難しいことではなかった。

　ソニアは、両親との三角関係が原因で、感情的に親密な関係を築けない男性を求めるようになった。そして、現在の妻や恋人は悪い女だが、嫌でも一緒にいなければならないという男の訴えに耳を傾けるようになった。また、「辛い過去」を言い訳に感情的に暴発する男も受け入れた。若い頃のソニアは、遊びはするが、彼女を大切にしたり、恋人という正当な地位を与えたりしようとしない男とばかり一緒にいた。ソニアの過去の男性関係は、辛い三角関係や感情面での虐待にあふれていた。彼らの多くは、彼女を「必要」としつつ、持続的な形では彼女と一緒にいられなかった。彼女の苦しい記憶と、「私は悪い」「私は愛されない」「私は愛されるに値しない」という思い込みを処理すると、ソニアは多くの面で自由になった。現在の彼女は、危険信号を認識し、自分を選ぶ自由のある男性を選んでいる。もはや「他の女」になることに興味はない。

閉じた心

　ほとんどの人は、愛する人と本当に親密になりたいと願っている。危険を感じることなく共有し、必要なときには抱かれ、慰められ、批判を恐れることなく笑い、遊び、情熱に身を任せたいと考えている。残念なことに、多くの人は本当の親密さを持ったことがないか、長年の間に失ってしまっている。ほとんどの場合、その原因は信頼する能力を阻害する何かにある。感情的な不安により、パートナーがどのような反応を見せるかが心配で、痛みを共有することができないのである。

　すでに述べたように、長年にわたる恐怖が原因で、愛する人にさえ親密になれない人もいる。例えばエミリーは、自分が本当に愛する男性と結婚した。しかし、自分にも理解できない理由によって、もし自

分が警戒を解き、自分の意見を述べ、本当の自分を見せれば、彼が「消えてしまう」という恐怖を抱いていた。彼女は、恥、悲しみ、恐怖の感じを意識していた。そして、その感じとともに「私には価値がない」「私は重要ではない」「私はだれも信用できない」と考えていた。この感じは、子ども時代の2つの出来事に起因することがわかった。ひとつは、6歳のとき、母親が学校へ迎えに行くのを忘れたことだった。2番目は、8歳のとき、家族と一緒に遊園地へ出かけたときに起こった。彼女が駄々をこねたため、家族は車に乗り込み、彼女を置き去りにしたのである。どちらの場合も、家族はしばらくすると彼女を迎えに来た。しかし、遅かった。彼女が味わった苦痛と恐怖はすでに記憶のネットワークにしっかり固定され、その後の関係に影響を及ぼすことになった。

　エミリーは、特異な事例ではない。人間関係において満足できない、または壁があるように感じたときは、自問してみる必要がある。何が、パートナーと一緒にチームとして問題を解決するのを妨げているのか？　コミュニケーションに失敗したことはあるか？　言いたいことを言えなかったことがあるか？　多くの場合、自分の望みを伝えられない原因は、怒りを表現すること、拒絶されること、怒った声を聞くことへの恐怖にある。「ノー」と言うことに恐怖を感じる人もいる。これは正当と言えるだろうか？　現在の関係において過去に痛い目にあったことがあるだろうか？　もしないのなら、漂い戻りを使って試金石記憶を探し、自分の反応に根拠を見つけるといい。そして、スパイラル、光の流れ、その他のテクニックを使って変えてみよう。

　過去によって自分が操られていることがわかったら、「安全な場所」の練習をして、自分を表現する勇気を出してみよう。言いたいことを言うのが難しいこと、その理由を、パートナーにも伝える。チームとしてこの問題に取り組みたいことも説明する。専門家の手を借りることも検討しよう。残念なことに、多くの人はパートナーが自分の感情とその対処方法を「知っているだけでいい」と考えている。しかし、人間が皆、互いに心が読めればいいのだが、実際はそうではない。望みを言えず、満たされもしない場合、たいていは、自分が「重要ではない」「十分ではない」という気持ちが未処理の記憶ネットワークに残っている。これについては、自分の責任でどうにかする必要がある。

結婚式の誓いの文句に「To have and to hold（共に生き、支え合い）」という言葉はあるが、決して「withhold（差し控える）」となってはならない。

あなたはどこへ行ったの？

すでに述べたように、一部の人は、最初から親密になることが不可能な相手を選ぶ。途中で何かが起こる人もいる。心を閉ざすことによって、パートナーを混乱させ、怒らせ、苦痛を与える。何が起こったのだろう？　この関係の何が変わったのだろう？　私が結婚した人はどこへ行ったのだろう？　このような場合、関係に自己疑惑が忍び寄ることが多い。身体的な障害によって自分が相手の重荷だと感じ始めたり、一家の大黒柱が金銭的な問題を抱えてダメだと思ったりすることで問題が生じる。家庭内の力関係は、退職や子どもたちの巣立ちで崩れる。事故や他の心的外傷で恥辱感や罪悪感が生じることもある。このようなときこそ、夫婦は結束するものだ。しかし、混乱が大きすぎて結束が阻まれる場合もある。それが、バートとシンディのケースである。純粋な恋愛から始まった関係が、2人のどちらからも崩せない壁によって危うく終わるところだった。2人は、同様の状況にある人たちの役に立ちたいと、治療後のインタビューに応じてくれた。

バートとシンディは、結婚して15年以上経って初めて療法を受けた。交際時代から結婚してしばらく、2人は共に遊び、笑い、感情的にも身体的にも強い絆で結ばれた。しかし、バートが「砂漠の嵐作戦」から戻ってからの10年間、2人の心は荒廃していった。シンディの言葉を引用しよう。

私たちは、どんどん遠く離れていった。私は、必死に大丈夫だと思い込もうとした。特に問題点が見当たらなかったからだ。なぜ私たちは不幸なのか？　なぜ親密になれないのか？　何が問題なのか？　私にはわからなかった。ヒントすら見つからない。私にとっての夫婦生活は、バートがセックスを麻薬のように利用して「ハイ」になり、何らかの苦痛から逃れるとともに、人間として生きている価値を感じているように思えた。しかし、それは愛し合っているのではなかった。私はおかしいと感じ始めたが、口には出さず、この性的関係として結

婚生活を続けていけると自分に言い聞かせた。しかし、私は捨てられたように感じ、そのことで彼に怒りを感じた。

バートは衛生兵として従軍し、銃を取るとは考えていなかった。しかし、奇襲の際、やむをえず1人を殺したことが、彼の心に恥辱感と罪悪感を残した。彼は、罪悪感によって打ちのめされ、シンディに話すこともできなかった。彼女が去ってしまうのを恐れたからである。治療を受けるよう彼を説得したのはシンディである。バートはもはや、結婚当時と同じ人間とは思えなかった。彼女は彼の感情を理解できなくなり、それが2人の信頼関係をずたずたにしていた。バートは自分の苦悩で手一杯であり、死と関係のあることすべてに過敏になっていた。シンディの父が亡くなり、彼女が泣いていたときも、バートは泣くのを止めるよう命令し、「泣くのは1日で十分だ」と言い放った。

しかし、バートはシンディを失うことを恐れていた。彼は自分が悪いと思い、従順になり、残業を含め、彼女のためなら何でもした。彼女が何か文句を言っても、彼はもはや反論できなかった。彼は、「あんなことをした自分はひどい人間だと思った。まったく無意識のうちに、自分に幸せになる権利はない、人生から見返りを得る価値はないと思っていた。悔い改めなければならないと思った」と語っている。しかし、人間は複雑である。バートはシンディの不平に怒りを感じ、ほかの理由でもすぐに激怒した。感情面での距離と不一致により、2人はどんどん離れていった。彼女いわく、「空しさがどんどん大きく膨らんでいった」のである。

幸運なことに、夫婦の努力とEMDR療法により、2人の関係は元に戻った。バートもシンディも再び平等だと感じている。夫が軍人の夫婦に対する彼らのアドバイスは、何かに阻まれてどんどん心が離れていくと感じるすべての夫婦に適切である。何かに恥辱感または罪悪感を感じている人は、それによって愛する人から離れてはならない。その考え方は、人を縛り付ける未処理の感情にすぎないかもしれない。バートは次のように語っている。

以前は、「自分はひどい人間だ。自分のしたことを恥じるべきだ。償いをしなければならない」と自分に言っていた。今は、「自分はひ

どい状況にいた。非常に不運だったが、指示されたとおりの行動を取った。最初からそうすることに同意していた」と考えている。あれは生きるか死ぬかの選択で、その結果は受け入れなければならない。彼が死ななければならなかったのは、今でも悲劇だと思うし、今でも悪いことをしたと思うが、だからと言って自分が悪い人間だとは思わない。良い面接を早く受けることを勧めたい。早ければ早いほどいい。「荷物」が上に積もっていくのを防ぐためである。シンディと私はそこに達するまでに10年かかった。治癒にはまだまだ時間がかかるだろう。

シンディの考え方は少し異なる。彼女は、見かけに騙されてはならないと忠告する。しかし、自分のパートナー、協力者、愛する人から遮断される苦痛は深刻である。

バートは、まったく正常に機能していた。お金を稼ぎ、良き父親であり、公共料金を払い、やるべきことはやる。だれも殴らないし、泥酔せず、刑務所に入らず、悪いこともしない。彼の自尊心が死ぬほど傷ついていることに、だれが気付くだろうか？ EMDRを必要とする人間は、戦場に行った軍人だけではない。バートの体験が2人の関係に及ぼした影響により、私も非常に強い感情的問題を克服しなければならなかった。このような療法には、ぜひ夫婦が2人とも参加してほしい。

結果は、努力の甲斐あるものだった。彼女は、10年間の苦痛、孤独感、愛情の感じられないセックスを乗り越え、やっと本当に親密になれたと言う。

今、私は本当に愛し合っていると感じる。感情的に言えば、以前と比べて天と地ほど違う。愛され、大切にされていると感じるというのは、それほど違うことだ。すばらしい。

結論として、関係を変える出来事が起こった場合は、ぜひ話してほしい。話せないと感じたら、自己コントロールのテクニックを使って感じ方を変えてみるといい。それでも効果がない場合は、専門的な支

援を検討されたい。爆発するまで、何カ月も、何年も引きずっているべきではない。バートが言ったように、「荷物」が増えるだけだからである。

あなたが悪い、私は腹が立つ

　だれでも、職場の人、友人、家族について悩むことがある。このようなとき、特定の個人の行動が悪いと強く思っていることが多い。確かにそうかもしれない。しかし、自分はそれに適切に対処しているだろうか？　現状が未処理の記憶に結び付いているために過剰に反応しているとしたら、それは健全とは言えない。ストレスで神経をすり減らしてしまう恐れがある。例えばエレーナは、親戚同士が頻繁に集まり、親しく付き合う家族に生まれた。しかし、従兄弟のパトリックは約束にルーズだった。待ち合わせをして1時間遅れることも珍しくなかった。後で電話するとか、何かをするとか約束しても、繰り返し急かさない限り、なかなか実行しない。エレーナはいつも従兄弟にいら立っていた。エレーナはパトリックに、約束を守ることは重要だと何度も言い聞かせた。何かをすると言ったのなら実行しなければならない。時間を守れないなら知らせるべきだ。とても簡単なことに思えたが、効果はなかった。パトリックは約束し、やはり約束を破った。

　友人は選べるが、家族は選べないとよく言われる。エレーナがこのような行動をする他人に巡り合うことはほとんどなかった。人間は、ある程度、自分が快適だと感じる友人を選ぶものだからだ。だれかがパトリックのような振る舞いをすれば、エレーナはさっさと縁を切った。しかし、従兄弟についてはどうにもできない。家族である限り、付き合わねばならないときがある。そこで重要なのは、彼女がどれだけ不快に感じているかを探ることだった。

　ほとんどの人は、大人としてパトリックの行動が許せないと言うだろう。しかし、だからと言って、エレーナの感情的な反応の強さは正当だろうか？　あるいは、彼女はどれだけ嫌な思いをしたのだろう？

　それを何とかできなかったのだろうか？　自分が不当な扱いを受け、信頼できる人間から「それは認めるが、個人的に受け取るな」と慰められた経験は、だれにでもある。そんなとき、過剰な反応と「個人的

に受け取る」ことが、一般に未処理の記憶に結び付いていることを理解していれば、その激しい感情がどこから来るのか調べることができる。

エレーナは、パトリックが何かをすると約束し、それを破った最近の出来事に集中した。そのとき心に生じた考えは、怒りと憤りに満ちていた。「私はいつも彼との約束を守っている。彼のためにいろいろなことをしてあげたのに！」彼女は次に自問した。「それで私はどう感じる？」答えは「私は、彼にとって努力するほど重要ではない」だった。これを短くすれば、明らかに「私は重要ではない」である。そこで、最後にパトリックが約束を破ったときのイメージを思い浮かべ、「私は重要ではない」と考えつつ、漂い戻りによって同様に感じた最も古い記憶へと心を遡らせた。そこで浮かんだのは、思春期の自分の姿だった。彼女と友人たちは、鉄道の駅で待ち合わせ、街に出かけようと約束していた。エレーナは待っていたが、約束の時間を1時間過ぎても友人は来ない。通り過ぎる列車の中に友人たちが見えたように思ったが、だれも駅では降りて来なかった。彼女は落胆し、傷つき、とぼとぼと家に帰った。しばらくして友人たちが電話をかけてきて、だれかの髪とメイクにひどく時間がかかり、まさかエレーナが待っているとは思わなかったので、そのまま街へ行ったと言った。そして、どこかで落ち合おうと言い、エレーナは出かけたが、自分は友人たちにとってそれほど重要ではないのだと感じた。それが、パトリックの行動によって刺激されていたのだ。

これを悟ってから、彼女は、自分の従兄弟が他の親戚に対しても同様に振る舞っていることを明確に認識できるようになった。彼は常に遅刻し、よく約束を忘れた。エレーナはパトリックの行動を好きにはなれなかったが、呼吸シフトやスパイラルのテクニックで、湧き上がった感情に対処し、正義感と怒りに悩まされることはなくなった。従兄弟を変える方法はないのだ。彼女にできることは、彼に何かをさせなければならない状況をできるだけ避けることだった。

家族や親戚を選ぶことはできない。多くの場合、変えることもできない。しかし、自分のスイッチが入りそうなときを認識し、否定的な感情や身体的な反応に対処すれば、「なんてひどい男！」「とんでもない女！」などと思わずに済む。このような状況を、自己探求と成長の

きっかけと考えるのもいい。エレーナは、駅で待ちぼうけを食わされた経験が、友人や同僚の選択にも影響を与えていることを悟った。たった一度約束を破ったという理由で絶交した人間は、1人や2人ではなかった。もう少し他人に寛容でもいいかもしれない。彼女は、昔なじみのセラピストに電話して、その記憶、そして関連する他の記憶を処理してもらうことを決意した。ひどく腹が立つときは思い出してみるといい。相手が家族、友人、同僚など、だれであれ、自問することが重要である。その反応は、大人の部分、子どもの部分のどちらから来ているのだろうか？

　もちろん、生活におけるストレスを軽減することは重要である。例えば、だれかの行動に常に腹が立ち、特にその人物の行動が自分に直接害を与えない場合は、自分の影響力や支配力の問題に原因があるかもしれない。その人が自分の望むように行動せず、自分にそれを変える力がないことが、苦痛の第一原因かもしれない。難しいときもあるかもしれないが、どう行動するかを決める力は常に本人にあるのであり、自分は自分の行動を決めることを覚えておくべきである。安全/穏やかな場所を使い、腹が立つ相手のことを静かに思い浮かべると同時に、心の中で「そのままのあなたを許す」と言ってみよう。それを数回、繰り返す。すると、その人のことを考えても、それほど腹が立たなくなるかもしれない。その人の行動を好きにならなくてもかまわない。ただ、常に腹を立てていることは、相手よりも自分にとって良くない。

人間関係に関する最後のアドバイス

　原因を探す。家族の行動に対する苦悩は、混乱と怒りの感情で構成されていることがある。その人が、他の人には普通なのに、なぜ自分にだけとげとげしく、無神経に思えるのかが理解できないからである。その原因は、仕事、友人、家族に関する記憶ネットワークが人によって異なるせいかもしれないことを、努めて思い出してほしい。刺激される未処理の記憶は、人間関係のタイプや状況によって異なる。あなたと伴侶との間に問題があるなら、安全/穏やかな場所のテクニックを練習した上で、未処理の記憶にスイッチを入れる刺激と状況を一緒

に突き止めてほしい。良好な関係を続けるには2人の両方が必要なのだから、心を合わせて取り組む必要がある。漂い戻りを利用し、背後で影響を及ぼしている記憶を見つけることも検討しよう。

寛大に振る舞う。パートナーに対して寛大になるとは、小さなことに対しては注意を向けつつ、時間、サポート、親切な言葉、許しを与えることを意味する。自分の心の奥底にある一番良いものを、愛する人に差し出すことでもある。しかし、そのためには自分自身の面倒も見なければならない。すでに学習した自助テクニックを日常的に利用し、自分自身を育て、ストレスを和らげてほしい。

常に心を開いて。衝突のパターンを繰り返していると、パートナーに対して「心を閉ざし」「感情を見せない」ようになることがある。自分を鉄の箱に入れ、それ以上傷つくのを防ぐようなものである。自分が傷ついているとき、身を守ろうとするのは自然である。しかし、そのような箱の問題は、自分を「安全」に守ると同時に、自分を隔離し、変わる可能性を拒絶することである。これによって、パートナーに罰を与えることもできるが、何も感じず、閉じこもり、落ち込むなど、自分にとって罰となることもある。心を閉ざすのを防ぐためには、自分がどう感じているかに注目してほしい。例えば、これまで学習したテクニックは、心を「閉じる」のではなく「開く」、つまりリラックスし、静かで、状況に興味を持った状態を維持するために役に立つ。

意志を伝える。自分のパターンとそれを変える方法についてパートナーと話し合うときは、必ず心を開いた状態にする。「私はあなたを愛している。Xが起こると、私はYを感じる」などの言葉で表現し、「あなたは私を……と感じさせる！」とは言わない。人間はだれでも自分の反応に責任がある。自分が言われたいと思うように、相手とも情報を共有しよう。相手を責めず、考えるべき重要な情報だけを伝え、一緒に感じる。うまくいかなければ、専門家に状況を判断してもらい、有効な選択肢の提案を求める手もある。時には、専門的な訓練を受けた中立的な第三者に、新しい視点から見てもらうことも重要だろう。

自己探求

思春期の半ば以降で、恋愛関係またはその他の人間関係で最も嫌な

記憶を3つ挙げてみよう。それらは、どの思考のカテゴリーに入るだろうか？　これまでに特定した思考と同じだろうか、それとも異なるだろうか？　漂い戻りを使って、問題の根本的原因となっている子ども時代の記憶を特定し、試金石リストに書き加えてほしい。

　人間関係において現在抱えている問題のいずれかが、コミュニケーションスキルや自己コントロールのテクニックによって解決できるかどうか考えてみよう。そうではなく、現在の問題が、過去に何度も繰り返してきた問題と同じである場合は、専門家に依頼し、その反応を引き起こしている記憶を処理したほうがいいかもしれない。選択は自分次第である。

Chapter. 9
全体の一部

　私は Chapter.1 で、本書の目的が自分自身と周囲の人間をよく理解することだと述べた。また、責める相手を見つけることではないとも述べた。しかし、正直なところ、それが非常に難しい場合もある。自分の正義感が「これは間違っている！」と叫ぶこともある。私たちが責める相手は、決して理解するように見えない。特に、繰り返し他人を傷つけている者はそうである。自分の行動が社会的な規範から見て「間違っている」とわかっていながら、同情も共感もなく繰り返す人。自分の行動が間違っていて、嫌悪や羞恥も感じているが、どうしようもないと言い張る人。自分の行動は正当だと思っている人もいる。

　防げたかもしれない悲劇で新聞が埋まらない日はない。自分の行動にまったく責任感のない人が、人の命を絶つ事件がある。彼らは、周囲の物や人を破壊しながら生きている。たとえそんな場合でも、情状は酌量されなければならない。原因を理解しなければ、変化を起こすことはできないからである。そう、彼らは自分をコントロールすべきである。彼らは頻繁にひどいことをしている。そして、ほとんどの場合、彼らだってそれに対処する方法を学べるのだ。だから、私たちはなお彼らを責める。自分に歯止めをかける方法を学べるのなら、学ぶべきだ。それなのに学ぼうとしない！

　彼らが自分の破壊的な行動を抑える方法を学ばないことが、彼らを行き詰まらせる問題の一部であることを、私たちは覚えておかねばならない。残念だが、社会は、しばしばそのような人々を見限り、彼らも自身を見限っている。私たちは、彼らは永久に欠陥のあるまま、あるいは変わろうとしないと考えている。しかし、そのような考えでは、問題の根本や可能性のある解決策に至ることはできない。彼らの行動の理由は、他の人と同じ、つまり無意識の処理による自動的な反射な

のだ。これで行動が許されるわけではない。しかし、苦しみをもたらす人も、全人類の一部である。彼らの破壊的なパターンを好きにはなれないかもしれないが、犯罪者を理解し、適切に扱わなければ、被害者がなくなることはない。だから本章では、幼児に対する性的虐待者、ドメスティック・バイオレンス（DV）の加害者、レイプ犯、麻薬中毒者に注目する。読者または読者の近親者の中には、被害を受けた人もいるかもしれない。彼らの行動は、最終的には、社会、つまり私たち全員に影響を与える。だれでも被害者になる可能性があるからである。

どのように始まる？

人間が、「反社会的」と言われる大人に育つには多くの原因がある。子どもの頃から「悪い素質」があると言う人もいる。学校で感情を抑えられず、人の言葉に耳を貸そうとしない。だが、本当にそうだろうか？

2001年9月11日のテロ事件の直後、農村部の小学校で派遣カウンセラーの仕事に就いたゲイリーは、そのような「悪い素質」を目にした。ゲイリーは、真新しい遊戯療法（プレイセラピー）バッグに、使い慣れたおもちゃや図工用具を詰めてきていた。これらは「表現材料」と呼ばれ、子どもたちが自分の問題や感情を伝える手助けとなるものだった。学校では、どこか空いた場所で仕事をすることが多い。ゲイリーの「オフィス」は、学校が教科書や古い視聴覚教材（プロジェクターがハイテクだった時代の）などを保管していた大きな倉庫だった。ゲイリーは、カートを整理し、おもちゃや道具を並べた。当時、EMDR療法は知らなかったが、遊戯療法の手法はいくつか知っていて、なかなか良い成果を上げていた。

その日、ゲイリーが出会った子どものひとりが、幼稚園を留年していた6歳のザックだった。彼と兄弟姉妹たちは、祖母と一緒に住んでいて、両親は2人ともメタンフェタミンの取引で逮捕され、服役していた。それは重大な情報に思えたが、ザックの学校での行動を説明するには十分ではなかった。ザックが幼稚園を留年させられた理由は、ほとんど毎日、運動場で他の子どもに身体的暴力を振るったからであ

る。このような行動は、しばしば「行為障害」と診断され、成人してからの反社会的、暴力的行動につながりやすい。このような子どもは、全国的にしばしば留年させられたり、逆に学習していなくても進級させられたりする。また、多くの場合は、規則に従わせるため、不適切な薬を処方されたり、過剰に投薬されたりする。学校を中退する子どもも多い。スキルはなく、怒りだけを抱えた彼らの生涯は、予測不能なパターンに陥ることが珍しくない。

最初のセッションの終盤、ザックは怒りを爆発させ、カートと部屋にあったすべてのおもちゃを投げ散らかした。ゲイリーは「これほど強い感情には、十分な理由があるに違いないね」と言ったが、ザックは無視した。その後、数回のセッションで、ザックはきちんと並べられたおもちゃを部屋中に投げた。

やがてザックは落ち着き、ゲイリーとの関係を徐々に構築した。遊戯療法にも取り組んだ。しかし20回のセッションを重ねても、まだザックは学校で感情を抑えることができなかった。ゲイリーは、ザックが校長室に向かっている姿をよく見た。頭を垂れ、腹を立てた大人に棒で叩かれる覚悟で歩いている彼は、とても小さく見えた。当時、米国のその地域では、まだ体罰が一般的だった。ゲイリーは校長と話したが、校長が必要だと思っていることを止めさせることはできなかった。ザックの不可解な行動には然るべき理由があるはずだと説明しても無駄だった。そして、ゲイリーが全力を尽くしたにもかかわらず、ザックから理由を引き出すことはできなかった。

数カ月後、ゲイリーは、はるばる州境を越えてEMDRのトレーニングを受けに出かけ、子どもを治療しているセラピストと話すことができた。彼らは、子どもの良い点は、たいてい治療が速く進むことだと言った。2週間後、ゲイリーはザックに「安全な場所」のテクニックの使い方を教えた。そして、次のセッションで、すべてが変わった。セッションの終了5分前、ザックは、あらゆるおもちゃをカートから部屋中に投げ飛ばした。カートが空になるまで1分ほどだった。散らかった床の上にしゃがんで向き合い、ゲイリーは「自分の感じていることと、身体のどこで感じているかに注意して」と言った。そして、ハンドタップを使ってEMDR処理を始めた。

ザックは、すぐに泣き出した。心の底から悲しんでいる様子だった。

ゲイリーが驚いたことに、床の上でのわずか4、5分で、これまでのすべてのセッションよりも、ザックは自分の感情とつながっていた。もう一度 EMDR 処理を行うと、ザックはさらにひどく泣いた。そして「秘密を守ってくれる？」と尋ねた。

ゲイリーは「守る」と答えたが、ザックが何を言うかは予想できなかった。とにかく何を言われてもいいよう覚悟した。ザックはさめざめと泣きながら言った。「お父さんとお母さんは刑務所にいて、僕がすごく年を取るまで出て来ないんだ」

さらに処理を続けると、ザックは自分の感情とつながり、しっかりと感じて表現できるようになった。次に、その強い感情の原因となっている両親の記憶に集中した。処理の間、ゲイリーは、ザックが感情的なつながりを作り、理解することによって言葉で理解できるようになるのを見守った。これは、問題の根本的原因における多大な変化だった。

多くの子どもは、重すぎる感情に耐えられない。脳の情報処理システムが過剰負荷となり、強い感情は記憶の中の切り離された部分に保存されてしまう。それでも、現在の何らかの出来事でその感情のスイッチが入ることがある。例えば、各セッションの最後で、ザックは自分がつながりを持っている人間、つまりゲイリーが、両親と同じように自分から去ってしまうと感じていた。その痛み、恐怖、怒りが、おもちゃを部屋に撒き散らしたり、運動場で他の子どもを傷つけたりといった、一見、衝動的な行動につながっていた。感情が収まると、子どもは感じることも表現することもできない。このまま痛みを抱えて成長すれば、怒りや恐怖を秘め、いつでも爆発しかねない大人になってしまう。

翌週、ゲイリーがザックの教師と話したところ、ザックは問題を起こさず、教室での態度も良いとのことだった。ザックは長い間、問題児だったため、彼が本当に良くなっていることを教師や他の大人が認めるには時間がかかった。ゲイリーは、ザックに EMDR 療法を続けた。ある日、ゲイリーは、ザックの祖母が、ザックの兄を州の施設に永久に戻したことを知った。理由は、弟妹に悪影響を与えさせないためだった。ゲイリーは、「また最初からやり直しだ」と思ったが、そうではなかった。その午後のセッションで、ザックは、「兄さんが悪い選

択をした。兄さんは助けてもらえる場所に行った」と言った。

その学年末、ザックは無事に卒園して1年生になり、ゲイリーは別の地区に異動になった。後任者にザックの様子を尋ねると、順調だということだった。ザックの兄がどうなったかはわからない。ゲイリーのようなカウンセラーと出会い、苦悩から救われたことを祈ろう。

結論として、子どもであれ、大人であれ、他人を傷つける多くの行動は、幼少期の未処理の記憶によって引き起こされている。体罰はザックの行動を変えられず、記憶ネットワークに保存されている怒り、痛み、恐怖を助長しただけだった。幼稚園を卒園できず、それが原因でからかわれたことも、彼の苦悩を増し、感情的な行動に拍車をかけていた。規則や懲罰が重要ではないと言っているのではない。社会は、全員の安全を守るために所定のガイドラインを設定し、順守する必要がある。しかし、両親に健全な感情的発達の基盤を築いてもらえなかった多くの子どもは、感情を感じることも、自分を落ち着かせることもできない大人になる。そして、本章で挙げるようなさまざまな問題につながっていく。

私は支配されている

ザックの両親は、麻薬のせいで、子どもを教えたり導いたりすることができなかった。中毒は、それ自体が破壊的な問題であるだけでなく、この章で紹介するような他の悪い行動にもつながる。麻薬とアルコールの乱用は、現在、世界的に大きな健康上の問題と考えられている。また、未治療のトラウマを持つことは、薬物乱用のリスクを高める基盤と一般に認められている。中毒に陥りやすい遺伝的性質を持つ人もいるが、それでも通常は、何らかの出来事がきっかけで薬物乱用が始まる。遺伝的性質によって回復が難しくなることもあるが、遺伝は運命ではない。

自分の感情に触れられない人がいる一方、感情に圧倒されてしまう人もいる。そのような人は、苦痛に耐えきれなくなると、外に逃げ道を求める。自分の親がそうやって対処していたのを見たのかもしれないし、友達と麻薬やアルコールを試しているうちに気分が良いことを発見したのかもしれない。理由が何であれ、中毒になった人は、し

ばしば自制を失ったと感じ、どれだけ止めたくても、何人傷つけても、止められない。何千人もの人が規定以上に飲酒したまま、どこかへ行くために車を運転し、他人を引き殺したり、障害を負わせたりしている。原因が中毒でも、1回きりの判断ミスでも、そのような人は二度と運転すべきではない。しかし、彼らはまた運転し、まただれかが傷つく。残念なことに、彼らが自分に助けが必要だと認めるのは、どん底まで落ちてからである。

遅すぎることはない

薬物中毒は悪循環である。最初は、絶望感や無気力の症状から始まり、薬を乱用して破壊的な行動を繰り返すようになると自己嫌悪が募っていく。中毒に対処するには、感情的苦痛を和らげる他の方法を見つけることが重要である。しかし、そもそも不安の種となっている過去の記憶を処理することも重要である。ワシントン薬物依存症専門裁判所（ドラッグコート）プログラムで行われた研究では、EMDR療法と「安全の模索」と呼ばれる準備的なグループ療法を併用した。このグループ療法では、トラウマや薬物乱用に対処する教育やスキルのほか、自己を落ち着かせる方法を学ぶ。仮データでは、同プログラムの修了率は、EMDR療法を自主的に受け入れた人で91.3％、拒否した人で62%だった。さらなる調査は必要だが、この総合的な治療プログラムに参加した人の結果は明らかである。同プログラムの修了は、麻薬常用と服役の繰り返しに歯止めがかかったことを示す最良の指標である。この結果は、中毒の期間がどれだけ長く、ひどくても、改善が可能であることを示している。

トムは、薬物依存症治療プログラムでの経験から、EMDRによるトラウマ治療の熱心な擁護者になった。彼は、同じ状況にある他人の助けになるならと「地獄へ行って帰ってきた」自分の長い旅について書いてくれた。

僕は、12歳のときから酒を飲み、14歳のときからマリファナを吸い、年月とともに強い麻薬に移っていった。飲酒と麻薬は僕にとっては当然だった。両親は2人ともアルコール依存症で、いつも問題を忘れるために酒を飲んでいたからだ。本当にすばらしい両親だった。た

だ、アルコール依存症だっただけ。僕も、僕の友達も、友達の両親も酒を飲み、麻薬を使った。

僕は28年間、アルコール中毒、そして麻薬中毒と闘っている。麻薬中毒の治療は4回受け、最初の薬物依存症専門裁判では70日間の化学物質依存症者向け刑務所プログラムにも入った。これは失敗し、その結果として3回の重罪判決を受け、刑期が延長されるとともに、既決重罪犯のレッテルを貼られた。最悪だった。

トムには、家族経営の自動車牽引会社での明るい未来があり、愛情に満ちた両親が息子の人生を支えていた。しかし35歳のとき、2年間にわたって父親が癌で闘病したことから、また麻薬と酒におぼれるようになった。そして父親は亡くなった。

その次の年、僕は何をしていいかわからず、毎日が苦しかった。しかし、大きなトラック運送会社で仕事を得て、人生は上向きになったように思えた。兄弟のスティーブが相棒となり、一緒に長距離トラック運転手として新しいキャリアを踏み出した。すべてが順調に思えた。そして1年間、僕たちは無事に仕事をやり遂げ、アメリカのすべての州を走った。ところが、クリスマス前に家に向かう途中、テキサスで荷物を積んだときに事件が起こった。

スティーブと僕は、家族へのクリスマスプレゼントを買うため、カンザス州のヘイズという小さな町に立ち寄った。その後、地元のバーで「クリスマスの祝杯」を上げることにした。バーが閉まり、トラックへ戻る途中、僕たちはすぐに走り出すか、朝まで待つかで口論をした。スティーブは行きたがり、僕は待ちたかった。とうとう僕は折れて行くことにしたが、36トンのトラックをゆっくりと駐車場から出したところで、僕たちは再びケンカを始め、激しく争って、大声で怒鳴ったり叫んだりし始めた。僕は、高速道路の出入道路に入り、徐々にスピードを上げながら、ひっきりなしに「黙れ！」と怒鳴り続けていた。僕たちは延々と口論し、互いをののしり続け、どちらも止めることができなかった。そのときスティーブが、大声で「もう俺は降りたほうがいいかもな！」と言った。そして僕は、あらん限りの声で最後の言葉を投げつけた。「そうしろよ！」僕は時速105キロで飛ばし

たが、スティーブは深く腰掛けてシートベルトを外し、ドアを開け、トラックの外へ出て行った。18輪のトラックが止まったのは、400メートルも行ってからだった。僕は道路に飛び出した。スティーブが溝にうつ伏せに倒れ、骨があちこちから突き出し、ズタズタの体から血が流れているのを見つけた。彼は、僕の腕の中で息を引き取った。

もちろん、僕にとって、兄弟の悲劇的な死に対処する方法は、麻薬と酒しかなかった。自分が問題を抱えているのはわかっていた。母の愛情と支えのおかげで、僕は初めての入院治療プログラムを受けた。残念なことに、ほんの数カ月回復しただけで、僕はすぐに一番効果的な薬、つまり薬物に戻ってしまった。しかし、消してくれるはずの痛みには決して届かなかった。

その後数年間、トムは仕事を続けることができず、離婚し、アルコールに起因する肝臓障害で母親を失った。持ち金はすべて麻薬に投じた。そして、メタンフェタミン所持と免許停止中の運転で逮捕された。

翌年、僕は逮捕され、さらに13回再逮捕された。逮捕され、保釈され、公判日に出頭せず、「手配中」のまま警察から隠れ、逃げた。警察は僕の家に来て、ドアを蹴破り、家族に銃を突き付け、家中、僕を探し回った。僕の最大の恐怖は、刑務所に入れられないことだった。逮捕されれば、麻薬はできなくなる。薬物依存症専門裁判所からは断られ、3つの重罪判決を受け、服役した。

釈放された後、トムは再び麻薬を使い、再び逮捕、投獄された。執行猶予中、もう一度麻薬を使ったら投獄されるというとき、彼は薬物依存症専門裁判所のEMDRトラウマ治療研究プログラムに入るチャンスを得た。その後5カ月間、彼は中毒の「根本的な問題」に取り組み、今では、それが彼の回復を可能にしたことを多くの人に伝えたいと希望している。

彼は、他の人にもEMDR療法を試してほしいと言い、次のように自分の体験を振り返っている。

回復して6年経った今、僕は人生を180度転換した。1万ドル以

上の罰金を払い終え、運転免許を再取得し、差し押さえになっていた家を取り戻した。弁護士費用を払い、執行猶予もすべて終えた。1年半前から自営業を始め、真面目に仕事をして生計を立てている。今では、責任ある社会の一員として暮らしている。何よりも良いのは家族がいることだ。回復して19カ月になる婚約者と、家に戻ってきた17歳の娘、8歳の娘が生活を楽しくしてくれている。今では毎日、明日が来るのが待ち遠しい。

多くの人は、中毒の原因は「自制心」がないせいだと思い込んでいる。人生がそこまで制御不能に陥ってしまうことは理解できない。トムの話は、そのことを明確に示していると思う。酒や麻薬で感情に対処しようとすると、薬物が人生を乗っ取ってしまう。しかし、中毒の背後にある未処理の記憶に対処すれば、人生を再び転換することも可能である。過去を恥じて新しい一歩を踏み出さず、未来を無駄にしてはならない。必要な助けを求め、責任を持って新しい選択をしてほしい。30年近く悪魔と闘ってきたトムの話は、健全な生活を送るための選択と変化が、決して手遅れにはならないことを示している。

根源を探る

トムが受けたEMDR療法では、(1) 不安の原因となっている過去の記憶、(2) 麻薬を使いたいという欲望を引き起こす現在の状況、(3) 不快な体験に対処する新しい方法、を処理した。逆戻りを防ぐには、苦痛の根源にある過去の記憶を処理することが重要である。トムの場合、これには兄弟の死、そしてその死に対する強い責任感など、大きなトラウマが含まれていた。他の中毒者の場合、人生にいくつか大きな出来事はあっても、最も重要な記憶は意外なものであることも多い。

例えばカレンは、いつからか思い出せないほど長い間、パニック発作に苦しんでいた。彼女は複数の麻薬とセックスに溺れることで発作に対処していた。10年間治療を受けても発作は止まらず、中毒も努力したが治らなかった。ついにEMDRセラピストを訪れ、セラピストが彼女の体内の恐怖の感情をターゲットとしたところ、彼女の心は4歳の頃の出来事に戻っていった。両親は、彼女と2歳の妹を公園に

連れて行き、カレンに面倒を見るようにと言った。カレンにとって、両親が戻ってくるまでの時間は気が遠くなるほど長く、迎えにきたときにはカレンは本格的なパニックに陥り、嘔吐し、恐怖にすすり泣いていた。父親は、そんな彼女を慰めるどころか、怒鳴りつけ、「弱虫」だと笑った。この記憶に組み込まれた恐怖、恥ずかしさ、自制の喪失が、中毒の基盤となっていた。カレンは5歳で初めてビールを飲み、以降、飲み続けた。よくあることだが、カレンの場合も、両親はカレンのニーズに同調せず、何のサポートも、自信も、苦悩に対処する建設的な方法も与えなかった。逆にトムには、愛情深く、支えになってくれる、すばらしい両親がいた。ただ、彼らは不快な感情や問題を「酒で流す」手本を見せ、酒を飲むことを教えていた。どちらの場合も、中毒の原因が何であれ、回復への道は明確である。直接、苦痛の原因に向き合い、過去を見つめ、現在に対処し、将来の計画を立てる新しい方法を学ぶことである。中毒の強力な種をなくさない限り、事態は悪化するばかりである。

ほかに行き場がないとき

現在、EMDR人道的支援プログラムで働いているセラピストのひとりは、かつてホームレス支援センターを運営していた。センターでは、希望する者に中毒の治療を施し、冬用のコート、医療機関への紹介状、食べ物など、他の援助も与えていた。彼女のクライエント全員が、遅かれ早かれ必ず質問したのは、シラフになれば生活が良くなるのか、ということだった。彼女は良くなると答え、それは真実だった。シラフになれば、安全な住居が得られ、仕事を見つけて仕事を続ける可能性が高まり、愛する人々との関係を取り戻すチャンスもあるだろう。しかし、痛みを覆い隠してくれる化学物質がなければ、困難な、非常に苦しい道になることも確かだった。なぜなら全員が、長年のトラウマを抱えていたからだ。特に、中毒によって我が子を失った人たち、子どもの頃に家庭や街で性的または身体的な虐待を受けた人たちが心配だった。

それから何年も過ぎ、今では病気としての中毒についても、過去のトラウマが破壊的な習慣の原因になっていることも、よく理解されている。彼女は現在、EMDRセラピストとして開業し、深刻な薬物乱用

の問題を抱える人たちに向き合い続けている。彼女は次のように語っている。

　昨日、回復しつつあるクライエントのひとりが、失恋したと言って少し酔ってやって来た。彼女は私の目を見つめ、率直に尋ねた。「いつか、私も愛される人間になる？　いつか、私を愛し、いたわってくれる伴侶を受け入れる日が来る？」
　私は、彼女がEMDRの力を借りてやり遂げたことを考えた。虐待的でアルコール中毒の夫を離れ、長期にわたる断酒を実行し、5歳から成人までレイプ、性的虐待、ネグレクトに耐え、生き抜いたことなど。そしてきっぱり、「そうよ、その日は来る」と答えた。ホームレス支援センターで働いていた頃のためらいはなかった。彼女は自分の目標を絶対に達成できると、私にはわかっていた。ただ、彼女がすでに道のりの半分を乗り越えていることは、私にはわかるが、彼女自身はまだわかっていなかった。なぜなら、彼女が家に帰る車を呼ぼうとしたとき、彼女を愛するだれか、信頼でき、思いやりのある友人が、家まで送ると熱心に申し出たからだ。困難はあっても、彼女の人生は上向きで、私は彼女を助けられると信じている。

　そう、助けは得られる。ただ、助けを得るためには、希望の光を見せなければならない。

つながることを学ぶ
　否定的な感情に対処するために、すべての人が麻薬に頼るわけではない。ポルノ、セックス、ギャンブル、食べ物など、さまざまなことをして、一時的に気を紛わせ、落ち着きや満足を得る人がいる。しかし、長期的に良い感情を得られる健全な方法も、数えきれないほどある。中毒行為は、問題の根本には届かない、一時的な慰めにすぎない。「ハイ」な時間が過ぎれば苦しい感情が戻ってくる。家族の中で、孤独感、疎外感を持ち、自分が十分ではないと思って育った人、あるいは強い否定的な感情に対処する方法を学ばなかった人にとって、リスクは明らかである。中毒に効果的に対処するとは、痛みの根源をなくすことだけでなく、不快な感情が生じたときに対処するすべを持ち、

他人と付き合う新しい方法を学ぶことでもある。

　子どもの頃にトラウマを受けた人は、中毒になる確率が他の人より大幅に高い。なぜなら、苦痛と「自分は違う」という感情によって仲間に溶け込めず、健全な関係に必要な社会的スキルを学べないからである。治療を受けなければ、回復に必要な人間関係を構築できない場合も多い。例えば、12ステッププログラムに含まれる仲間意識、歓迎されているという感覚、率直さと正直さは非常に有効である。しかし、プログラムの条件を満たすためにEMDR療法を必要とする人もいる。なぜなら、集団と一緒にいたり、自分のことを他人に「打ち明ける」状況に立ったりすることは、恥ずかしいという気持ちや不安な感情のスイッチを入れるからである。すでにお察しのことと思うが、このような感情は、処理されるべき過去の体験に原因がある。結局、過去にどれだけ失敗していても、正しい手助けを得てもう一度頑張る価値は必ずある。トムの体験からわかるように、必ず道は開けるのである。

仮面をかぶる

　私が駆け出しの頃に治療した男性のひとりは、社会的状況での困難を訴えて訪れた。ホセというその男性は、他人が近くに来ると「恐怖が襲ってきて、その時にしていることが手につかなくなってしまう。あまりに恐怖が強いので逃げ出して隠れたくなる」と言っていた。その感情を言葉で表現してもらうと、「自分は違う、みんなの仲間ではないと感じる」と言った。そして助けを求めている理由として、「それが自分の人生の大半を奪っているような気がする。それから逃げるために酒や麻薬に手を出してしまう。自分を麻痺させて何も感じなくなるしかない。しかし今は、中毒から回復しようとしているので苦痛が特にひどい」と言った。

　ホセは、「自分の何が悪いんだ？」と思いながら育ったという。「弟と一緒に育ったが、弟はいつもかわいがられた。何をしても僕より上手く、みんなに好かれた。弟はなんでも僕よりたくさん持っていた。僕は本当の父は知らない。当時の義理の父は、弟のほうを好んだ。父はいつも弟を褒めたので、僕は注意を引こうとして泣いた。たぶん、

あらゆることをやってみた。注意を引こうとして、わざと不器用な失敗もよくした。父に、『ほら見て。僕はここにいるよ。いいこともたくさんしているよ。弟より上手なものもあるよ』と言いたかった。そして弟は嫌いだった。弟はガールフレンドもたくさんいて、僕はそのせいで内気になり、どうせだれも僕なんかと話したくないんだと思った。その結果、弟が大きく優位に立つことになったんだと思う」

　他にどんなものに恐怖を感じるかと尋ねると、「ギャングのケンカ。少年院。刑務所。弟のケンカ」とホセは言った。さらに質問すると、「僕が感じた恐怖は、自分に関する感情、自分は違うという感情だと思う。好かれない。注目されない。たぶん、そのせいで自分は違う、自分は仲間じゃないと思い、自分に疑問を持ったんだろう。それが誤解につながる。僕、兄弟たち、姉妹たちの間で嫌悪感が強くなると必ず誤解が生じた。そして、ひどいケンカになる」

　少年院について尋ねると、ホセは答えた。「少年院を思いついたのは10代の頃をテキサスで過ごしたからだと思う。テキサスでは、昔も今も『北』対『南』という大きな対立がある。いわゆる縄張りだ。僕と別の弟はそれに関わっていたが、常に集団同士が対立し、ひとつの集団が別の集団の縄張りを荒らしたと言っては、何かの形で勝負をつけることになった。そこで少年院が登場する」

　私は、それに自分は違うという恐怖がどう関係あるのかと尋ねた。ホセは次のように説明した。「僕は、ギャングなら受け入れてもらえる、受け入れてもらえたと思った。ここでアルコールが絡んでくる。酒は、恐怖と闘う偽の勇気を与えてくれた。僕は、おかしなほどそれに頼っていた。男らしくあること。肩をいからして歩くこと。酒を飲むこと。汚い言葉を使うこと。タバコを吸うこと。人をからかい、人を傷つけること。受け入れてもらえたと思った。そのときは、それが人生に対処する唯一の方法だった。生き残る手段のようなものだ。でなければ、しょっちゅう自殺のことを考えただろう」

　ホセは、根底にある怒りや苦痛のために暴力に走る典型的なタイプである。多くの人は、人を傷つけることに何の同情もためらいもない者のことを、治療の余地のない「精神病者」だと思っているが、最近の研究ではそうとも限らないことが証明されている。満員の刑務所には、自分が孤立していると感じて幼少期を過ごした者が多くいる。人

間は帰属感を求めるため、ギャングが家族の代用になってしまうことが多い。ギャングに入ろうと入るまいと、両親のサポートを得られず、逆に突き放されたり、放棄されたり、侮辱されたり、殴られたりした子どもは、自分が十分でないという気持ちを抱き、やがて人を傷つけるようになる。ホセは、ザックと同じことをしたのだ。

　自分の家族の中でさえ、見放され、価値がない、あるいは自分だけ違うと感じていたら、どうして社会に帰属感を抱くことができるだろう？　そして帰属感が持てなければ、どうしてルールに従うことができるだろう？　自分のルールを作れば、自分が上に立ち、人を傷つけることができる。終着点は非常に恐ろしい場所かもしれない。しかし、出発点は一般に同じ、つまり弱く、怒りを感じ、混乱した子どもである。記憶の処理は、ザックとホセを痛みと孤立感から解放した。子どものためにも、社会のためにも、ザックのように低年齢で対処するほうが望ましい。しかし、ホセとトムのように、たとえ前科を作っても遅すぎるとは限らない。

苦痛に満ちた家

　路上のギャングを見て、彼らが投影しようとする「俺に手を出すな」的な力と支配のイメージに同調する者は多い。同じことがドメスティック・バイオレンス（DV）の加害者についても言える。嫉妬、批判、操作、苛立ちの破壊的なパターンに陥る夫婦は珍しくない。ただし、夫婦間の身体的な暴力は、通常、一方通行である。女性が加害者となる場合もあるが、暴力を振るう側の約85％は男性である。暴力は、読者が想像するほどまれではない。その証拠に、DVは女性がホームレスになる理由の上位を占めている。

　一般に、虐待的な男性の行動には、パートナーまたは彼女に属するものすべてを怖がらせ、傷つけ、破壊する意図が継続的に見られる。麻薬や酒による1回きりの暴発ではない。多くの場合、そこには「権利」の感覚がある。虐待的な夫は、力で女性の行動を支配し、服従させる。女は男を喜ばせ、慰めるために存在するのだ。暴力は3段階で生じることが多い。緊張が高まり、男が怒りを爆発させるが、最後には男が愛情を表現し、妻に埋め合わせをする「ハネムーン」期となる。

このサイクルが何度も繰り返す。DVは、世界的に19〜44歳の女性の負傷と死亡の最大要因のひとつと報告されている。

　通常、生活に耐えきれなくなって助けを求めるのは女性である。多くの場合、女性はうつ状態、不安、子どもに対する懸念を訴える。マリーの場合、息子の8歳の誕生パーティーでジャックが暴力を振るい、2人をナイフで脅したことで我慢が限界に達した。そこまでしたのは初めてだった。それまでジャックは、マリーに対してだけ暴力を振るい、武器は使わなかった。マリーはついに去る決意をした。彼女にとっては難しい決断であり、彼がさらに荒れることはわかっていたため、ジャックが仕事に行っている間に家を出た。ジャックは後でセラピストに、マリーが去ったことを知ったとき、「彼女を探し回った」と言った。「なぜ？」と尋ねると、「彼女を殺してから自殺するつもりだった。でも子どものことを考え、実行しなかった。3日過ぎてから落ち着いた」と答えた。

　基本的に、ジャックはマリーなしで生きていけないと感じていた。そのため、彼女が少しでも自立性を見せるとひどく恐怖を感じた。例えば、ジャックは仕事に行くとき、家中の電話を持って出た。マリーが彼以外の者と話す必要があるとは理解できなかったからである。ジャックは、「俺があいつを愛するほど、あいつが俺を愛していれば、あいつが他人と話す必要はない。話すとすれば、俺から何か隠すためだ」と言っていた。このような行動は、DVの加害者に典型的である。彼らは物を奪い、友人に会わせず、日常生活の他の面も制限することで、伴侶を隔離しようとする。

　マリーがジャックの行動を受け入れたのは、非常に自尊心が低かったためである。彼女も、女性が男性の世話をするよう訓練される家系の出身だった。彼女の仕事は、毎日、ジャックの食事を作り、ジャックの服を選んで着せ、言いなりになることだった。両親に「尽くす」ことで両親の愛情を得ようとしたのと同様、彼女はセラピストに、自分の世話を必要としない男性との関係は考えられなかったと言った。2人とも、自分の両親から受け継いだ行動パターンを繰り返していた。男性は家で何もせず、女性がすべての家事をする。男性は自分だけでは存在せず、女性は夫の世話をするために生きている、というパターンである。

自分の感情とうまくつながらず、表現するスキルも持たなかったジャックは、しばしば爆発し、マリーは怯え、怪我をすることも珍しくなかった。多くの意味で、マリーは「卵の殻の上を歩いている」ように感じ、常に恐怖と警戒で過覚醒状態だった。また、一部のセラピストが言うところの「思考停止」に陥っていた。論理的、合理的な思考が働かなくなっていたのだ。これは、野生動物が危険に直面したときに「すくむ」か「逃げる」かのいずれかになるのと似ている。逃げることが不可能であれば、彼らはあきらめる。ジャックが暴力的になったとき、マリーはその状態だった。

　彼女は、他のセラピストが言うところの「学習性無気力」でもあった。つまり、何をしても無駄だと思っていた。結局は男性が女性を好きなようにすると学んでいたからだ。彼女はジャックを愛し、彼なしでは生きられないと思い込んでいた。また、彼が彼女を傷つけても「手加減している」と信じていた。他の多くのDV被害者と同様、マリーは何かがパターンを崩すまで行動できなかった。ジャックが息子に暴力を振るい、ナイフを握って初めて、マリーはその行動に我慢できなくなり、家を出た。

　家を出た後、マリーは2人の子どもと一緒に女性用シェルターで暮らした。そしてジャックと別れて6カ月後、ラジオでドメスティック・バイオレンスについてセラピストが話しているのを聞いた。彼女はセラピストに電話し、ジャックが「少し神経質で短気だから」と言って予約を取ろうとした。彼は自分の暴力的な行動の責任を取っていないのだから、おそらく彼女のために喜んでセラピストに会うだろうと考えていた。セラピストは彼女に、ジャックが自分で電話し、自分の予約を取らなければならないと告げた。

　ジャックはセラピストを訪れ、自分に何が起こったのかを理解したい、そして妻を取り戻したいと言った。自分が暴力的だったと思っているか、という質問には、「そうではない。ただ、短気でやきもち焼きなだけだ。彼女にできることは何でもした。家を建て、稼いだ金を渡した」と答えた。彼は明らかに、自分の内側で起こっていることを理解していなかったが、マリーを傷つけていたことは認めた。暴力は何年前からかという質問には、「19年前から」と答えた。次にジャックは、彼女が去ったことで、以前より敬意を持つようになったと認

めた。「彼女は自分が行動を起こせることを実証した。前も出て行くと言ったことはあったが、実行しなかった。彼女はすごい」彼女が出て行ったとき、ジャックはマリーを見つけて心中しようとしていたが、当時の反応は普通ではなかった。今や彼女は家におらず、彼の世話もせず、安心させてもくれない。彼女が去ったとき、彼は完全に無力に感じ、自制を失った。そして、解決策を自分の中に見つけなければならなかった。

　別々のアパートに住む状態で、治療は1年に及んだ。これにはEMDR、夫婦セラピー、家族セラピー、グループセッションが含まれた。目標は、双方が高いレベルの自尊心と健全な愛着を持つこと、大人の関係に必要なコミュニケーションスキルを身に付けることなど、複数が設定された。また、ジャックは生まれ育った家族における過去の暴力の記憶を処理し、強い感情に対処する能力を高める必要があった。マリーは、彼なしでも満足して生き、自分を大切にすることを学ぶ必要があった。彼女は、自分が育った家族の中で「常にみんなの後についてきていた」ことを理解した。

　彼らがEMDR療法でそれぞれ処理したターゲットのいくつかは、これまでの出来事の背後に無意識の記憶過程があったことを明確に示している。ジャックにとって最初の大きなターゲットは、息子をナイフで脅迫した最後の暴力的な行為だった。彼はここから、自分が父親としてどうすればいいかを知らなかったことを理解した。彼にとって重要なのは妻だけだった。子どもたちはいつも中間にいた。次に彼は、自分が8歳だったときの別の重要な記憶をターゲットとした。彼は家族と一緒にいて、母親が料理を夕食のテーブルに運んでくるのを手伝おうとした。すると父親が「座れ。手伝うのはゲイの男だけだ」と乱暴に怒鳴った。ジャックはその言葉に凍りつき、どうすればいいかわからなかったことを思い出した。

　ジャックにとって別の重要な記憶は、母親が自分を愛してくれないことを恐れ、常に母親の注意を引こうとしたことだった。彼は、「もし母に愛されていると安心していたら、妻の愛にあれほど依存することはなかっただろう」と悟った。治療では、彼がひとりで過ごし、自分を成長させ、妻にそれほど依存しないで済む方法もターゲットとした。例えば、妻が友人と過ごしている間、ひとりで映画を観に行くな

どである。

　マリーにとって最初のターゲットは、ジャックが初めて暴力を振るったときのことだった。彼女は初めての子を妊娠していて、「彼が赤ん坊がいると知りながら、私のお腹を叩いた」ことを覚えていた。彼女はそれを彼が「不適切な嫉妬に苦しんでいた」せいだと理解し、どうすることもできなかったと理解できた。マリーは、自分を守ることを学ぶ必要があった。もうひとつの重要なターゲットは、「2人で出かけるとき、彼がいつも私を照明の前に立たせ、ドレスが透けるかどうかを確認した」ことだった。彼女は自分で慎重に確認するようになっていたことから、どれほど自分のコントロールを彼に許していたかを理解した。次に、彼女の両親の間のコントロールの問題も処理した。彼女の父親は、母親にお金、車、テレビの番組を自由にさせず、母親は父親の服装、食べ物、子どもたち、そしてすべての感情的な決定権を握っていた。彼女は心の奥底では、人にコントロールされ、人をコントロールするニーズを捨てなければならないと理解していた。ただ、自由は自分自身で発見し、体験する必要があった。

　子どもたちも暴力の影響をまぬがれてはいなかった。学校で非行に走っていた娘にも、EMDR療法が必要だった。息子は、妹に対して暴力を振るい、父親と同様の行動を始めていた。家族療法では、感情を暴発させるのを止め、新しいコミュニケーションパターンを作る手助けが行われた。両親ともに子育てのスタイルを変える必要があり、マリーは、ジャックの反応を待つことなく子どもたちに介入することを学ばなければならなかった。

　DVを理解するには、これが家族の歴史、未解決のトラウマ、その他の文化的要因が関与する複雑な状況であることを覚えておく必要がある。無力感は、しばしば過去のトラウマに起因している。治療の当初、マリーとジャックは2人とも、「自分は価値がない」「自分はバカだ」という否定的認知を持っていた。どちらも相手なしで生きていくことを恐れていた。どちらも、生まれ育った家族における心理的および身体的（ジャックへの）暴力により、同レベルの不確実な愛着を抱いていた。治療を終えたとき、2人はどちらも、何か重いものがなくなり、やっと生きて呼吸できるような解放感を表現した。彼らは再び一緒に住むようになり、その後、長年にわたって平和に暮らしている。

関係修復に必要な努力や意志を維持できないカップルもある。家族の傷を癒すには、加害者が全面的に治療に参加することが不可欠である。全員が治療が必要だと認めることも重要である。多くの場合、被害者については虐待の記憶を処理する必要がある。子どもたちも、両親の不和が自分のせいだと思い込む場合が多いため、慎重な評価が必要である。治療しなければ、彼らも罪悪感と不安感を抱き続け、両親と同じパターンに陥りかねない。

　例えば、母親が夫に殴られて泣き叫ぶのを、弟と一緒にベッドカバーの下に隠れて聞いていたボニーという少女がいた。彼女は、「**世界が私を閉じ込め、暗い穴が私を飲み込んでしまうように感じる。パパのせいで、すべてが黒くなってしまった**」と訴えて EMDR 療法を始めた。「心臓が引き裂かれた」ように感じた最悪の記憶を処理した際、彼女は眼球運動 1 セットごとに新しい理解を得ていった。

>> 私は本当に自分が悪いと思った。私がいたずらをして彼が怒ったからこんなことになったと思った。

>> 私は気付かずにとても悪いことをして、そのせいでパパが怒ったと思った。でも、よく考えれば、私のせいではない。もし私が悪いことをしたのなら、ママではなくて私を殴るはずだから。

>> ママは何も悪いことをしていないと思う。パパがただお酒を飲んでいただけだと思う。

　さらに処理を続けると、ボニーは苦痛から解放されたが、父親の行為は許さなかった。家族が再びひとつになるかどうかは、多くの要因によって決まる。最も重要なのは、彼女の父親の態度と行動が明確に変化することである。

性的虐待者

　子どもに対する性的虐待ほど、人々の胸を締め付けるものはない。この場合も、加害者は女性もいるが、ほとんどは男性であり、被害を

受ける子どもは非常に多い。新聞には毎日のように、子どもが教師やコーチ、さまざまなグループリーダーに不適切な性的接触を受けたという記事がある。調査によれば、世界の少女の約20%、少年の10%が、不適切な性的接触をされた経験があるという。加害者に対して最も広く行われている治療があまり成果を上げていないことも、非常に気がかりである。このため多くの州では、子どもに対する性的虐待者は生涯にわたって追跡され、衛星ブレスレットで居場所を監視されることも多い。そのような者は、病気がひどすぎて治療できないと一般に思われている。問題のひとつは、一般的に用いられる心理療法プログラムが過去20年間であまり変化していないことである。動機を明確にするグループセラピー、規範を逸脱した性的衝動が生じる状況を避けるための自己モニタリングスキルの習得、そして欲望を打ち消すテクニックである。これらのプログラムが効果を発揮しない理由のひとつは、行動にのみ対処し、行動の原因に対処していないからかもしれない。

グループセラピーと自己モニタリングは有効となる場合もあるが、問題は、虐待者が事実上、参加できない場合があることである。グループセラピーには、虐待者が自分のしたことに責任を取り、動機を明確にするのを助ける目的がある。しかし、虐待者の症状のひとつが「否定」である場合、彼らはしばしば自分の行動が自分の罪ではなく、だれも傷つけていないと思い込んでいる。否定を覆そうとする治療者の努力にもかかわらず、加害者は、間違った考えを心の奥底に残したまま、うわべでは正しいことを言う場合が多い。これは、彼ら自身が虐待を受けた経歴から、自分の感情とつながることができないために生じる。実際、子どもに不適切な性的接触をした者の多くが、自分も虐待被害者だったのである。虐待を受けた者すべてが、他人を虐待するようになるという意味では決してない。しかし、特定の条件が重なると、虐待を受けた経歴が、原因のひとつになるのである。

本書ですでに述べたように、衝撃的な体験をすると、当時の感情や思考が脳に固定されてしまう。虐待を受けた子どもは、その体験から多数の間違った認識を植え付けられてしまうことがある。例えば、子どもは、「これが人生なんだ」「愛情や関心を向けてもらうには、こうしなければならない」「これは、自分の望むものを手に入れるいい方法だ」「嫌なことだけれど、自分は強くなった」などと感じるかもし

れない。さまざまな反応が、将来的に性的虐待を加える原因となる感情や心に秘めた思い込みにつながっていく。

　残念なことに、多くの子どもは性的虐待を受けたことを自分のせいにする。父親が母親を殴ったことで、ボニーが自分を責めたのと同様である。また、一般にレイプが暴力や怒りの衝動的な発動であるのに対し、性的虐待者はしばしば被害者を「育てる」。子どもを脅して従わせる者もいるが、別の方法を取る者もいる。彼らは、選んだ被害者が良い気持ちになることをしてから、虐待を始めるのである。子どもが家族の中で、自分が重要ではない、または望まれていないと思っている場合、注意を向けてもらうことは新しく、うれしい体験である。この結果、虐待者が望むことに何でも従ってしまう。そして、健全な身体が物理的な刺激に反応すると、虐待者はそれがとても良いことだと告げ、自分のおかげだと言って、子どもに信じさせてしまう。これは、子どもの信頼感や、大人と子どもの関係において正しいことと間違っていることの感覚を混乱させることにもなる。

　性的虐待を受けた子どもの脳には羞恥心と罪悪感が未処理のまま保存され、自分がそれを「望み」、自分の責任だと「記憶している」ことも多い。このため怒りや非難が加害者に向けられず、「自分が悪い。自分のせいだ！」と、被害者の内面に向けられる。そして、成人して他人に性的虐待を加える立場になると、「彼が悪い。彼が望んだ」「彼女が誘惑したからやった。彼女は楽しんでいた」と、被害者を責めることになる。多くの人にとっては、子どもを見ると、脳に保存されている身体的感覚もよみがえる。新しい被害者の年齢が、加害者が虐待を受けたときの年齢と同じであることも多い。それに加え、加害者の多くは、家庭で無視されたり虐待を受けたりしていたことが多い。自分の感情を処理するすべを知らず、自分の感覚と向き合うこともできない。ここに EMDR 療法の出番がある。

　グループ療法や自己モニタリングを使用する従来のプログラムに参加した児童虐待者に関する研究論文は、『司法精神医学と心理学ジャーナル』に発表されている。このうち自分が子どものときに虐待を受けた加害者 10 人が、自分の受けた虐待の記憶について 8 回の EMDR 療法を受けた。その結果を、EMDR 療法を受けなかった加害者と比較したところ、10 人のうち 9 人で明らかな差が見られた。加害者が、

初めて自分のしたことに完全な責任を感じたのである。被害者を責める代わりに、彼らは自分の与えた損害を自覚した。そして最も重要なことは、研究者が「陰茎プレチスモグラフ」と呼ばれる装置を使用し、男性器の血流によって性的興奮を物理的に測定したことである。研究者とセラピストは、これを加害者が再び犯罪に走るかどうかの主な兆候と考えている。この試験では、10人のうち9人について、子どもを見たときの性的興奮が大幅に減少した。加害者は、興奮しなくなった原因として、子どもを「性的対象」ではなく「人間」と見るようになったからだと表現した。この結果は、1年後の再試験時も変わらなかった。さらなる研究が計画されているが、以降、多くの加害者にEMDR療法が施され、成功している。

問題を解決するなら、その原因を理解することが重要である。EMDR療法を受けた加害者は、初めて自分が性的虐待を受けたときの感情に触れることができた。彼らは治療によって変わり、今では他の人にも治療を受けてほしいと願っている。継娘を虐待したケヴィンの話から始めよう。彼は、少年だった頃、年上の少年グループに性的虐待を受けた。そして、それが自分のせいだと思い込んでいた。記憶処理中、彼は当時の自分の感情に触れることができた。襲われているとき、だれかがその物置の横を通り過ぎるのが見えたこと、孤独と痛みを感じたことを思い出した。彼は年上の少年たちの気を引きたいと思っていたが、それを逆に利用されていた。彼は自分の継娘も注意を引きたいと思っていたこと、ただし性的行為は望んでいなかったことを初めて理解した。

以下に、自分の虐待体験に対するEMDR療法によって、何が変わったかを語る彼の言葉を引用したい。

僕は、あの事件に関してまだ自分を責めていたし、今回のことについても、被害者である彼女のせいだと思っていた。今まで僕は自分に「お前は被害者じゃない。自分であれを引き起こした。自分で誘ったんだ」と言っていた。でも、本当は何もしなかった。まったく何も。僕のせいじゃなかった。そのおかげで、自分のした虐待についても、自分の罪ではないという考えを改めることになった。つまり僕の被害者も悪くなかった。事実を見つめるのは辛い。しかし、見つめれば見

つめるほど、自分のしたこと、そして現実がはっきりしてくる。はっきり見えるようになると、過去を振り返って「いったい僕はなぜそんなことをしたんだ？」「彼らはいったいなぜ僕にそんなことができたんだ？」「僕がどうして彼らにそんなことができたんだ？」と言いたくなる。そして、心が痛む。とても大きな現実に目覚める。僕は自分の感情について、まったく理解していなかった。彼らを理解するには、実は自分を理解する必要があった。そして自分の感情を理解できると、彼らの感情も理解できるようになった。

また、他人の傷ついた心も感じられるようになった。このあいだ観た映画『告発の行方』と同じだ。僕は腹を立てた。心から怒った。なぜって、奴らが彼女を加害者に仕立てようとしていたからだ。彼女は被害者なのに。それなのに、みんな彼女を犯罪者にしようとしていた。治療の前だったら、「彼女はバーに入った。あんな恰好をして入った。自分にふさわしい報いを受けただけだ。そもそもそんな場所に行くべきじゃなかったのに」と言っただろう。たとえ彼女が売春婦で、4人と寝ていても、彼女が「イヤよ、したくない」と言うなら、レイプするのは間違っている。彼女が望んでいないからだ。だけど、前はそんなふうに考えたことがなかった。

ルイスも、継娘に性的虐待を加えた罪で服役し、多くのレイプを自白した加害者だった。彼は10歳の頃から、20歳年上の伯父に性的虐待を受け始めた。そして学校の同年代の少年たちと非行に走り、17歳のときに家を出て軍隊に入り、海外に送られた。そこで売春婦、バーで出会った女性、金を払う男たちとセックスを重ねるようになった。米国に帰国後は、4回のレイプを犯した。パーティーで女性に出会うと、人気のない場所に連れ出し、セックスを強要した。

ルイスはその後、結婚し、妻に2人の幼い子どもがいたために父親となった。継娘が自分が虐待を受けた年代になると、ルイスは彼女と大騒ぎして遊ぶようになった。そんなとき、彼は性的に興奮し、自分の反応に対する羞恥心と、彼女が「性的エネルギーを発散する」ことへの怒りの間で揺れた。ルイスはやがて彼女に性的な行為をし、徐々にエスカレートして何カ月にも及んだ。一方、妻と子どもたちに対する言葉の暴力が悪化し、妻は家族全員でカウンセリングに行くべきだ

と主張した。そのカウンセリングの一環で、継娘が性的虐待を打ち明けた。ルイスは逮捕され、有罪判決を受けて服役した。そして治療プログラムを終え、保護観察付きで釈放された。外来で性的犯罪者を対象とした療法を受け始め、「意欲的」に見えたが、進歩はほとんどなかった。彼はまだ、「性的エネルギーを発散する」女性が犯罪の原因だと思い込んでいた。その後、彼はEMDR療法のプログラムに参加することになった。

EMDR療法での処理中、ルイスは自分が虐待を受けたときの怒りと羞恥心を思い出した。だれも自分のことをかまってくれないと考えた彼は、他のだれのことも気にしなかった。また、「性的エネルギーを発散する」という歪んだ考え方が、自分が虐待を受けたときに生じたものであることも自覚した。そして責任感を覚え、継娘に対する自分の行為を心から後悔するようになった。彼のグループメンバーは、彼の反応の大きな変化に気付いた。彼は共感と思いやりを見せるようになったのである。しかし、自分が犯したレイプについて、彼はまだ明確に考えていなかった。

別のターゲットに対する処理で、彼は母親に対する怒りを思い出した。酔った父親の彼に対する暴力に目をつぶったということだけでなく、彼女は極度の屈辱を与えた。彼は10代前半（性的虐待を受けていたとき）、しばしば夜尿をし、それが家族内での屈辱と対立の種だった。母親は怒り、尿で汚れたシーツを彼の顔や体になすりつけ、尿の臭いをつけたまま学校へ行かせて、夜尿を止めようとした。母親と女性一般に対する怒りを処理すると、ルイスはレイプに対しても完全に責任を感じるようになった。重要なのは、性的虐待者としてのルイスの行動と、レイプ犯としての行動は、別の記憶に結び付いていたため、個別にターゲットとする必要があったことである。これは、さまざまな性的虐待について、それぞれの経路を調査する必要があることを示している。ルイスの被害者は主に成人だったが、当初、自分でも児童虐待者としての身体的反応に疑問を持っていた。以下に、療法におけるルイスの体験談を紹介しよう。

私は出所した後、自分がなぜ継娘に性的虐待を加えたのか、なぜ大人なのに子どもに魅かれるのかを知りたいと思った。なぜ子どもの前

で勃起したのだろうか？

　私は、自分が子どものときに性的虐待を受けた過程で、感情が子どものまま止まっていることを知った。また、両親と愛情の絆がなかったことも認識した。家の中には8人の子どもがいた。みんな自分のことで疲れきっていた。私は母とも父とも1対1の関係を持てなかった。だから自分が性的虐待を受けていることを両親に言えなかった。

　私は、EMDRを受けたとき、そんな体験をした子どもから大人に移行した。そのとき、自分が怒り、羞恥心、罪悪感を持って子どもに性的虐待を加え、レイプできた理由がわかった。私はこれまでずっと、子どもの感情を持った未成熟な大人で、子どものときの感情に動かされて良くない行動をした。多くの人を傷つけ、刑務所に入り、人生を壊した。

それが重要である理由

　ここでの結論は、未処理の記憶により、人間が、衝撃的な体験をした当時の感情、考え方、身体的感覚で世界に反応するということである。それで傷つくのが本人だけの場合もある。危険がないのに危険だと感じ、恐怖症、うつ状態、パニック発作を起こすなどである。他人を傷つける場合もある。苦痛、怒り、嫌悪、絶望に動かされて行動し、だれが傷つこうと気にしない。あるいは、自分のしていることが間違っていると理解できない場合もある。言い訳ではなく、説明するのである。社会の一員である私たちは皆、全体の一部である。「最悪」の者たちが、最も弱い者を傷つける。この分野については、今後、もっともっと研究や調査が必要となるだろう。しかし、これまでの証拠を見る限り、だれも見捨てる必要はない。これは全員にとって良い知らせである。

　現時点で、だれでも治療できると言っているのではない。研究の道のりは長い。例えば、脳の外傷が犯罪行動の原因になりうることを示す研究もある。しかし、何百万人もの犯罪者の破壊的な行動は、治療可能な精神上の健康問題に起因する。幼少期の体験が根底にあり、大人になってから心的外傷の影響が現れて人格そのものを揺さぶる場合もある。サムは、その好例である。サムは囚人だが、所内の心理学者

を訪れ、テレビで飛行機事故を見るとパニック発作が起こると訴えた。サムはかつて、良い警官だった。彼によれば、「人のために働いていた」という。「何があっても人々を安全に守ること」が彼の仕事だった。毎日、彼は骨身を惜しまず、歩いてパトロールに出かけ、朝早くから夜遅くまで働いた。そのとき、12ブロック先で起きた恐ろしい飛行機事故を目撃した。

彼は刑務所のセラピストに、それまで事故やその他の悲劇的な現場を何百回も見て、怪我人や死者も何度も見たと語った。しかし、その飛行機事故はあまりに衝撃的だったため、最終的には仕事を辞め、その後10年間、どんどん生活が荒んでいった挙句、犯罪を重ねて連邦刑務所に収監された。彼は、「見慣れた界隈に生じた核爆発が起きたような情景」が、最も頭から離れないと言った。その次に、「あってはならない」物が現れる。椅子、テーブルの上にある水の入ったコップ、人間の胴体。人形、指輪をはめたままの人間の腕、子どもの本など。

EMDRのターゲットは「核爆発が起きたような情景」だった。眼球運動の最初のセットでは、まだ情景が悲惨ではあるものの、粉塵が消えて「きれいな」状態に自然に変化した。次のセットでサムは驚いた。そこに緑の草と木が生えてきたからだ。セラピストは「サム、それと共に」と指示した。次のセットでは、そこに公園が建設されていた。彼はそれまで、そのことを忘れていた。そして、自分にはどうしようもなかったという気持ちを中心として、静かに事故を思い出すことができた。その地域は、将来の住人が幸せに暮らせるよう再建された。

サムは、テレビで飛行機事故を見てもパニック発作を起こさなくなった。また、かつての献身的な「善人」に戻った。本章で紹介した他の事例と同様、犯罪が大きかろうと小さかろうと、彼らも社会の一部であることを忘れてはならない。医学ジャーナル『Lancet』に掲載された最新の総括論文には、「精神病は、犯罪および重犯のリスクを高め、囚人に多く見られる」と書かれている。多くの犯罪の原因となっている精神衛生上の問題を治療することは、私たち全員を守り、強化することになる。加害者を治療すれば、彼らが人間性を取り戻す手助けができるだろう。犠牲者の増加を食い止める可能性もある。

サムは、完全に破壊された場所から美しい場所が生まれたという記憶は、自分の人生を例えていると語った。私も、それは人間すべてに

対する有意義な比喩だと思う。核爆発が起きたようなひどい状況が、大人になってから、あるいは子ども時代に起こっても、それは変えることができる。ただ、方向転換に必要な助けを努力して得なければならないだけだ。また、助けを求めることを知らない者に助けを与える努力も必要である。

Chapter. 10
ストレス下から健全以上へ

　家庭、職場、その他の場面で、これまで考えたり処理したりしていない何かが、苦痛や不幸をもたらす方向に自分を動かしてしまうことがある。その何かに対処すれば、私たちは自由に人生を楽しむことができる。長期的に問題を抱えている人もいれば、理解の難しい新しい状況に直面している人もいる。問題が生活のひとつの分野に集中している人もいれば、生活のすべてにわたって悪影響を与えている場合もある。どちらにしても、本書で学習したテクニックは、世界に対する自分の気持ちや反応を理解し、対処する上で有効である。

　本章でも、引き続き、無意識に隠れた情景について探り、生活におけるストレスに対処する方法を学んでいく。パフォーマー、企業幹部、スポーツ選手が利用しているテクニックについても説明しよう。結局のところ、人生の目的は苦しみを取り除くことだけではない。むしろ、喜びや幸せを味わいつつ、能力を高めることである。

最大限のストレス下で

　私たちは、自分の遺伝子、子ども時代、さらに現在でも、人生において生じる多くの出来事をどうすることもできない。しかし、特定の遺伝的傾向があるとしても、ほとんどの問題が生じたり悪化したりする原因は、この遺伝的傾向と現在の状況の相互作用にある。研究によれば、ストレスは、遺伝子に悪影響を与え、遺伝子に害を与えることによって寿命を縮めることすらある。脳自体にも悪影響を与える。最善の策は、生活の中でストレスを軽減する方法を見つけることである。多くの場合、ストレスの最大要因は自分を動かしている未処理の記憶である。しかしうれしいことに、問題を見つけ、是正するのに何年

もかかるとは限らない。自分の身体と心に対するコントロールを少し強めればいい。それにより、世界に対する見方を変えることができる。ストレスを感じたり、ストレスを悪化させたりする状況に自分を追い込む反応も変えられる可能性がある。

そこで、だれにでもある2つの分野のストレスを考えてみよう。ひとつは家族、もうひとつは職場である。次に、自己コントロールのテクニックを紹介する。このいくつかは、スポーツ選手や企業幹部のコーチにも推奨されている。以下に挙げる例は、人間がどのように自分の住む世界を作り上げるかを示している。

なぜ僕を置いて行ったの？

前の方の章で、パニック障害に苦しむ人の多くが、子どものときに両親から引き離された期間があるという研究結果について述べた。しかし、症状は一定ではない。そのような経歴なしにパニック障害を発症する人もいる。両親と引き離された期間があってもパニック障害を発症しない人もいる。その代わりに、パニック障害以外の症状に苦しむ人もいる。フランクの人生は、子ども時代の未処理の記憶がさまざまな問題の温床になることを示している。フランクの場合、選択のまずさ、成人後の人間関係の失敗、その他の症状につながっていた。フランクの数多くの症状に目を通し、自分に関係のあるものがあるかどうか検討しよう。

55歳のフランクは、人生において経験してきた膨大なストレスに直面していた。セラピストを訪れ、頻繁な頭痛、物忘れ、怒りの暴発、苛立ち、悲しみ、不安感などを訴えた。かなりの肥満で、糖尿病、高血圧、慢性的な腰痛もあった。

「自分はとても支配欲の強い人間だ。いつでも自分の思いどおりでないと気が済まない」と、フランクはセラピストに認めた。彼は、現在の妻であるアーリーンと子どもたちを含め、他人をあまり信頼していなかった。彼は、特に個人的な人間関係において失敗を恐れていた。親密な関係に対する恐怖、自尊心の低さもあった。彼は、自分の内面に突き動かされるように、他人を喜ばせようとした。周囲の人間を喜ばせていれば、自分が見捨てられることはないと感じたからである。しかし、現実には違った。2人の元妻と子どもたちは全員がさま

ざまな形で彼を去った。彼は3回結婚し、現在の結婚生活を無事に続かせるよう必死だった。本当の自分を知られればアーリーンに離婚されると思い、自分の感情や意見のほとんどを隠そうとしていた。

不運なことに、感情は押さえつけられると、横からはみ出すことが多い。フランクは、かつての妻に対してと同様、アーリーンに爆発的な怒りをぶつけたことが何度もあると言った。潜在的な葛藤が始まり、緊張が高まり、たいていは彼が「爆発」して傷つき、さらなる怒りが生じる。そんなとき、フランクとアーリーンはしばらく距離を置いた。数日後、2人はそもそもの問題を解決しないまま和解する。フランクは、「自分たちの間にあった出来事について2人で話すことができない。私は、ストレスに耐え切れなくなると怒りを暴発させる。自分を守ることだけしか考えられない」と語っている。

フランクの否定的認知を調べると、「僕には価値がない」「僕は愛されない」「僕は重要でない」などが浮上した。恐怖と不安感の源をさらに絞るため、漂い戻りを使うと、幼少期の試金石記憶が現れた。フランクが5歳のとき、何の前触れも説明もなく、母親が自分の実家に彼を預けたことがあった。フランクは、その理由も、どのくらい預けられるのかもまったく知らなかった。記憶では、祖母と一緒に玄関に立ち、歩き去っていく母親を見送った。母親は「さよなら」も言わずに歩き去り、車で走り去るときに彼を見ることもなかった。その後、5カ月間、フランクは母に会えなかった。彼の否定的認知は、「僕は役に立たない」で、それを怒り、羞恥心、無力感とともに「腹の中」で感じていた。

祖父母の家に置いて行かれる前、フランクの両親は離婚し、父親が家を出た。フランクにとって、母親が去るのを見るのは耐えられないことだった。玄関の外に立って母親を見送る記憶を初めて再処理したとき、車のドアを閉め、走り去る母親の顔に苦悩と恐怖が見えた。理解と安堵が洪水のように彼を満たし、ついに彼は母親が望んで自分を置いて行ったのではないことを悟った。彼女にはそうしなければならない理由があったのだ。そのセッションのあと、自分を含め、他人に対する受け入れと信頼感は劇的に変化した。彼は、以前より自分自身に満足し、常に愛する人を喜ばせる必要を感じなくなった。頻繁な頭痛、物忘れ、怒りの暴発、苛立ち、悲しみ、不安感は消えた。それま

では食べることで満足感を得ていたが、今はその体重を減らすことに集中できている。これは、糖尿病、高血圧、慢性的な腰痛の緩和に役立つだろう。

今になって思えば、フランクの母親は子どもを信頼できる人に預けたのである。祖父母はフランクを愛した。母親は数カ月間いなくなったが、戻ってきた。彼は、母親が行ってしまう理由や期間を告げずに行ったと思って気に病んでいた。しかし、彼が忘れた可能性もある。母親の表情を忘れたのと同じである。しかし、事実として何が起こったかよりも、それが人間に与えた影響のほうが重要である。5歳のフランクにとっては、それが非常に辛い出来事だったので、未処理の記憶として脳に保存されてしまったのである。その記憶には、母親が去ったときの彼の感情と身体的感覚が伴っていた。多くの子どもは、母親が去ったことで自分を責める。フランクもそれが自分のせいだと思っていた。そのため、祖父母を喜ばせ、祖父母が自分を捨てないようにすることで、再び捨てられる恐怖に対処した。祖父母はフランクから去ることがなかったため、彼は人を喜ばせれば置いて行かれないと強く思い込んだ。母親が戻ってきたときも、彼は同じパターンを続けた。母親が再び去ることはなく、彼は心の中で自分が正しいと思った。こうして、彼の生涯の人間関係の基盤が固まったのである。

彼が否定的認知として表現した古い感情は、幼少期の未処理の記憶に保存されていた。それが50年間も彼を動かし、2回の離婚に結び付いた。多くの人が、彼の不安感と怒りから逃げていった。こうした人間関係の失敗も、記憶ネットワークに保存され、自分が愛されず、価値がなく、重要でないという否定的な自己認識を強化することになった。彼の症状の多くは、何年も続いていた。彼がとうとうセラピストを訪れたのは、頭痛が悪化し、現在の妻を失うことがどうしても怖かったからにすぎない。したがって、すべての人に尋ねたいのは、いったいどれほど惨めになれば行動を起こすのか、である。もし、問題が自分の内にあることを知れば、自分がどこへ行こうと問題がついてくることがわかるはずだ。それが、対処への第一歩である。

自分が自分にストレスを与える

処理は、セラピストの面接室でだけ起こるのではない。日常生活で

も多くのことが起こり、感情や理解の変化を引き起こす。テッドは、1くくりの記憶を処理するのに療法を要したが、あと1くくりのつながりは読書から生じた。彼は手紙で、療法を受けることにしたと私に知らせてきた。

僕は歩くコンピューターにすぎない。体の中に感情はほとんど残っていない。勤務時間は長く、1日18時間にもなることがある。賃金の高い仕事を3つ抱え、1カ月に11,000ドルも家計に入れている。歯ぎしりがひどく、痛みがあったので、最初は歯医者に相談し、次に顎関節医、最後に心理学者に相談した。

テッドは、非常に虐待的な父親のもとで悲惨な子ども時代を送った。彼とセラピストは、重要な試金石記憶のひとつをターゲットとした。テッドは次のように語っている。

驚いたいことに、1セットが終わるごとに、自分が悪くなかったということがどんどん簡単にわかってきた。僕はひとりっ子で、完全に潔白だった。他のやり方のセラピストは、何度も何度もそれを僕の頭に入れようとしたが、入らなかった。今回、EMDRでそれがわかり、僕はついに問題が決着したことでとても安心した。

まだまだEMDRによる処理は必要だった。しかし、テッドの生活のひとつの部分は、自分が自分の不愉快な状態の原因であることを理解しただけで変わった。私の早期の著書のある章を読み、彼は、職場で無能だと思った人に対する自分の反応が、そこに出てくる「ジョナス」という人とまったく同じであることに気付いた。その人は、他人の役に立ちたいと、自分の体験を本のために提供してくれていた。テッドは語っている。

僕は、別の問題が解決したことを発見した。それはジョナスの話だった。僕は今、地域マネージャーだが、一部のスタッフとうまくいっていない。ジョナスの話は図星だった。ジョナスの話は完全に僕のことに思え、彼の言葉さえ、自分もそう言うだろうと思われた……つま

り、無力感とコントロールのなさである。

　ゆっくり読むと、僕のアシスタントのペギーのことが思い浮かんだ。行動がノロくて僕はイライラし、彼女を速く動かせない自分を無力に感じる。しかし、その見方が変わった。読みながらペギーのことを考えると、本当の状況がまざまざと見えてきた。ペギーが仕事をしているとき、僕は彼女をいくつもの方向に引っ張りまわしていた。かわいそうに、彼女の仕事が遅く見えたのも無理はない。僕は、5つの重要な仕事を4つの異なる場所で同時にやらせようとしていたのだ。僕は彼女を堂々巡りさせ、バラバラの方向に引っ張っていた。この滑稽なシナリオに僕は大声で笑い出し、自分が彼女に何をしていたかを理解した。

　僕のストレスは、マネージャーとしての自分の行動に起因していた。僕は彼女に一度に多くの仕事を押し付けていた。これで自分の欠点を発見したので、直すことができる。僕はデスクで仕事をするだけなので、4つか5つの仕事を同時にこなすことができるかもしれない。しかし、他の人が4つも5つもの場所に同時に存在して、そのレベルの成果を上げるのは無理だ。僕はもう無力に感じないし、コントロールがきかないとも思わない。僕は、自分がこの問題の張本人だったと思う。ペギーは前よりよく働くようになったし、僕も彼女を監視して、彼女が多くの場所で速く仕事ができるように引き裂こうなどと思ってはいない。なぜ、そのようなことになったのか、当初の出来事もわかった。父が不可能を要求したのだ。僕はコントロールできないと感じ、ペギーにもそう感じた。今ではそれも解決した。

　テッドのように、世界が「こうあるべき」と非現実的な期待を抱く人は多い。たいていの場合、人間は、自分の基準や世界観が「道理」ではなく、未処理の記憶によって操られていることを知らない。人生におけるストレスに、自分自身のコントロールの問題はどれだけ貢献しているだろうか？　高速道路で遅いドライバーの後ろに来てしまったとき、どうするだろう？　ののしって、イライラするか、それとものんびり考え事をしたり、ラジオを楽しんだりするだろうか？　ストレスを自分で発散できないとしたら、ストレスは何のためにあるのだろう？　確かに人は運転マナーを知るべきだし、制限速度を守るか、

守れないなら脇へ寄るべきだ。私たちは他人にそれを期待するが、もし、その遅い運転手の心が愛する人の死でいっぱいだったら？ 自分の認知力の低下に気付いていない高齢者だったら？ 世界が自分の周りを回っていると思っている自分勝手な人だったら？ 理由が何かはわからない。確かなことは、ストレスが自分のためにならないことだ。それなら、ちょっと自分の感情に目を向けてみよう。自分自身の健康のためを思い、自己コントロールのテクニックを練習して否定的な気持ちを解消するといい。解消されなければ、家に帰ってから漂い戻りのテクニックを使い、理由を突き止める価値がある。

意識を維持する

テッドの体験は、私が本書でこれほど多くの体験談を紹介する理由を示している。読者がその中に、自分自身や愛する人、あるいはうまくいかない相手を見出し、何が人間を動かすのかを理解してもらえれば幸いである。テッドは、「過去に対する主要な武器としてEMDRを使う」ためにセラピストと一緒に処理を続けると語っていた。しかし、学習したEMDR療法のテクニックを利用して自分の問題の原因を理解すれば、それだけで十分な場合もある。

例えばジョリーンは、夫を心から愛していた。それならなぜ、この1週間、彼が質問をする度に怒っていたのか？ ジョリーンとアランは結婚して30年近かった。2人ともソウルメイトを見つけたと感じ、一緒にいるときはいつも愛情を率直に表現しあった。ジョリーンは、アランの腕の中で安心し、満足していたにもかかわらず、何かが奇妙なことに気が付いた。明確な理由もないのに、アランが質問をすると、イライラと噛みつくように答えてしまうのだ。彼女は自分が頼られすぎていると感じ、日が経つにつれて、その気持ちは耐えられないほどになっていた。そして、その感情が生じるといつも「何でも私の仕事なのね！」と思っていることに気付いた。アランは、家事、その他の結婚生活の雑事をジョリーンと公平に分担していたので、ジョリーンの気持ちは筋違いだった。しかし、ジョリーンが深呼吸して気を落ち着けようとし、しばしば謝罪したにもかかわらず、同様の出来事は続いた。

Chapter.1で、私は「バラは赤く、スミレは青い」という詩を引用

した。ジョリーンの反応は「バラは赤い」だった。確かにバラは赤いときもある。ジョリーンは仕事で重要な締め切りを抱えていて、家ではそれを考えないようにしていた。アランの質問が過度の負担に感じられても無理はないのかもしれない。その可能性がなくはない。しかし、彼女の場合、イライラとともに、結婚生活が終わったという絶望的な気持ちがしばしば浮上していた。とにかく「終わった」という感情なのだが、まったく根拠はない。「スミレは決して青くない」と確信したジョリーンは、ついに行動を起こした。

「我慢できない。何でも私の仕事だ」という言葉に漂い戻りを使用し、圧倒されそうな感情に集中しながら、彼女は自分の心を過去に遡らせた。すると、頭を殴りつけるかのように「もちろん！」という言葉が浮かんだ。ジョリーンは1年前、実家に戻り、老人ホームに入る母親の荷物をまとめていた。母親は病院にいて、ジョリーンは出張帰りに病院に立ち寄らなければならなかった。母親に必要なものは、すべて老人ホームに運ばなければならない。近くに兄が住んでいたが、病気で手伝うことができなかった。すべてひとりでやるしかない。疲労に耐えながら、彼女はてんてこ舞いの1週間を過ごした。

彼女は家に帰る前にすべてやり遂げたが、精神的にも身体的にも疲れきっていた。そうしてアランの待つ家に帰ってから、ちょうど1年が経っていた。母親は結局病院を出ることなく、1、2週間後に亡くなった。ジョリーンが「すべて私の仕事」「終わった」と感じたのも不思議ではない。憂うつな出来事の起こった「日付」が、毎年、その出来事に伴う否定的な感情を呼び起こすことは珍しくない。

ジョリーンがストレスの原因を理解すると、すべて元通りになった。記憶の処理はその場で済んだ。否定的な気持ちは消え、アランに怒ることもなくなった。生活は正常に戻った。たったこれだけで済む場合もある。

自己探求

ジョリーンに有利だったのは、生活全般にわたって落ち着いて幸せに過ごせるよう、日常的に自己ケアのテクニックを使っていたことだ。このため、何かがおかしいことに気付き、手を打つことができた。こ

こでもう一度、日常的にできることを振り返ってみよう。

日常的な自己ケア

だれでも、身体の健康と同様、心の健康にも気を配るべきである。多くの研究が、日常的な運動（30分間のウォーキングを週に5日など）と食べ物（青魚やクルミなど）あるいはオメガ3脂肪酸を含むサプリメントが身体に与える効果を実証している。この2つはうつ状態の緩和に役立つことも実証されており、同じ対策が心の健康にも有効であることがわかる。30分間の運動を週に5日、3カ月継続することは、従来の抗うつ剤と同程度の効果があることを示した研究もある。適切な食事と睡眠が身体と心の両方の健康にとって重要であるのと同様、運動とオメガ3を日常生活に取り入れることもお勧めしたい。

すでに学んだ自己コントロールのテクニックも、毎日、実践してほしい。これらは、自分の反応にしっかり目を向けるのに役立つ。否定的な感情状態を速やかに認識し、手に負えないと判断すれば、何をすべきかを決める上でも有効である。安全/穏やかな場所、スパイラル、ペンキ缶、漫画のキャラクター、高圧洗浄機、バタフライハグ（または太腿を交互に叩く）、光の流れ、呼吸のテクニックは、苦痛を除去する手助けとなる。しかし、自分を常に強く維持するには、安全/穏やかな場所のテクニックを日常的に練習し、武器として強化しておくことが重要である。本書の付録Aの「練習表」は、コピーしてチェックリストとして使用してほしい。

自己意識を続けることは、年月が経っても状況が変わらないことを確認する上でも重要である。これには、TICESログの継続的な記録が有効だろう。人生のある時期には成功を支えた個人的な特性が、後で問題を引き起こす可能性もあるからである。例えば、20、30、40代で容易にできたことも、60、70代になるとスタミナや体力不足でできないことがある。重要なのは、失敗したと思わず、身体的な限界を認めることである。しかし、未処理の記憶に動かされている場合、以前は成功に導いてくれた無意識のプロセスが、今度は体に負担をかけることになる。「決して十分ではない。何があっても成功しなければならない」を伴う否定的感情状態の記憶が、身体能力以上に自分を突き動かすとしたら、それはいいことではない。よく考えてみれば、人

生の何らかの時点で、未処理の記憶による「成功の必要性」によって自分が疲弊した経験があるかもしれない。成功するのに心の動揺が必要だろうか？　恐怖を処理して心静かに成功したほうがいいはずだ。また、新しい状況によって、理由もないのに不安になることもある。だからこそEMDR療法では、「再評価段階」を設け、新たに記憶を処理した人が状況にどう適応しているかをチェックする。例えば、ヘザーは、子ども時代の経験から「私には価値がない」「私は成功できない」という否定的思い込みを持っていた。職場での業績は良かったが、人間関係の対立を処理したり、自分を主張したりすることはできなかった。彼女は、セラピストと一緒にその思い込みを伴う否定的な記憶を処理し、「私は良い人間だ」「私には選択肢がある」と感じられるようになった。職場での行動は変化し、業績がさらに向上するとともに、はっきり意見も言えるようになった。

　人々は彼女の仕事ぶりに気が付き、然るべく評価した。ヘザーは、しばらくの間、気分良く過ごした。ところが昇進を言い渡され、ひどく動揺したことに気付いた。なぜだろう？　職場での新しい評価が、「成功しすぎると捨てられる」という信念と否定的な感情を伴う未処理の記憶を刺激したのである。この恐怖はこれまでにはなかった。ヘザーの業績がそれほど良くなかったからである。この恐怖は、彼女が子どものとき、学校で読書感想文の最高評価を取ったときにクラスメートにからかわれたことに起因していた。根底にある記憶が処理されると、彼女は自分の成功を心から喜べるようになった。ちなみに、多くの女性は、「賢すぎると男の子に嫌われるよ」という子ども時代のアドバイスによって否定的な思い込みを持っている。これは多くの文化に共通している。

　ストレスは、意外な原因から生じ、さまざまな形で現れることを覚えておかねばならない。だれでもストレスによって悪影響を受ける。締め切りが多すぎたり、睡眠不足だったり。突然の災難で、一時的に圧倒されてしまうこともある。私たちの仕事は、人間が日常生活にどのように反応するかを観察し、その知識を利用して、否定的な感情に引き込まれたり、「理屈に合わない」と自分を責めたりするのを防ぐことである。しかし実は、単なる因果関係であり、理屈に合っているのである。つまり、多くのことが起こりすぎ、疲れ切っているにすぎ

ない。こうなると、時間とエネルギーの使い方を変える必要があるが、良い選択ができない場合は、自分の内面を見つめることを忘れてはならない。何が、優先順位に従った行動を妨げているのか？ これは長期的なパターンなのか？ 長期的なら、何かを変える必要がある。それが何かを判断するには、人間の外部世界に対する知覚が、記憶ネットワークに結びつき、色付けされていることを思い出そう。その時々の感情は、記憶ネットワークの内容によって影響を受ける。周囲の人間に対する考えも、自分自身に対する考えも、未処理の記憶によって操られている可能性がある。

タイムラインの作成

TICESログを記録し、否定的認知のリストに従って漂い戻りを実行していれば、自分にとって刺激となる出来事やそれに伴う記憶の有用なデータができているはずである。もし、その気があれば、それらの記憶をタイムライン（年表）上に並べ、自分の過去に対する理解を深めてみよう。ノートに新しいセクションを作り、当時の自分の年齢順に記憶を書き写す。年齢、記憶の内容、否定的認知、SUDレベルの順にメモする。出来事と出来事の間には、数行の空白を作っておき、後日、新たに辛い体験をしたり、人生の他の分野を調査したりしていて、他の試金石記憶が出てきたら追加する。タイムライン上に記憶を並べたら、その記憶に影響を受ける度に該当する記憶の横に星印を記入する。これにより、最も大きな影響力を持ち、自分を全般的に動かしている記憶がわかる。

少し時間を取り、心の中で時系列に記憶をたどってみよう。自分にとって非常に不快な子ども時代の記憶が他にもあれば、タイムライン上に追加する。例えば、両親のケンカや、自分が無視、侮辱、拒否された辛い記憶があるだろうか？ その情景を思い浮かべ、4より大きいSUDを身体内で感じる場合は、その数値をタイムラインに記録する。その都度、自己コントロールテクニックを使い、否定的な感情を解消することを忘れてはならない。

これで、タイムラインに目を通せば、自分のさまざまな否定的な反応、感情、思い込みがいつ生じたのかを把握できる。人生において、だれがそれらの問題に拍車をかけたのかも想像がつくだろう。現

在、自分が付き合いにくいと思っている人が、彼らに似ているかどうか考えてみよう。これで、自分が刺激される出来事があったときに自覚を持ち、何らかの対策を取ることができる。日常的な自己ケアにより、自分を観察し、自己コントロールを強化すれば、自分の幸福や満足度に対する集中力も高まる。それは自分自身だけでなく、周囲の人間にとっても重要なことである。

ストレスを軽減する4つのエレメント

だれにとってもストレスは1日の間に蓄積する。自分の過剰な反応に支配されるのではなく、自分の反応を支配できれば、人生が楽になる。したがって、自分をよく観察し、ストレスが自分を支配しそうになったときは、ニュートラルな状態に戻す必要がある。多くの人は仕事に行くことを戦場に行くようだと感じているため、以下に、もともとテロリストの標的にされている地域に住む人々のために考案されたテクニックを紹介しよう。危険な状況により、不安と警戒心のレベルが常に高いため、日常的な利用をお勧めする。この方法は、ストレスレベルの高いすべての人の役に立つだろう。

自分を観察し、不安や恐怖を感じたときにテクニックを利用するのが重要であることはわかっているが、ストレスのかかった状態になるとそれを忘れてしまうことがある。仕事に追われて我を忘れがちな人は、カラフルなブレスレットを着けたり、携帯電話やコンピューターにシールを貼ったり、デスクに写真を置いたりするといい。それが目に付いたら、自分の感情を確認してみよう。不安を感じていたら、SUDレベルを記録する。そして、SUDレベルが下がるまで、以下の4つのテクニックを使用する。「4つのエレメント（大地、空気、水、火）」は、足先から頭まで全身に対応する。

大地［現在/現実において地面に足を着けること、安全］：1、2分の時間を取り、自分が「地に足を着け」て今ここにいると考える。両足を地面に着け、椅子が自分を支えているのを感じる。周囲を見回し、新しいもの3つに注目する。何が見える？　何が聞こえる？

空気［呼吸して集中する］：自分の好きな呼吸法を実践する。4秒間で鼻から息を吸い込み、2秒間止め、4秒間で吐き出してもいい。このようにして12回程度、深く、ゆっくり呼吸する。

水［静かに心を落ち着け、弛緩反応を引き出す］：口の中に唾があるかどうかを確認する。舌を動かし、レモン（またはチョコレート）の味を想像してさらに唾を出す。不安やストレスを感じている時は、「戦うか逃げるか」の緊急事態における反応として消化系が機能を停止し、口が渇くことが多い。したがって、唾を出せば、再び消化系がオンになり、それに伴う弛緩反応が生じる。これは、困難を経験した人に、水やお茶、ガムを薦める習慣を裏付けている。唾が出にくいと感じたら、水を少し飲むといい。

火［想像の道を照らし出す］：安全な場所または肯定的なイメージを思い浮かべる。身体のどこでそれを感じているか？

4つのエレメントすべてを組み合わせれば、**大地**に足を付けて**安全**を感じ、**呼吸**を繰り返しながら**集中**し、**唾**を出しながら**静かに心を落ち着け**、**火**が照らし出す**想像**の世界への道によって自分が**安全**と感じる、または自分を良く思っていたときのイメージを取り戻すことができることを覚えておいてほしい。

読者はすでに、自分のストレスレベルをコントロールするさまざまな方法を知っている。多くの人は、職場や家庭での仕事に集中しすぎるあまり、自分がどれだけ消耗しているかに気付いていない。「自分のことは後でいい」と思いがちである。しかし、ストレスは、人間の免疫系、心臓血管系、その他のシステムに即座に負担をかけ、負担を蓄積させていく。人生は短距離走ではなく、マラソンであると考えてみよう。楽しんで走ることもできるはずなのだ。

失敗から自由へ

未処理の記憶の多くのタイプは、人生における成功を妨げる。その

ような記憶には、子ども時代に由来するものもあるが、問題は、一見、非常にさまざまな体験から生じることがある。例えば、ダーリーンはセラピストを訪れ、自分の上司に対して耐えられないほどの不安を感じると訴えた。彼に目を向けられると（良いことであれ、悪いことであれ）、意志に反して赤面し、冷や汗がにじみ、心臓がドキドキする。彼女の反応は、職務上の業績に多大な悪影響を与え、解雇の可能性もあった。また、その上司は、部下を怒鳴りつけ、他人の面前で恥をかかせるなどの「いじめ」をすることもあった。彼は自分の行動にまったく責任を取らなかった。ダーリーンにとって最も苦痛だったのは、頭では彼が「最低な人間だ」とわかっているのに、自分の身体反応をどうしようもできないことだった。

　問題の原因は、漂い戻りで現れた。ダーリーンが子どものとき、母親が彼女を質問攻めにしていたのだ。母親は、ダーリーンの1日の出来事についてありとあらゆることを質問した。他人が何を言ったか、それに対してダーリーンが何を思い、どう感じたかも知りたがった。ダーリーンは、それをうるさく感じつつ、どうしようもできず、苛立ちを募らせた。しかし、それを止めさせることは絶対に無理だと感じていた。母親は、ダーリーンが止めてくれと頼んでも、延々と質問を続けた。

　記憶を処理する間、ダーリーンはすすり泣き始め、何よりも屈辱を与えられたことが辛かったと語った。母親は、公衆の面前でしばしば過去にダーリーンが言ったことを暴露し、恥をかかせるなどして、多くの状況でダーリーンを不利な立場に置いた。このとき、ダーリーンは叫んだ。「道理で、人に注目されるのが怖かったはずだわ！　良い理由で他人が私に注目しているのに、どうして怖がっていたのか、やっとわかった！　私はいつも次に悪いことが起こるのではないかと思っていた。ひょっとして次の瞬間には恥をかくのではないかって。これが原因だったなんて信じられない！」

　ダーリーンの不安は過度に干渉的な親に原因があったが、ライアンの場合は逆だった。彼は、子どものとき、両親からかなり無視されていた。彼はセラピストを訪れ、キャリア上の選択ができないと訴えた。彼は上司の評価を極度に恐れ、上司が常に自分のミスを探していると感じていた。抗うつ剤は役に立たず、ライアンの気分は悪化の一途だ

った。これは、裕福な家庭に生まれたからといって、精神的な健康が保証されるわけではない例である。ライアンの両親は金銭的に豊かで、ライアンは使用人の手で育てられた。ライアンは見捨てられたと感じ、両親に注目される価値がないのだと思った。時には父親とゲームをすることもあったが、ライアンは決して勝たせてもらえなかった。

両親に温かい目を向けてもらえなかったことで、ライアンは自分のほしいものを得られないと考えるようになった。成人後の感情を言葉にした否定的認知は、「私には価値がない。仕事で成功できない」だった。記憶の処理中、彼は、臍(へそ)のあたりが「岩のように」固くなっていると表現した。さらに処理すると、その岩は「土台のような」滑らかで温かいものに変化した。ライアンはそれを「強さと魂の象徴」と呼んだ。彼の肯定的認知は、「私は自分で達成できる。自分は大丈夫だ」になった。

結論的に、現在、自分を抑制しているものの原因は、子ども時代の基本的な体験にある場合がある。しかし、手助けがあれば、それは新しい健康の源に変えることができる。業績上の不安の原因は、キャンプで演じた劇での失敗、褒めたことのない両親、あるいはまったく予想外のものにあるかもしれない。例えばセールスマンのショーンは、「自分は十分ではない」という否定的認知を持ち、異常なまでに完璧主義だった。販売のプレゼンであれ、ゴルフであれ、人前で何かしなければならないときには不安を感じ、自分では不合理なことと思っていた。ショーンの場合、十分な知識とスキルを持っているのに、過度の不安が成功のチャンスを妨げていた。

職場での最近の状況と、「自分は十分ではない」という否定的認知に注目し、彼のセラピストは漂い戻りを行った。するとショーンは、演劇の授業での発表、そして始まる前の不安、終わった後の安堵を思い出した。処理を進めると、盛大な拍手喝采を受けたことも思い出した。この発表について、ショーンの脳に保存されていた未処理の記憶には、すばらしい結果を出したという情報がなかったのである。記憶の処理により、ショーンは今後のイベントに対処できる自信を得た。発表のことを考えると、今では不安や恐怖よりも、興奮を感じている。

自己ケア

プレゼンテーションに不安を感じる人は、自分で不安を興奮に変えることができるかもしれない。多くの人は、試練に直面したときの身体反応を誤解し、不安を感じることが必要だと考えている。すなわち、人間の脳は、あるレベルの覚醒状態で試練に備える。パフォーマンスに関する研究では、作業によって最適な覚醒レベルがあることが実証されている。しかし、緊張をどのように考え、対処するかが、成功と失敗を分けることがある。一部のスポーツ心理学者は、覚醒、不安、緊張などの代わりに「集中」という言葉を使い、前述の言葉の持つマイナスのイメージを避けている。適切なレベルの集中を感じるには、プラスの貢献ができたときの喜びを想像するなど、多くの方法がある。

できる限り、自分がやろうとすることの肯定的な面に目を向けよう。呼吸のテクニックでも、覚醒の強度を調節できる場合がある。口を笑った状態にしたり、姿勢を変えたりすることも、不安を興奮に変えるのに役立つ。スーパーヒーローがプレゼンテーションをすることを想像してみよう。自分をイメージの中に置き、同じ姿勢を取ってみる。負けたと感じると肩が下がり、姿勢が崩れるのと逆に、意図的に胸を張り、背筋を伸ばし、顎を上げて笑えば、不安を払う上で有効である。

さらに、最近の出来事、記憶、否定的認知を記録した試金石リストを見直そう。自分がどの否定的認知を持っているかに注意する。仕事の業績についてなら、「私は能力がない」「私は十分でない」「私は対処できない」「私はミスをしてはならない」などが考えられる。否定的認知のリストを見て、自分の職場での感情に最も近いものを選んでみよう。それが決まったら、本書で学習したテクニックを使って感じ方を変えてみよう。安全／穏やかな場所をよく練習し、必要なときに肯定的な感情を取り戻せるようにすることも重要である。

自己ケアは大切である。常に「私は十分でない」と感じるなら、自分に価値があると感じる記憶に日常的にアクセスする必要がある。「私は失敗する」とよく感じるなら、成功した記憶を思い起こせるようにしておこう。それらの肯定的な記憶を味わい、感情を思い出し、楽しむのである。繰り返すが、身体にも注意してほしい。肯定的な記憶を思い出すとき、自分の呼吸、姿勢、頭の向きはどうなっているだろう

か。不安になったときは、呼吸や姿勢を肯定的な状態と同じに変えるといい。日常的に練習しておけば、必要なときに、肯定的な感情、思考、身体的な感覚を取り出しやすい。

勝つことを学ぶ

　ほとんどの人は、自分がすばらしい成果を出せると感じることを望んでいる。しかし、自信と平常心を持って何かをすることと、やる気があることは別物である。例えばスペンサーは、中年で、離婚して2人の息子があり、理学療法士として働いている。彼は、交際中の女性に勧められ、仕事中毒を治すためにEMDRセラピストを訪れた。彼は、生活費を心配し、働き過ぎているせいで、ときどき怒りを爆発させることを自覚していた。彼は、それが離婚の原因だったことも認識し、現在の関係を壊したくないと考えていた。スペンサーは、「私は完璧でなければならない」という否定的認知が、自分の父親と祖父から生じていることを発見した。2人に「努力し、何事も完璧にやれ」と言い聞かせられたのである。処理のターゲットには、スペンサーが6年生のとき、母親と一緒に算数を勉強していて、問題が理解できずにかんしゃくを起こしたときの記憶があった。その記憶を1セッションで無事に処理すると、「できるのは、全力を尽くすこと、そして、他はすべてを視野に入れることである」という肯定的な思考が自然に生じた。

センタリングテクニック
　広い視野を持つことには、最高の結果を出すために、必ずしも否定的な不安や恐怖が必要ないという認識も含まれる。自分のしていることを単に楽しめばいい。リラックスすることは、ストレスよりはるかにいい準備である。安全/穏やかな場所、呼吸シフトのテクニックのほかにも、多くのアスリート、パフォーマー、ビジネスエグゼクティブが多様なセンタリングテクニックを習得している。
　「センタリング」する方法は数多くある。最良の方法のひとつは、呼吸に意識を向けることである。以下の説明を読み、やってみてほしい。

自分の内面を見つめ、呼吸に意識を向ける。必ず鼻でゆっくり呼吸する。冷たい空気が鼻孔を通り、喉の奥に当たることを意識する。自分の気管が、胃につながるガラス管だと想像する。ゆっくりと息を吸い込み、胃が広がることに注意する。吐き出すときは、温められた空気がガラス管を通ることを意識する。顎の力を抜き、口から息を吐き、温かい空気が舌と上顎を乾かしていることに注意する。数回繰り返し、肯定的な感じが高まるのを待つ。

成功のリハーサル

研究によれば、本番の前に心の中でリハーサルをすることは極めて有効である。例えば、バスケットボールの試合の前にフリースローシュートの成功をイメージすることは、身体的な練習だけのときより、良い成績に結び付くことが実証されている。オリンピック選手でさえ、イメージトレーニングによって自分の反応を微調整する。米国のオリンピックトレーニングセンターで行った調査では、選手の90％が競技の前にイメージを利用していた。また、調査に参加したオリンピックコーチの94％が、トレーニングプログラムにイメージを取り入れていると回答した。パーソナルコーチも、幅広い職業のクライアントに対してイメージトレーニングを指導している。だれでも、想像力を意識的に使えば、仕事や趣味のパフォーマンスを高めることが可能である。

研究によれば、人間が過去の行動を意識的に思い出すときと、それを将来実行することを想像するときとでは、脳の同じ領域が活性化している。すでに述べてきたが、未処理の過去の記憶は、現在に対する考え方や想像する将来の行動にまで影響を与えてしまうことになる。このため、完全なEMDR療法は、問題の根源にある過去の記憶を処理する、現在の刺激を処理する、将来の成功を想像することで新しい記憶を植え付ける、という3つの段階で構成される。処理を通じて、不快な記憶は学習体験へと変わり、精神的健康の基礎となる。療法を受けた人は、処理の後、世界に対して自動的に新しい肯定的な反応を示すようになる。それでも私たちは、「未来の鋳型」と呼ばれる第3のステップで、さらなるスキルの習得を助け、将来の成功に向けて記憶システムにパターンを組み込むことにしている。

未処理の記憶が新しい肯定的な記憶の組み込みを妨げないよう、EMDR療法は、一般にこの順序（過去、現在、未来）で行う。例えば、アスリートが自信喪失、意欲減退、成績に対する不安に対処するには、過去の怪我や失敗の記憶を処理する必要があるかもしれない。本書では未来の鋳型を作るための手順を紹介しているので、自宅でも利用してほしい。障害となっている未処理の記憶がなければ、同じ手順を使って、将来の社会的状況や面接に備えたり、ビジネスやスポーツの成績向上に役立てたりしてもいい。

　不安に思う未来の出来事がある場合は、手順の途中で、それを楽しく、上首尾に完了する自分を想像してほしい。たとえ、成功する結末が想像しにくくても、この練習は重要な情報を与えてくれる。何らかの壁に突き当たったら、目を開け、呼吸テクニックを利用してニュートラルに戻ろう。そこに否定的認知があれば、明確にする。感情スキャンまたは漂い戻りのテクニックを使って、干渉している未処理の記憶を特定することも検討しよう。試金石リストに追加すべき記憶があるかどうかも確認する。未処理の記憶に自分が動かされていると思ったら、安全／穏やかな場所を強化し、対処できるかどうか試みる。対処できないようなら、EMDRを学んだセラピストに記憶の処理を依頼したほうがいいかもしれない。

　まず、対処したい将来の状況を明確にする。現実的に考えよう。成功するために必要な情報は持っているだろうか？　テストの勉強はしただろうか？　プレゼンテーションの資料の準備はできているか？　演技のセリフは覚えているか？　できていないなら、まず何が原因で覚えられないのかを判断しよう。準備ができていないのに成功を想像するのは、現実的に無理である。ぐずぐずしているなら、漂い戻りか感情スキャンのテクニックで未処理の記憶を特定してほしい。原因がわかれば、その影響も和らぐ。自己コントロールのテクニックを使用して不安に対処してみよう。未来の鋳型を使用して、準備を無事に終了する自分を想像してもいい。まず、周囲に気を散らすものがあれば片付けよう。以下の手順に集中し、干渉するものがあれば後で対処することにしてほしい。

未来の鋳型

1. 体の力を抜き、何度か深呼吸する。気が散るようなら、もう一度深呼吸してこのエクササイズに集中する。
2. 対処したい未来の状況を思い浮かべる。
3. その状況で、見たい、感じたい、したい、考えたいことを決める。
4. 安全／穏やかな場所のテクニックで、自分が過去に成功した体験を見つけ、感じたい感情を引き出す。
5. 「私は成功できる」という肯定的認知を呼び覚ます。強さ、明確さ、自信、冷静さなど、肯定的な感情に集中する。
6. 将来の状況で、うまくやっているイメージを想像する。それに伴う肯定的な感情と身体的感覚を味わう。この感覚は、身体的に想像に入り込むことで強化される。自分が誇らしさと自信を感じる姿勢に体を動かしてみよう。
7. その状況に最初から最後までうまく対処する様子を、映画のように思い浮かべる。映画には必ず、始まり、中間部、終わりを設ける。自分が何を見て、何を考え、感じ、体験しているかに注意する。少なくとも3回は映画を再生し、肯定的な感情と感覚を楽しむ。
8. プレゼンテーションに使用する機器の故障など、いくつかのハプニングが起こり、自信を持って冷静に対処する自分を想像する。良い結末に到達するまで映画を流す。

セッションの最後には、必ず成功という肯定的なイメージに戻るようにする。実際のパフォーマンスの前に新たな課題が生じた場合は、それに上手に対処する新しい映画を作る。これは、成功の記憶パターンを作るのに役立つ。実際の状況で不安に陥った場合は、自己コントロールテクニックを使う。だれでも一時的に不安になることはある。優秀なビジネスマン、アスリート、パフォーマーにとって重要なのは、それに対処する方法を知ることである。

生き残りから成功へ

心理療法を受けることは、まるで自分の弱みを見せる、恥ずかしいことのように思われる場合がある。私は、個人的に勇気の証だと考え

ている。何百万もの人が傷つき、それでも前へ進もうとしている。嫌な人間関係や仕事に対処しようと、一歩、一歩、歩んでいる。正当な理由があることも多い。他人を傷つけたくない、自分には責任がある、人を失望させたくないなど。心理療法は、自分の恐怖に立ち向かう勇気ある人たちに、人生における新しいチャンスを与える。彼らの人生は、他のだれの人生にも劣らず重要なのである。「自分を愛するように隣人を愛せ」とは、自分自身も愛していいことを意味する。しかし、それは自分の意志でやってみる必要がある。失敗に対する恐れは、記憶ネットワークに残っている自分の望まない恐怖、その恐怖が植え付けられた時点では自分で防ぐことができなかった恐怖に起因する。しかし、それを解消するチャンスはある。

　私は、治癒を行うのが本人の脳であることも強調したい。脳の情報処理システムが止まってしまったら、人の助けを借りて再び動かせばいい。例えばジャンヌは、予定されている昇進に不安を感じるとセラピストに訴えた。昇進後は、250人の部下を監督し、指示を下さねばならない。最初の生育歴・病歴聴取で、彼女は「過去に特に大きな出来事はない」と言った。そこでセラピストは、安全な場所のテクニックを教え、次のセッションでジャンヌの不安と「私はどうでもいい」という感情をターゲットとした。試金石記憶を見つけることが目的だったが、ジャンヌは「この気持ちは常にあった」と主張した。そこで、昇進後に予定されている最初のプレゼンテーションに注目した。否定的認知は「私はどうでもいい」で、恐怖と恥ずかしい気持ちが伴っていた。それは非常にひどく、SUDが9の否定的な感情が喉と胸にあった。

　セラピストが処理を導くと、今度はジャンヌの心が適切なつながりを見つけることができた。彼女は3歳で、母親の膝の上でおしゃべりをしていた。そこへ義理の父親が入ってきて、ジャンヌを母親の膝から下ろして床に座らせ、母親と話し始めた。ジャンヌは正しかった。「私はどうでもいい」という感情は、ずいぶん昔からあったことになる。次の記憶は、彼女が7歳のときのことだった。ジャンヌは引っ越して新しい学校に転入したが、運動場で他の子どもたちに、太っていて醜いと言われた。適応的記憶ネットワークからの情報がつながると、彼女は、自分の義父が親としての知識を持たず、子どもたちはいつものように転校生をからかっただけだと悟った。また、7歳の自分がどれ

ほど価値のある子どもだったかを思い描き、両親の愛情を感じ、自分に対する新しい感覚を持つことができた。その後、彼女とセラピストが昇進後のプレゼンテーションをターゲットとした結果、未来の鋳型中の肯定的認知「私は重要である」は完全に真実と感じられるようになった。

ジャンヌは翌週の予約をしたが、後でセラピストにキャンセルの電話をした。「プレゼンテーションは大成功だった！　何の問題もなかった。すばらしかった！　ありがとう。もう次のセッションは必要ない。もし、今後、必要になったら連絡する」とのことだった。

ここでの結論は、セラピストはコーチのようなものだということだ。クライエントを指導し、本人のシステムに引き継がせる方法を知っている。後は、クライエントが自分で処理を進めていくだけだ。未処理の記憶が能力を発揮する妨げになっていると感じたら、セラピストの利用を検討してほしい。療法にかかる時間は、処理に必要な準備、処理する記憶の数、必要な「新しい学習」の量によって決まる。可能性を探ることに関心を持つ読者は、付録Bに挙げたセラピストの選択に関する資料とガイドラインを参照されたい。

人生の成功において重要なのは、単にストレスや苦しみの軽減ではない。あらゆる分野に生きがいや幸福感を見出すこともそうである。否定的な未処理の記憶は、人生全体を触手で絡め取り、可能性の上限を引き下げてしまう。行き詰まりを感じる分野を特定し、学習したテクニックを利用することは、自分の人生を好きな方向に動かす上で有効である。だれでも、生活のバランスが取れ、不安や憂うつが比較的少ないときのほうが、容易に成果を出せることを知っている。だから、本章でパフォーマンス向上に役立つ対策を紹介したのである。

スポーツのエリート選手に協力してみると、常に良い成績を出すためには、才能と能力以上のものが必要であることがわかる。やる気を維持し、ストレスと不安を抑えるには、ここで紹介した集中やイメージトレーニングを含め、極めて信頼性の高いメンタルトレーニングを利用できる。例えばカイルは、全米レベルの高校生アスリートだったが、自信と意欲の減退を訴えてセラピストを訪れた。彼は、怪我のほか、強力な敵、親のコメント、コーチの失望した顔など、動揺した記憶を処理した。彼が試合に集中できるよう、本書で紹介したものを

含め、多数のテクニックと未来の鋳型が使用された。カイルは卒業後、NCAAディビジョンⅠ上位チームに属する一流大学への奨学金を得た。彼は、「これはスポーツのためだけではないだろう？ 成績も初めてオールAだった！」と語った。それまで、レベルの高いカトリック系の高校で、学習障害と闘っていたのだ。

　人生を思い通りにするのに、年齢が低すぎることも、高すぎることもないのである。

Chapter. 11
現実に役立てる

　以前、雪の積もったスポケーンの坂道を上っているとき、誤ってギアがニュートラルに入ってしまった。急に止まったので、後続車が急ハンドルで私の車を避けた。後続車のドライバーは拳を振り、怒りをあらわにした。前に出た彼の車のバンパーには「世界平和を実現しよう」と書かれたステッカーが貼ってあった。平和はどこから始まるというのだろう？　それともあれは妻の車だったのだろうか？

　上記は、1年ほど前に私が同僚から受け取ったメールの抜粋である。このエピソードは、人間の状態を端的に示している。何かを目指しているのに、感情がなかなか伴っていない。だれでも、感情の「浮き沈み」あるいは「明暗」などと呼ばれるものを持っている。自分がなりたいと思う人間になれず、世界が自分の思うような世界にならないことは、決して珍しくない。したがって、日常的な反応が、最終的には、人生から得られる幸福やストレスの量を決める。だからこそ、自己意識、あるいは精神的、身体的健康への取り組みが重要なのである。

　本書ではすでに、自分をよく理解し、自分に対処する方法について述べてきた。本章では、人間が文化や社会からどのような影響を受けるかを検討する。また、だれもが遅かれ早かれ直面する重要な試練についても扱う。そのような試練は、自己探求のチャンスであり、自分や身近な人が現在闘っている問題を説明するのに役立つ可能性がある。個人的な満足度を高める新しい道を開く自己ケアの方法も、いくつか紹介したい。私たちの人生における選択は、自分自身だけでなく、周囲の人間にも重要な影響を与えることがある。一人ひとりは、自分が思うより重要なのかもしれない。

人間のつながり

　私は、本書の Chapter.1 で、答を探すことは、責任をなすりつけることではない、理解することだと述べた。子どものときに陥ってしまったパターンについて、自分を責めることはできない。確かに現在の自分の形成には両親が大きく寄与しているが、両親も自身の経験によって形成されている。したがって、自分の行動の責任は自分にあるが、その根源を完全に理解するには、何世代も遡る必要がある場合が多い。また、他人に対する特定の見方が「遺伝」し、それが一般的な感覚とは異なっている場合もある。自分と自分の人生について最善の選択をしようとするなら、暗く隠れた部分をすべて検討し、視界から漏れているものがないかどうか、調べる必要がある。

一族の流れを絶つ

　だれでも、何らかの形で個人的、家族的、社会的な過去を乗り越えることができる。苦悩を乗り越え、古い記憶に引きずられることなく、人生を最大限に楽しむことができる。その一例がヘレーネである。彼女の人生は2本の糸の絡み合いであり、容赦なく襲いかかる障害物と発作的な自己破壊に彩られている。彼女は、大学の学費全額を奨学金でまかない、社会学の学位と薬物乱用の兆候の両方を持って卒業した。卒業後は、昼間は複数の障害を持つ子どもたちのカウンセラーを務め、夜はバーテンダー兼ドラッグディーラーとして働いた。27歳のときには、薬物依存症治療センターに入所した。その直前、友人のひとりは自殺し、もうひとりは麻薬がらみの事件で殺された。彼女は自分にも危険を感じていた。麻薬のために、仕事、アパート、人生の自由を失うのは時間の問題だった。

　リハビリセンターを出た後、彼女は麻薬から離れることができたが、うつ状態と不安の波に襲われた。何年も誤診、治療の失敗、絶望感に苦しんだ後、彼女は PTSD の診断を受け、いくつか検査を受けた後、EMDR 療法を開始した。その時点で、彼女は中毒の根本的原因を理解し始めた。彼女は子どものとき、しばしば両親から引き離され、アルコール依存症の親戚に預けられた。そしてその間に、叔母のジャンとその兄弟に身体的および性的な虐待を受けた。ジャンが一族を「恐怖

に陥れている」ことは周知の事実だったが、だれも手を下そうとはしなかった。一族全体を重い否認と沈黙が覆っていた。ヘレーネは、多大な困難があったにもかかわらず、それらの体験による苦痛を乗り越え、3年間で問題を解決することができた。しかし5年後、彼女は別の目的で療法を再開した。

　ヘレーネは、有能で働き者だったが、ある分野で引き続き問題を抱えていた。治療を終えて以来、家族の中で唯一、麻薬やアルコールに依存しない健全な人間として、疎外感を感じていたのだ。彼女の家族はなぜ破滅への道をたどるのだろう？　彼女は、一族の他の子どもたちが自分と同じ目に遭うのを見た。いったいどうすればよかったのだろう？　彼女は、一部の家族がそんな残酷なことをする理由を理解したいと思った。そして彼らの過去を調べ、セラピストに一緒に考えてほしいと頼んだ。セラピストとヘレーネが、ヘレーネの心に生じる感情をターゲットとしたところ、ヘレーネは2つの方向に引き裂かれていた。彼女は絶望的な家族を止められない無力感、そして自分だけ「良くなる」ことへの「生存者の罪悪感（サバイバーズ・ギルト）」を持っていた。彼女は、家族の過去と、その中における自分の役割を理解すれば、安心とバランス感覚を得られると感じていた。

　彼女は、母方の叔母、ジャンから始めた。ヘレーネが子ども時代の大半を一緒に過ごし、最も被害を受けた女性である。ジャンの過去を調べてみると、不適切な時代に不適切な文化に生まれたことがわかった。叔母は「はみ出し者」だった。知性豊かで、明らかに男性的なレズビアンだったが、周囲はそうでないことを要求したのだ。彼女が望んだ職業やライフスタイルには、永久に手が届かないように思えた。家族も文化も、彼女がなりえない人間になることを求めた。過小評価され、無視された彼女は、怒りでいっぱいだった。

　嘘をつきながら生きることには犠牲が伴う。しかし、痛みが暴力に変わるには、さらなる要因が必要である。ジャンの場合、それは子ども時代の虐待と放棄だった。父親は週に6日、1日に14時間働き、母親は子どもたちの面倒を見切れず、ジャンに不満をぶつけた。ジャンの母親、つまりヘレーネの母方の祖母は、ドイツからの移民で、受け入れてくれない文化に溶け込もうと必死だった。彼女は強い意志と価値観を持っていたが、自身の夢ではなく夫の夢に従うよう、周囲に

強制されていると感じていた。彼女はその苦痛からアルコールに頼り、それでも足りなければ子どもたちに暴力をふるった。しかも、当時は女性のアルコール依存症に対する偏見が非常に強く、治療の選択肢はほとんどなかった。ヘレーネの叔母、ジャンは、母親が一族から恥と見なされ、秘密にされたまま、アルコール依存症で徐々に死ぬのを見た。ジャンは、女性の価値を認めず、女性の声も聞かない文化の中で、しかも他人と違うことが許容されず、何の助けも得られない時代に、溺れ死ぬ女性に育てられたも同然だった。

ヘレーネは、同じアルコール依存と絶望感を父方の家族にも見つけた。父方の祖母はネイティブアメリカンだった。彼女は、人種差別を受けた多くの経験から、自分の出自をかたくなに隠した。それは深く隠された「一族の秘密」であり、ヘレーネがすべてを明らかにすることはできなかった。

ヘレーネは、家族の歴史を調べることで、何世代にも流れる毒、すなわち恥というものを深く理解できるようになった。また、人種差別、人間恐怖症、性差別など、抑圧の醜い姿を正面から見つめることもできるようになった。今では、自分の過去と家族の過去に納得ができ、その知識が前進する力となっている。彼女は2回目の治療で、自分にできることを知った。彼女は、麻薬やアルコールと無縁な安全な大人として、自分の兄弟姉妹の子どもたちに手本を示し、必要であれば指導や保護を与える立場になった。また、自分の職業を通じて、抑圧された人々を支援するようになった。

彼女の言葉を引用しよう。

私は、自分の生まれた環境、肌の色、その他の特権のおかげで、自分の過去を処理し、乗り越えることができた。私の苦しみが私を導いてくれた。私は法律を破り、自分と他人を傷つけ、もっと大きな損害を与える可能性も持っていた。癒されない痛みは、同じ痛みを生み続ける。私は、自分の過去の出来事すべてに納得しているわけではないが、前に進むことはできる。叔母のジャンの苦しみに対する理解は深まったが、完全に明白ではない。彼女の過去をすべて知ることはできないからだ。私は叔母や他の家族を許す。それは自分を解放するためだが、許したからと言って、自分の人生に虐待的な人々を歓迎するわ

けではない。だれでも、自分の痛みに対処する方法に選択肢を持っていて、もっとうまく対処する道もあったはずだ。今では、自分のトラウマが、何世代にもわたる憎悪、苦しみ、誤解の結果であり、単に私と私の家族だけの問題ではないことを知っている。私は、自分が回復する機会を得たことに感謝しているが、回復できない人もいることには納得できない。世界中で、このような苦しみが永続していることにも納得できない。それをなくすために、自分のできるだけのことをしようと思う。

一人ひとりが家族の過去を見つめたとき、抑圧、戦争、その他の不可抗力によって虐待され、移動させられ、影響された人間を見出す人は少なくないだろう。それは、それらが単なる抽象的な概念ではないという理解につながる。むしろ、私たちの祖先、そして現在の自分を形成する体験なのである。現在に至るまで、多くの人が、性別、国籍、宗教、性的志向のために拒絶され、暴力の対象となっている。ここから、自分自身の中の破壊的なパターンを克服するために、自分の人生で何ができるだろうかという疑問が生じる。自分のためだけでなく、将来の世代のためにである。

兄弟姉妹、それとも？

背が低い、背が高い、痩せている、太っている、眼鏡をかけている、障害がある、クラスのトップまたは最下位である、などの理由で、学校でいじめられたり、仲間外れにされたりしたことのある人は、逃げ道のない孤独な気持ちを理解できるだろう。悪口やからかいは、自信を打ち砕き、何年も終わることのない悲しみを引き起こす。権力のある大人が、肌の色、宗教、性別、文化など、人と異なる部分に否定的なコメントをすることが正当だと思っている場合は、さらにひどい事態になる。テクノロジーによって世界が狭くなったようでも、日常的なニュースや終わりのない戦争が、「他人」への恐怖感を与え続けている。ここでも解決策は、恐怖を与える側、受け取る側の人間の心の中にある。結論として、世界を変えるには、内側から変化を始める必要があるのだ。

ケイトは、無理やり療法を受けさせられた。ケイトは受けたくなか

った。特に、ドアを入ってきた背の低い金髪の女性からは。いったい彼女が自分のために何ができるっていうの？　しかし、ケイトに選択肢はなかった。ケイトは20年間にわたって部門の管理職を務め、高い評価を受けていた。彼女は、その役職まで昇進した最初のアフリカ系アメリカ人だった。しかし、現在、その多国籍企業の本社は、その役職の全員が所定の試験に合格することを要求し、ケイトは2回失敗していた。会社は、ケイトにこのセラピストを指名し、ケイトは断ることができなかった。ケイトは、業績に対する不安に自分で対処することができず、もしこのセラピストの措置を断れば、上司は激怒するだろう。ケイトは、セラピストのテリーをにらみつけたが、逃げることはできなかった。ケイトは、自分がセラピストと一緒に部屋に閉じ込められたと感じていること、それが気に入らないことを隠せなかった。

　テリーは、ケイトを理解し、同情していると言った。そして、あまり時間がないので、試験合格を妨げている可能性のあるものに集中すると説明した。安全な場所の練習を少しした後、テリーはケイトに、「部屋に閉じ込められた」という感情に集中するよう指示した。「私は閉じ込められている」という否定的認知と、それに伴う怒りの感情が明確になると、2人は処理を始めた。まもなくテーマは「私はあなたを信用しない！」に変わった。テリーは「それに気づきながら」と言い、眼球運動を続けた。すると、彼女がこれまでに受けた差別のイメージや情景が現れた。それはどんどん時間を遡り、ケイトはためらわずに怒りを言葉にした。彼女は、現在に至るまでに、それほど多くの侮辱に耐え、障害を乗り越えなければならなかったことに驚いた。また、学校の先生がテリーのように自分を座らせていたことを思い出した。「あなたはあの先生みたい。大嫌いだわ」とケイトは言った。それなら道理がある。テリーは「それに気づきながら」と言った。

　ケイトは、バカと呼ばれ、決して何にもなれない、家を掃除するのがせいぜいだと言われたことを思い出した。処理はその後5時間続き、最後にはSUDがゼロになるとともに、「私には選択肢がある」が完全に真実だと感じられるようになった。ケイトは前の週、適切に勉強したことがなく、事前に情報を持ってもいないのに試験を受けたことを悟った。彼女は失敗すると自覚していた。しかし、今回は違う。彼女

は不安を持たず、自信を持って次の試験勉強を始め、合格した。また、他の社員に進んでテリーを紹介した。ケイトはテリーと対等な立場で人を助けていると感じるようになっていた。

自己探求

偏見から生まれる痛みや怒りは、常に二車線道路である。人を迫害したり、見下したりするとき、社会にとっては、彼らによる将来的なプラスの貢献を切り捨てることになる。また、人に恐怖や怒りを持って反応すると、その気持ちは他人にも植え付けられる。問題は、自分が解決策の一部となりたいのか、問題の一部となりたいのか、である。自分が傷ついている、あるいは人を傷つけている状況を特定してみよう。自分が抱いている怒り、恐怖、恥、痛みを探し、それがどこから生じているのか漂い戻りを利用して突き止める。本書で学んだ自己コントロールのテクニックで、自分の反応を変えることができるかどうか試してみよう。痛みにきちんと対処していない場合、人間は、自分あるいは他人に、残酷、批判的、虐待的になることがある。

安全だと感じている人は、恐怖によって動かされない。ある集団のひとりが自分を傷つけたからといって、あるいは他人がそうすべきだと言ったからといって、集団全体を色眼鏡で見ることはない。

人間はだれでも「ホーンズ効果」に弱い。これは、ある人が自分の嫌いな特徴をひとつ持っているのを見て、他にも良くない性質を数多く持っていると思い込むことである。ある人にひとつ良いところがあるのを見て、その人が他にもさまざまな長所を備えていると思う「ハロー効果」の逆である。偏見が目を曇らせてしまうと、人の良いところは何も見えなくなる。他人をありのままに見るには、自分の欠点も進んで認め、それらに対処する必要がある。

ほとんどの人は、「汝の隣人を愛せ」という言葉を聞いたことがあるだろう。しかし、家族や個人として、私たちはコミュニティの中で孤立することが増えている。とにかく他人を知ることも、いい出発点かもしれない。他人を知れば、自分が人類という大きな家族、すなわち、さまざまな形、色、信条、ライフスタイルの選択肢を持つ大家族の一員であることを理解できる。違いに対する恐怖や軽蔑が心に忍び寄ってきたら、静かに自分に尋ねよう。どこでそんなことを習った？

それが本当に自分のためか？ その気持ちを軽減するために何ができるか？ その不信は他人の話に起因するのか、それとも自分自身が傷ついた体験か？ 自分が人と違う、あるいは疎外されているという感情の出所を特定しても変わらない場合、そのままの状態が自分にとって有利か？ そうでないなら記憶の処理を検討しよう。

最終的に、私たちには選択の自由がある。だれもがケイトのように、だれかに踊らされている可能性がある。彼女は、自分が体験してきた差別によって、自分を傷つけてきた人種の人間に対して同様に偏見を持つようになった。しかし、記憶を処理すると、他人に対する怒りが消え、自分のシステムから毒が出ていった。そして、これまで以上のレベルに達することが可能になったのである。

すばらしい平衡装置

人間は、多くの点で異なっているが、それ以上に類似点を持っている。そして全員に共通の問題は、病気と死の2つである。だれでもいつかは、愛する者の死に直面する。それにどのように対処するかは、ある程度、記憶のつながりによって決定される。人によっては、嘆きが時間とともに減るのではなく、悲しみが未処理の記憶にリンクして強いまま残る場合がある。

世界は灰色

ジェーンは、50代で夫のマイクを失い、それから約6カ月でセラピストを訪れた。彼女は機能していた。働き、夫の仕事の片付けをしていたが、心の中では悲しみから出られないと感じていた。うつ状態になり、人生からすべての色が抜けてしまったように思えた。それは、時間が経っても改善しなかった。皆がいずれ楽になると言ったが、彼らが何カ月もそう言い続けても、何も変わらなかった。彼女は泣くことができず、すべてが閉塞しているように感じた。彼女の否定的認知は「私は無力である。私は決して前進できない」だった。

EMDR療法でマイクの死をターゲットとしたところ、再処理の途中、ジェーンは子どものときに母親を癌で失ったことを自然に考えていた。母親は、亡くなる前、「あなたは強くならなければいけない」と言った。

そのときにすでに、2人とも母親の死を予感していた。ジェーンにとってこれは、ハッとした瞬間だった。自分が母親の教えを忠実に守っていたことを悟ったのである。ジェーンはわずか9歳だったが、父親のためにそこにいなければならないと感じていた。そして母親の死後も、悲しむことを拒んだ。悲しみや喪失感は弱さの兆候として、抑え込んでいた。

この記憶を処理すると、ジェーンは自由に自分の感情を体験することができるようになった。そして、母親の言葉が嘆いてはいけないという意味ではないことを理解した。母親は単に、娘に無事でいてほしかったのだ。ジェーンは突然、自分が自由に感情を持ち、心の内に閉じ込めた悲しみを出していいことを悟った。彼女はセラピストに「もう私は悲しんで、前に進める」と言った。彼女は、それが普通であることを理解した。感じてもかまわないのである。彼女はマイクのために泣き、やっと母親のためにも泣いた。安心し、重荷を下ろしたと感じたジェーンは、嘆きのプロセスを穏やかに進めることができた。そして、母親や夫との幸せな記憶に慰められた。

愛する人を失った多くの人は、悲しみに閉じ込められたと感じ、恐ろしいイメージに繰り返し心を痛める。特に、だれかが突然に亡くなった場合は、自分がもっと早く「やるべきだった」ことや「言うべきだった」ことを考えて罪悪感に苦しむ。このような責任感が、愛する人の苦しむ姿によって増幅されることも多い。記憶は未処理のまま残り、嘆きが何年も続く。罪悪感がなくても、否定的な記憶が悲しみを増し続ける場合もある。幸運なことに、EMDR処理は、否応なく襲ってくる否定的な連想を消すだけでなく、肯定的な記憶を取り戻させる。例えば、私が治療した2人の若い兄弟は、父親について否定的な記憶しか持っていなかった。晩年の父親はアルコール依存症で、兄弟が父親のことを考えると、父親が薄汚いバスローブ姿でビール缶に囲まれている姿ばかり浮かんだ。記憶を処理すると、そのイメージは薄れ、一緒に釣りやキャンプに行った思い出がよみがえった。

EMDR療法と別の心理療法を比較した研究では、EMDRのほうが愛する人の肯定的な記憶を思い出すことが多く、それと一緒に安堵感も生じた。喪失の苦痛がなくなることは、亡くなった人を尊重しなくなること、あるいはつながりがなくなることだと思い、動けないと感じ

る人もいる。それは真実ではない。感情的なつながりは苦痛がなくても存在する。あなたを愛する者なら必ずそう思っているだろう。

世界は黒

悲しみの持続は人間にとって毒であるだけでなく、愛する者の喪失が怒りや復讐につながる場合もある。これは特に、だれかを暴力で失った場合に多い。そして、多くの国で何世紀も前から戦争の種となっている。喪失の痛みは世代から世代へ受け継がれ、さらなる暴力を生む。混乱した多くの地域を見るにつけ、解決に貢献しようとするセラピストの人道的支援をサポートする重要性がわかる。例えばパキスタンのセラピストは、テロ行為を生き延びた人、「対テロ戦争」に参加した兵士やパイロットを数多く治療した。彼は、非常に階級の高い政府官僚の子どもたちを治療した体験を語ってくれた。

彼らの父は自爆テロの犠牲となった。息子と娘にとって、その出来事と、父親と運転手の肉と血が道路いっぱいに飛び散った情景はトラウマとなった。息子は、医学校を退学し、軍隊に入って父親の復讐をしたがった。娘は家を出ることを拒み、口がきけなくなった。

4週間にわたるグリーフワーク（訳注：愛する人と死別して気持ちを整理する過程）とEMDR療法により、2人は回復し、それぞれの学校に戻った。娘は昨年、結婚し、現在、出産を控えている。息子は医学校を卒業し、外科のインターンをしている。彼は形成外科医を目指している。2人は、家族を手伝い、父親の故郷の村に最先端の二次医療機関を設立した。この病院は、対テロ戦争の被害者やその家族のケアを専門としている。EMDRは彼らの痛み、苦悩、悲しみを緩和しただけでなく、人生における肯定的な成果を導いた。彼らの復讐心を、有意義で人道的な取り組みに変えたのである。

このような苦痛から人を助けたい気持ちへの変化は、治癒のプロセスで頻繁に生じる。人間のだれもが持っている可能性の証とも言える。人間の情報処理システムは、有意義なことを学び、他を切り捨てるようできている。痛みを解放すれば、幸福で生産的な未来へ自然に導かれるのである。そして、あらゆる人にとって世界を良い場所にするこ

とより有意義なことがあるだろうか？

自己探求

自分が、亡くなった人との関連で行き詰っていることがないか検討してみよう。人によっては、だれかが亡くなって長い年月が経っているのに、痛みの記憶に伴う怒りが消えず、悼むことも平静さを取り戻すこともできない場合がある。例えばミシェルは、不安を理由にセラピストを訪れた。現在の「行き詰まりと無力感」を処理すると、彼女が4歳のとき、流れの速い川の上に父親にぶら下げられている記憶がよみがえった。父親は、水を怖がる娘を水に慣れさせようとしていた。しかし、彼女の記憶ネットワークに組み込まれたのは、自由になろうともがけば下に落ちるという恐怖だった。記憶の処理は「行き詰まりと無力感」を解消しただけでなく、亡くなった父親との和解を自然に導いた。

平和が訪れるのに遅すぎることはない。漂い戻りを使って、怒りや敵意の感情が残っている場所がないかどうか、検討してみよう。自分にとって何を残し、何を捨てるべきだろうか？

ひとりではない

これまで、未処理の記憶が人間の身体、心、感情に影響を与える例を通じて、恐怖や無力感が私たちを閉じ込めてしまう場合があることを紹介した。このように個人的な発達を妨げるものが、同様にいわゆる「スピリチュアル的な発達」を妨げる場合もある。つまり、単に命の限られた地上の生物に終わらない、超越的なものの理解や感情的つながりの形成である。多くの文化や宗教において、これは博愛あるいは人類全体に対する思いやりとして表現される。

このようなスピリチュアルな感覚が、記憶処理の自然な結果として生じる場合もある。例えば、何年も前に父親にレイプされた女性は、自分が無価値だという気持ちに捉われていた。セラピストとの処理のセッションで、彼女の気持ちは転換した。あるとき、眼球運動のセットが終わった後、彼女は「今、愛について考えた。『神が私を愛している』という言葉が本当に浮かんだ！」と言った。そして晴れ晴れとした微

笑を浮かべ、処理を続けた。彼女は自己嫌悪に捉われなくなるまで「神の愛」を実感できなかった。これは自発的な転換だった。人によっては、このようなより大きな内的平和に至る障害を意図的にターゲットとしなければならない。

スピリチュアルな断絶

スピリチュアルなつながりを追求している人は、未処理の記憶が障害となってうつの感情が生じ、目的を達成できないと感じる場合がある。例えば中年の男性、クレイグは、疲労感、怒り、不眠、妻との距離感、かつてのビジネスパートナーとのいざこざによるストレスを理由に、セラピストを訪れた。しかし、実際に彼が語ったのは、自分のスピリチュアルな旅路と、過去30年にわたって実践してきた瞑想に対する失望が大部分だった。

クレイグは、瞑想に対する怒りと幻滅を最初のターゲットとした。多くの友人は、瞑想の最中や後に心の平穏を感じているのに、なぜ自分は感じないのだろう？ いつもクレイグの心に浮かぶのは、「世界は安全ではない。なぜ世界と関わるのか？」である。クレイグとセラピストが漂い戻りを使用すると、試金石記憶が現れた。彼は3歳で、近所の人が飼っている牛に押し倒されていた。クレイグはこれを思い出すと大笑いして首を振った。「バカな話だが、今でも僕は怖い。牛が鼻で僕を押し倒してお腹をベロベロ舐め始めたとき、僕は自分が食べられると思った。大声で母を呼んだが、母が来るまでに長い時間がかかったように思った。実際には5分くらいだったろう。3歳の僕にとって最もショックだったのは、母が笑いながら僕を抱き上げたことだった」 この「非同調」が、その後40年間にわたる安全性と信頼の欠如を植え付けたのである。クレイグに生じた最初の肯定的認知は「私は対処できる」だったが、処理により「これは私の強さを形づくるレンガである」に変わった。これは、多くの意味で重要な感情的認識だった。私たちの反応を固定する他の記憶の場合と同様、情報の処理は学習を導き、精神的健康の基盤を作る。

次のセッションで、クレイグはよく眠れていると言い、瞑想に再び力を入れ、非常に多くの時間を割いたと語った。また、怒りが大幅に軽減され、妻とのコミュニケーションも再開したと報告した。そして、

「世界は安全ではない。私はこれに対処できない」という否定的な思考に関連する別の記憶を処理した。それはクレイグが10代の若者のとき、車を強盗に取られ、友人が殴られた記憶だった。彼は、強盗と闘えなかった自分に嫌悪を感じた。今回の肯定的認知は「私は強い」だった。次のセッションで、クレイグはエネルギーが戻り、睡眠も順調だと報告した。瞑想では、安全、平和、静けさなどを感じることができるようになった。自然に自分が強いと感じられ、元ビジネスパートナーとの問題も解決できそうだと語った。結局のところ、身体、心、感情、スピリットに境界はない。ひとつの分野で未処理の記憶が障害になっている場合、他の分野にも影響を与えていることが多い。

7つの大罪

宗教の目標が、内なる世界や他人との意義ある関係を促進することだとすれば、その教義も、自分のどこに壁があるかを見極めるのに役立つ。私たちはどこで努力し、どこで失敗すると考えているか？　例えば牧師のサイモンは、EMDR療法を自分のスピリチュアルな能力向上に役立てたいと考えていた。療法についての本を読み、自己診断した結果、彼は「7つの大罪のひとつひとつ」が、過去の出来事に起因する「魂のトラウマ」だと考えるようになった。彼は、自分が闘っている罪が、夫、父親、牧師としての能力を引き下げていると感じた。そして自分の内にあるそれらの罪を癒すことが重要だと考えていた。

サイモンは、家の仕事や教会での重要な職務をする上で、自分が怠惰だと感じていた。このため、「怠惰」をターゲットに選んだ。彼の否定的思考は「私の言葉と行いは一致しない。私は自分を信用できない」だった。漂い戻りを使用すると、彼の試金石記憶が現れた。彼は3歳で、床で昼寝をしていた。母親は無邪気な冗談で、「昼寝から起きる時間よ」と言い、彼が起き上がろうとすると、笑って床に押し戻した。この記憶が再処理されると、サイモンは自分の行動をよく意識し、行動を決めるときは現実的な計画を立てるようになったと報告した。彼は、家でも教会でも大きな仕事に、効率的に、しかも感情的にならずに取り組めるようになった。

サイモンのもうひとつのターゲットは「憤怒」だった。昔から、怒ると激しい言葉をぶつけたり、家の壁を殴ったりしていた。妻や娘は

それを怖がり、自分でも恥ずかしかった。試金石記憶は、自分の母親が怒って何かを台所の時計に投げつけている姿を見たことだった。そのとき彼は、怒ったときには爆発することが許されていると思った。それに伴う思考は、「私が怒りを爆発させれば、力と支配が得られる」だった。彼の望ましい肯定的認知は、「私は愛される。私は平和を生み出す」だった。ターゲットを処理すると、サイモンはすすり泣き、「私は、十字架にかけられたキリストのように、正しく、弱く、謙遜の心を持つ勇気がほしい」と言った。サイモンは、すべての報告で、自分にも家族にも以前より柔軟に接し、思いやりと愛情を見せるようになった。彼は、自分自身が癒されることで、人間としても牧師としても完全に近くなったと考えている。結論として、スピリチュアルなあるいは宗教的信条に従うのが難しいときは、未処理の記憶が障害となっている可能性があるが、それはどうにかできるものである。

最後のドア

多くの人は、人生において信仰を持つことを快適と感じるが、最大の試練は自分自身が死に直面したときである。勇気と強さを試される最後の機会にどう立ち向かうかは、どれだけ恐怖に捉われるかによって決まることが多い。

診断の2年後、医者はドナに、もう手立てはない、死を覚悟すべきだと告げた。癌に侵されて以来、ドナは治療をあきらめていなかった。しかし、今回は自分の内側を見つめ、未来に備えようとした。彼女はセラピストに、心の中にある障害を取り除き、「自分のスピリットが先へ進める」ようにしたいと言った。心の問題についてはそれまでも自分で取り組んでいたが、「解決し残したこと」がないか、確認を望んでいた。

ドナとセラピストは、精神的にも身体的にも、苦痛が大きすぎると感じたときに退避する「安全な場所」を作ることから始めた。長年、カトリック教徒だった彼女は、聖母マリアに抱かれたキリストの横に立っている自分を想像した。最初、彼女は泣き、震え始めた。セラピストがドナの腿を叩くと、ドナはゆっくり深呼吸をして言った。「本当に心が安らぐ。全身の力が抜けていくのを感じる。こんなに深い気持ち良さは体験したことがない」彼女の身体は椅子に沈み込み、足ま

でリラックスしていた。顔も緊張が解け、明らかに柔らかい表情になった。

セラピストは、彼女の言った「解決し残したこと」として、何か嫌なことが思い当たるのかと尋ねた。ドナは顔を上げ、「私の父……私は死んだ後で父に会うのが怖い」と言った。そこで、そこから恐怖の処理を開始した。ドナは、「父は、私のことを怒ると思う。それを心で感じる。それは重く、痛みもある」と言った。その思考と、父親の非難に対する恐怖の記憶を処理すると、最後には「父は、ずっと私と一緒だった。彼は私を誇りに思っている。私には父の笑顔が見え、自分の心が開きつつあるように感じる」と言った。

もうひとつの「解決し残したこと」は、自分の病気に関する気持ちと、病気になったことに対する自責の念だった。「これは自分のせいだろうか？　私が悪かったのだろうか？　だれかが私を責めているのだろうか？」と、彼女は思っていた。彼女の気持ちは、癌に対する怒りから、健康を取り戻せずに自分の身体に裏切られたという気持ち、十分に闘ったのだろうかという自己疑惑へと移っていった。最後には、心から自分を許し、「私は全力を尽くした。できることはすべてした」と言った。また、安堵のため息とともに「家族全員が私と同じように無力に感じた。だれも私を責めていない」と言った。

日が過ぎるとともに、ドナは疲れやすくなり、長い休息を必要とするようになった。セラピストは毎日彼女を訪れ、療法を続けた。家族は、彼女が非常に動揺した状態から平穏な状態になり、薬も減ったと報告した。痛みはしのぎやすくなり、目覚めているときは意識がはっきりしていた。

ドナは、自分が死ぬときに何が起こるかを考え、「真珠でできた天国の門」を思い描いた。セラピストは、「どうしたい？　だれが迎えてくれる？」と尋ねた。ドナは微笑んで、「私はとても軽くて、難なく動ける。父、母、そのほか愛する人たちが大勢いて、彼らも私も笑っている。悲しみも痛みもない。とても明るくて、私は良い人生だったと思い、先へ進んでいく」と答えた。また、しばらく沈黙した後、「私が子どものとき、祖国と知っているものすべてを捨ててこの国へ来たときより、ずっと楽な旅だ。あの時は怖かった。今は怖くない」と言った。彼女は、この処理の間、非常に幸福そうだった。まるで心の奥

深くから微笑んでいるようだった。その瞬間、彼女は自分の荒廃した身体を意識していなかった。セラピストが身体の中でどう感じるかと尋ねたところ、「軽い。自由だと感じる！ すばらしい！」と答えた。

息を引き取ったとき、ドナは優しい微笑みを浮かべていた。セラピストの言葉を借りれば、「生命の光が常に彼女を通じて輝き、それが彼女を自由にした」のである。

自己探求

何百万もの人が、信仰は人生の重要な一部であり、祈りによって心が安らぐと感じている。天や神の力を信じてはいるが、切り離されて孤独に感じ、祈ることができないという人もいる。瞑想を通じて心の平和を求める人の中にも、やはり障害があると感じる人がいる。どちらの場合でも、EMDR療法は、痛み、悲しみ、失望の未処理の記憶に起因するそのような障害を取り除くことができる。障害がなくなれば、私たちは最も共感する方法で、自由にスピリチュアルなつながりを深めていくことができる。祈りや瞑想を、個別に、あるいは組み合わせて利用し、日常生活の満足度を高めることができるだろう。

祈るためには、確かに宗教や霊的な信仰が必要である。しかし、瞑想を行うには、科学を見つめるだけで足りる。西欧諸国では、ほとんどの人が瞑想を仏教の伝統だと思っているが、瞑想には多くの文化から生じた多くの形態がある。近年、一部の瞑想習慣が特定の信仰と切り離され、多くの研究に取り上げられた。研究によれば、このように「意識を集中する」テクニックは、ストレスの緩和や免疫機能の向上に効果があるという。つまり、日常的な自己ケアに加えるには非常に適した習慣である。

このような瞑想方法のひとつに、「マインドフルネス」がある。これは、何かに捉われたり、判断したりすることなく、注意を払うことである。EMDRの手順にもあり、処理中に「ただ気づいて」と指示される。意図的に何かを起こそうとするのではなく、観察するのである。セラピストがクライエントに記憶ネットワークを遡らせ、処理を起こす間、クライエントは自分の思考の動きに「ただ気づき」、どこで出口のないループに行き詰っているのかを発見することができる。こうして気づくだけで、自分を縛り付けている記憶の力が弱まる場合もあ

る。瞑想する人は、感情が安定し、日常生活でも「マインドフルネス」の状態に入ることで、自分や他人について良い選択を行うことができる。

誘導ビジュアリゼーションや瞑想に関する情報は、付録Aに紹介している。しかし、簡単な手始めとしては、静かに座り、呼吸に伴う腹部の膨らみとしぼみに意識を向けるといい。静かに気づくだけである。心が他のものに動いていったら、静かに腹部に戻す。1回に5分間、できるかどうかやってみよう。毎日、徐々に瞑想の時間を延ばし、楽に20〜30分座っていられるようにする。

宗教的なアレンジとして、「神は善である」「神はすばらしい」「神はひとつ」などのフレーズを追加してもいい。あるいは、インドの伝統に従って「オーム」と唱える。「平和」「愛」といった言葉でもいい。このようなフレーズや言葉を、息を吐くときと吸うときに繰り返す。感謝の気持ちに集中した瞑想も非常に役に立つ場合がある。静かに座り、人生において感謝していることを考えよう。心臓に注意を向け、「与えてくださったものすべてに感謝します」と、呼吸しながら繰り返す。感謝する相手は、神、霊、命、あるいは自分の良い人格でもかまわない。

このような瞑想は、心と身体の両方を落ち着かせ、身体にも精神にも長期的に良い効果を与える。また、現在の悩みよりも自分が価値のある存在であることを思い出させてくれることも、瞑想の重要な要素である。

過去に、スピリチュアルなつながりを感じたことがあるのに、現在は遮断されていると感じる場合も、未処理の記憶が原因かもしれない。クレイグのように、3歳のときに牛に舐められたという、一見ささいな試金石記憶が原因となる場合もある。世界観を覆すような大きなトラウマも原因となる。突然愛する人を失った人は、世界から切り離され、永遠に癒されない悲しみの中で孤独に感じるかもしれない。しかし、そのような記憶を処理すれば、痛みから解放され、希望とつながりを取り戻すことができる。9.11テロ事件、中東紛争、あるいは地震、竜巻、津波などの自然災害で子どもを失った親たちも、再び心の平穏を取り戻したと語っている。痛みを感じ、回復する人間の能力は、だれでも同じなのである。

自分が何かに妨げられているが、理由が思いあたらない場合は、祈

りや瞑想に入ろうとするときの身体の中の感じに集中し、漂い戻りを使って原因を探してみよう。原因を知るだけでは解放されない場合、その記憶を処理することを検討してほしい。驚くような結果になるかもしれない。セラピストは、「心的外傷後成長」という現象について語ることがある。トラウマを受けた人にとって、回復が痛みの解消以上のものになることである。彼らは、「私は何を学んだか？」「私はどのように強くなったか？」「私は何に感謝しているか？」「私が知っていることを生かしてだれを助けることができるか？」といった質問に肯定的な答えをする。自分を妨げているものがあるなら、今がそれを癒すべきときかもしれない。

人生を満喫する

　本書で述べてきたように、「狂っている」または制御不能と思われる反応には理由がある。問題の根本的原因、あるいは健全で満足度の高い人生を送ることができるかどうかを決めるのは、無意識の記憶の結び付きである。本書で紹介した体験談や練習の数々を通じて、苦痛においても、喜びや幸福への願望についても、読者にひとりぼっちではないと感じていただければ幸いである。自己探求を続ければ、自分を動かしているものについて理解を深めることができるだろう。日常的に自己コントロールのテクニックを実践すれば、自信も高めることができる。何らかの分野で自分を妨げるものがあると感じても、本書の読者なら「行き詰まり」状態から新しい可能性に満ちた人生を歩み始める選択肢があることを知っている。重要なのは、皆さんに選択する力があるということだ。

　本書のもうひとつの目的は、読者に自分自身と周囲の人間に共感を抱いてもらうことである。人生の方向が決まった子どものときの自分にも、必要な変化を実現する責任と能力を備えた大人の自分にも共感してほしい。また、人生において出会った他の人の苦悩についても、同様に理解と共感を持ってほしい。彼らは自分で決断を下さねばならないが、ヘレーネのように、読者も自分の健全な選択を通じて「見本」を示すことができるかもしれない。あらゆる人の行動が波及効果を起こし、遠大な結果を導くことができる。

現実に役立てる　Chapter11

　過去20年間、世界で7万人以上のセラピストがEMDR療法の訓練を受けている。その間、EMDR関連団体は、世界中から人を集め、体験談や学んだことを発表する機会を設けた。私の心を温めてくれるのは、事実上のサクセスストーリーがこれほど多く寄せられていることである。それらは、人間の精神のレジリエンス、すなわち苦痛や逆境から立ち直る力を示している。どんなひどい環境でも、人間は愛情を表現する能力を繰り返し実証している。運命が与えたどのような障害も乗り越えることが可能なのである。

　高級マンションに住もうと、泥壁の小屋に住もうと、人間は違いより多くの共通性を備えている。自分たちの宗教、伝統、文化が、他より優れていると思っている人もいる。しかし最終的に、人間の脳、心、身体、スピリットは同じリズムで動いている。だれかの苦痛は全員にとって苦痛である。だからこそ私は、体験談を広く紹介できることを誇りに思う。「家」と言えば、それはこの地球上でどこか、自分が生まれた場所、自分の運命を決定づけた場所なのである。たとえ故郷を離れても、家族や生まれた場所の記憶は常に私たちに刻まれている。どこへ行こうと、すべての人が同じ物理的システムと、同様に機能する身体、脳、無意識を持っているというのは、すばらしいことである。切り傷を受ければ、妨げるものがない限り、人間の身体は治癒する。脳の情報処理システムも同じだということが、EMDR療法を通じて繰り返し実証されてきた。苦痛は有用なものに変化しうる。私たちは自分の望む道を選択できる。そしてその道は、世界どこでも同じ目的地に向かっているのである。

兄弟の愛

　数年前、メキシコの小さな町をハリケーン「パウリーナ」が襲った。被害者を助けるため、EMDR人道支援プログラム（HAP）のセラピストチームも現地入りした。ご存知のように、もともとバタフライハグは、トラウマを受けた子どもたちにEMDR療法を行うために開発された。この集団療法は世界中に広がり、イスラエルとパレスチナの紛争をはじめ、自然災害や人災の後、多くの子どもたちや大人に利用されている。今回も被災した子どもたちのケアが目的だった。子どもたちは円を作り、セラピストによるバタフライハグの指示に従って、多

くの命を奪った風雨や洪水の記憶を処理した。

18歳と16歳の兄弟は、その輪に加わらなかったが、近くから真剣に見つめていた。活動が終わると、弟のカルロスがセラピストに自分たちの身の上を話し、腕のない兄のヘクターがどうすればバタフライハグに参加できるかと尋ねた。

カルロスによれば、ハリケーンが襲った夜、氾濫した川が彼の家族全員を押し流してしまった。最初は、荒れ狂う水が両親を奪い、家を破壊した。長兄のヘクターは、3人の兄弟全員を腕に抱き、どうにかして救おうとした。しかし、水が小さい弟2人をもぎ取り、カルロスだけが残った。2人は助けを待つ間、離れないように互いにしがみついたが、そのためにヘクターは両腕に大怪我をした。2日後、兄弟は救出されたが、ついに病院に行ったときには、ヘクターの腕は壊死し、切断するしかなかった。

セラピストは、カルロスに兄のところへ案内させ、バタフライハグを教えた。セラピストはカルロスに、ヘクターがカルロスを救ったのは大きな愛のせいだと思うかと尋ねた。カルロスは即座にはっきり「はい！」と答えた。次にセラピストは、車椅子に座ったヘクターの後ろにカルロスを立たせた。そして、カルロスが後ろから兄を抱きかかえ、カルロスの頬がヘクターの頬に触れるようにかがませた。さらにカルロスの腕をヘクターの胸の前で交差させた。

兄弟は深呼吸しながら、カルロスがヘクターの胸の前で交差させた腕でバタフライハグをした。そして、一緒に災害の記憶を処理した。セラピストは次のように語っている。「2人の少年の表情が絶望から深い愛に変わったのを、言葉でどう表せばいいのかわからない。生涯で最も美しい光景だった」

他人を助ける

他人を慰め、助けたいという意欲も、人間は共通に持っている。ある村を襲った土砂崩れで、50人が孤児となった。EMDR-HAPのセラピストが集団療法を施し、そのときはバタフライハグではなく、太腿を交互に叩くという両側性刺激を使用した。翌日、セラピストが再び子どもたちを訪れると、子どもたちはすでにセラピストを待ち、その間に互いに叩き合っていた。

そのような子どもたちより、はるかに強い力と情報も持っている私たちが、人を助けることができるのは明らかである。助けの手を差し伸べることも、助けを求めることも可能なのだ。一人ひとりの想いは異なるかもしれない。例えば、あなたにとっての家とは何だろう？ 自分自身、家族、住んでいる地域、国、それとも世界だろうか？　それぞれの気持ちをくむ必要がある。そして本当の変化は、その大切さを十分に知っている私たち自身から始まらねばならない。

10年ほど前のトレーニングワークショップで、私は非常に感動する体験をした。小さな海辺の町で開かれた1週間のワークショップに、各地からセラピストが集まっていた。解散する前の夜、だれもが満足し、美しい環境で学べたことがうれしかったので、ビーチへ出かけた。夜だったが、星が出ていたので、これまで何度もしたように入り江まで泳いで行こうとした。ただ、潮の変わり目で強い離岸流が発生していることを知らなかった。

多くのセラピストが笑いながら海へ歩いて入り、泳ぎ始めたが、すぐに海流につかまった。何とか岸へ泳ぎ着いた者は、海に入らなかった者と一緒に立ちすくんだまま、新しい友達が沖へ流されるのを見守るしかなかった。全員が、完全に無力で、どうしようもなく感じていた。一方、海流につかまった者は戻ることができなかった。まったく孤独で、自分たちは溺れるのだと思った。そのとき、だれかはわからないが、岸のひとりが叫んだ。「手をつないで鎖を作ろう」そして支え合いながら、ゆっくり歩いて海へ入り、見事に流されかけていた者全員を連れ戻した。

多くの人が、これと同様のことを、人道支援プログラムを通じて世界中で実現しようとしている。手をつなごうという者たちが一緒になり、全員を連れ戻し、だれも暗闇で孤独なまま溺れないようにしようとしている。読者の中でその気のある人は、ぜひ活動に参加することを検討してほしい。ニーズは膨大にある。活動により、喜びを感じ、自分の人生に与えられたものに感謝することができるだろう。トラウマを処理した10歳の少女の言葉どおりである。「世界中を抱きしめたいと感じない？」

付録A

用語集と自助テクニック

安全/穏やかな場所 — さまざまなイメージや言葉を通じて肯定的な感情を思い出すための方法。山に登ったり、海辺にいたりするイメージに穏やかな気持ちを結び付けるなど。(Chapter.3, p.42、Chapter.5, p.85、Chapter.6, p.118)

身体の変化 — 不安から喜びまたは他の肯定的な感情の状態へと姿勢や顔の表情を変えること。(Chapter.10, p.220)

関係の提案 — 「私はあなたを許す」テクニックなど、人間関係やコミュニケーションの改善を助ける。(Chapter.8, p.158)

感情スキャン — 現在の状況と身体的感覚を利用して試金石記憶を特定する方法。(Chapter.4, p.63)

呼吸シフト — 肯定的な感情に伴う呼吸パターンに変えることにより不安レベルを引き下げること。(Chapter.3, p.44)

試金石記憶 — 現在の症状や問題の原因となっている可能性のある最も古い出来事の記憶。(Chapter.4, p.60)

試金石リスト — 現在の不安、現在の反応の原因となっている過去の記憶、年齢、SUD、否定的認知を記載したリスト。(Chapter.4, p.63)

集中 — ゆっくりとした深呼吸でリラックスする方法。多くのアスリート、パフォーマー、企業幹部に教えられている。(Chapter.10, p.221)

スパイラル — 身体的な感覚の「方向を変える」ことで不快な感情に対処する方法。(Chapter.5, p.86)

主観的障害単位(SUD)スケール — 現在の状況または古い記憶に伴う苦痛の強度を記録するための基準。0(苦痛なし)から10(想像できる限り最悪の苦痛)まで。(Chapter.4, p.60)

タイムライン — 試金石記憶、否定的認知、SUDレベル、年齢を、記憶の生じた順序に並べ、自分の過去に対する理解を深めるためのリスト。(Chapter.10, p.215)

漂い戻り — 現在の状況、否定的認知、身体的感覚を利用して試金石記憶を特定する方法。(Chapter.4, p.71)

TICESログ — 日常的な不安を自分で観察するための記録。きっかけ、イメージ、否定的認知、感情、身体的感覚、主観的障害単位(SUD)レベルを列記する。(Chapter.4, p.73)

バタフライハグ — 肩を交互に叩く両側性刺激。安全または穏やかな場所を増やし、ストレスを軽減するために使用する。(Chapter.3, p.45、

Chapter.6, p.119)
光の流れ ── 身体的な感覚に集中し、不安に「光を照射する」ことで、不快な感情に対処できる。安全または穏やかな場所のテクニックと併用し、不眠症にも有効となる場合がある。(Chapter.7, p.144)
否定的認知 ── 未処理の記憶に関連する苦痛な感情や考え方を言葉にした否定的な思い込み。(Chapter.4, p.65)
腹式呼吸 ── 動揺を抑えるため、腹部が膨らむのを意識しながらゆっくり深く息を吸い、腹部が収縮するのを意識しながらゆっくり吐く。(Chapter.5, p.95)。
ペンキ缶 ──「絵をかき混ぜる」ことで不快な心的イメージに対処する方法。(Chapter.4, p.64)
ホースや濡れたスポンジ ── 不快な心的イメージを洗い流すことによってなくす方法。(Chapter.3, p.47)
漫画のキャラクター ── 批判的な声をコミカルに響かせることで否定的なひとり言に対処する。(Chapter.3, p.46)
未来の鋳型 ── 想像のテクニックを利用し、スキルやピークパフォーマンスを高めること。(Chapter.10, p.224)
瞑想 ── 集中力と肯定的な感情状態を高めるためのマインドフルネステクニック。(Chapter.11, p.244)
4つのエレメント ── 慢性的なストレスに対処するための4つの連続するストレス軽減テクニック(大地、空気、水、火)。定期的な自己モニタリングにも役立つ。(Chapter.10, p.216)

誘導視覚化と瞑想用の音声録音

(訳注:残念ながら日本語でこのような音声録音は今のところ存在しない)

EMDR人道的支援プログラムのウェブサイトからダウンロード可能:www.emdrhap.org/store/gv
Letting GO of stress ── エメット・ミラー医師
安全/穏やかな場所に相当する方法を含む4つの誘導リラクゼーションテクニック
光の流れのテクニック ── フランシーン・シャピロ博士
誘導視覚化
ソフトベリー瞑想 ── スティーブン・レヴァイン
誘導瞑想

パーソナルテーブル　　曜日／日付

瞑想／リラクゼーションのテープを使用した（20分）																
練習をした（30分）																
安全／穏やかな場所を強化した（10分）																
TICES ログ 均衡を取り戻すテクニックを使用した （＋：はい、ー：いいえ、0：不要）																
肯定的な接触をした （家族／友人）																
R＆Rをした （楽しみ／リラクゼーション、時間の長さ）																
食事に気を配った																
十分な睡眠を取った																
幸福を感じているか？																
過去24時間 （−10から＋10）																

前ページのパーソナルテーブルを日常的に使用し、記録してみよう。1日を評価しながら、自問してほしい。どうすればもっと良くなるか？　もっと満足度の高い生活をするには何を増やし、何を減らせばいいか？　もっとリラックスする時間が必要か？　もっと自助テクニックを使ったほうがいいか？　自分は幸福感を持っているか？　それとも専門的なサポートが必要か？

　個人的な問題や感情的な落ち込みは乗り越えられないように思える場合もあるが、だれにでも選択肢はある。自己コントロールのテクニックを練習し、TICESログを使用して、自分の試金石リストとタイムラインを作ってみよう。これで、日常生活における自分の反応パターンがはっきり見えるだろう。安全／穏やかな場所に追加する必要のある肯定的な感情や思考のアイデアも浮かぶはずである。また、EMDR療法を受けたいと思う場合でも、そのような練習をしておけば、生育歴・病歴聴取や治療の準備段階がスムーズになるのが普通である。個人療法は、責任あるセラピストとのパートナーシップである。あるクライエントの言葉を借りれば、「私のセラピストは、私が上っている階段の手すりである」

付録B

セラピストの選択

EMDRは、トラウマ、その他の不安を生じる出来事の治療に有効であることが世界的に認められた心理療法である。EMDRの8段階は、クライエントの感情、思考、身体的反応が、健康な状態（www.emdria.org/8phases参照）になるよう考案されている。各段階には多数の手順があり、問題によっても方法が異なる。本書で紹介した事例では、訓練を受けたセラピストが、研究で実証された再処理手続きを使用している。皆さんが選んだセラピストも同じことができなければならない。

選んだセラピストが、その地域のEMDR業界団体によって認定されたコースを受講していることを確認しよう。次のページに挙げる組織は、各地域のセラピストのリストを保有している。基準を満たしていないトレーニングを無意識に受講しているセラピストもいるので、資格を確認することも重要である。例えば米国では、長さが認定コースの3分の1しかないトレーニングも提供されている。

EMDRは、EMDRの専門的なトレーニングを受け、ライセンスを取得した（またはスーパーバイズを受けている）セラピストによってのみ行われるべきである。時間をかけて、療法を受けようとするセラピストを面接してほしい。セラピストがEMDRのトレーニングを十分に受け（基本トレーニングは全日6日間以上、さらにスーパービジョンが必要）、最新の情報を得ていることを確認する必要がある。どの療法でも同じだが、トレーニングはもちろん、他の要素を評価することも重要である。EMDRの経験を持ち、成功率の高いセラピストを選ぶ必要がある。セラピストが、自分の抱えている具体的な問題への対応に自信を持っていることを確認しよう。セラピストに安心感を持ち、気が合うと感じることも重要である。できるだけ多くのセラピストを面接し、知識豊かで、自分に適していると思うセラピストを見つけてほしい。治療の成功は、セラピスト、クライエント、療法の相互作用なのである。

尋ねてみよう

1. あなたはEMDR業界団体の認定を受けたトレーニングを修了していますか？
2. 最新の手順や情報を得ていますか？
3. 認定トレーニングで学び、研究によって実証されている8つの段階すべてを使用していますか？

4．私と同じ問題や障害を持つ人を何人治療したことがありますか？
5．同じ問題を持つ人の治療成功率はどのくらいですか？

EMDR療法とトレーニングに関する情報

EMDR研究所

EMDR研究所（EMDR Institute）は、1990年に私が設立して以来、60,000人以上のEMDRセラピストを養成した。養成したセラピストの名簿を持ち、クライエントに紹介もしている。研究所では、厳しい業界基準を満たす優秀なメンタルヘルス専門家のみにトレーニングを提供している。研究所が認定するトレーニングには、EMDR研究所のロゴが表示されている。現在は、EMDRIAが認定する多くのトレーニング機関のひとつである。トレーニングの詳細または紹介の依頼は以下まで。

住所：PO Box 750, Watsonville, CA 95077
電話：(831)761-1040
ファクス：(831)761-1204
電子メール：inst@emdr.com
ウェブサイト：www.emdr.com

EMDR国際協会（EMDRIA）

EMDR国際協会（EMDR International Association）は、EMDRのトレーニングを受けたセラピストや研究者でつくる職能団体であり、米国内における公共の福祉のためにEMDRの実践、研究、教育のレベル向上に取り組んでいる。ウェブサイトにアクセスし、「EMDRセラピストを検索」をクリックすれば、EMDRIAの認定を受けたプロバイダーから基本トレーニングを受けた最寄りのセラピストを見つけることができる。リストにない具体的なセラピストを探している場合は、電話または電子メールで協会に問い合わせる。多くのセラピストは、基準を満たさないEMDRトレーニングを無意識に受けている可能性がある。EMDRIAの問い合わせ先は、以下のとおり。

5806 Mesa Drive, Suite 360, Austin, TX 78731-3785
電話：(866)451-5200
ファクス：(512)451-5256
電子メール：nfo@emdria.org
ウェブサイト：www.emdria.org

EMDR CANADA は、訓練を受けたカナダのセラピストリストを保有する北米の姉妹組織である。

電子メール：info@emdrcanada.org
ウェブサイト：www.emdrcanada.org

以下の多国籍組織はすべて、各地域の業界組織を監督し、EMDRIA と類似の役割を果たしている。いずれの目的も、EMDR の実践、研究、教育の水準と完全性の向上である。

EMDR アジア協会

EMDR アジア協会（EMDR Asia Association）は、オーストラリアとニュージーランドを含むアジア各国の EMDR 協会を統括している。ウェブサイトには各国協会のリンクが掲載されている。

電子メール：emdrasia@gmail.com
ウェブサイト：www.emdrasia.org

日本 EMDR 学会

日本 EMDR 学会は、EMDR の認定トレーニングを受講したセラピストのみが入会できる学術団体である。EMDR 認定トレーニングの実施、トレーニング修了者や EMDR セラピストの名簿の管理、学術大会、継続研修の実施、学術雑誌の発刊などを行っている。

電子メール：info@emdr.jp
ウェブサイト：www.emdr.jp

EMDR ヨーロッパ協会

EMDR ヨーロッパ協会（EMDR Europe Association）は、イスラエルとトルコを含むヨーロッパ各国の EMDR 協会を統括している。ウェブサイトには各国協会のリンクが掲載されている。各国の協会は認定トレーニングを受けた会員のリストを保有している。

電子メール：info@emdr-europe.org
ウェブサイト：www.emdr-europe.org

EMDR イベロアメリカ協会

EMDR イベロアメリカ協会（EMDR Iberoamerica Association）は、ラテ

ンアメリカ各国のEMDR協会を統括している。各国の協会は認定トレーニングを受けた会員のリストを保有している。ウェブサイトには各国協会へのリンクが掲載されている。

電子メール：info@emdriberoamerica.org
ウェブサイト：www.emdriberoamerica.org

EMDRIA ラテンアメリカ

上記以外にも、セラピストがウェブサイト **www.emdr.org.ar** に掲載されている。

EMDR 人道的支援プログラム（HAP）

米国の内国歳入法典501条C項3号の規定に基づく非営利公益法人であるHAPは、セラピストの国際ネットワークである。彼らは、精神的苦痛を止め、トラウマや暴力の心理的な後遺症を防止するニーズがあるところなら、どこへでも出かけていく。HAPは、2011年に国際トラウマティック・ストレス学会からサラ・ヘイリー記念賞を受賞した。HAPの目標は、人生を破滅させ、家族を崩壊させる苦痛の悪循環を断ち切ることである。

HAPのモデルは、現地のセラピストにトレーニングと専門サポートを与え、治癒のプロセスを継続させることを重視している。このようなトレーニング重視型のモデルには複数の利点がある。まず、現地のセラピストにEMDRを教えることにより、トラウマの精神的影響を治療する効率的で効果的なツールを与えることができる。外部のセラピストが、すでに被害を受けた地域の一員であるセラピストに代わるのではなく、彼らが最適だと感じる状況で、最適だと思う方法で活用できるようにするのである。惨事に対する反応は遅れて現れることもあり、専門的な治療を求める前に自分で解決しようとする人も多いため、現地セラピストにトレーニングを与えておけば、人々が助けを求めてきたときに対処できる。こうすれば、トラウマに対する有効な心理療法を1回の出来事という範囲に限定されずに提供することができる。

HAPは、現地の公共または非営利機関で働くセラピストに、非常に低コストのEMDRトレーニングを提供している。米国または他国の機関で、このようなトレーニングのスポンサーになりたい場合は、直接HAPに問い合わせてほしい。

トレーニングに加え、HAPのトラウマ・リカバリー・ネットワークは、オクラホマシティの爆破事件や9.11テロ事件の被害者は緊急サービス従事

者を治療するセラピストの手配をしている。

1995年のオクラホマシティ爆破事件の後、EMDR-HAPボランティアのネットワークは拡大し、ハリケーン・カトリーナ、ノースダコタ州の大洪水、トルコ、インド、中国、ハイチの地震、ラテンアメリカ各地のハリケーンや洪水、アジアの火山爆発や津波などに際して、世界中からの支援要請に対応するようになった。パレスチナとイスラエル、クロアチアとボスニア、北アイルランド、ケニアの戦争やテロによって打撃を受けた地域、エチオピアの伝染病で弱った人々にも手を差し伸べた。ベッドフォード・スタイベサントからオークランドまでの都心部あるいは農村部や郊外で恵まれない人々が住む地域、ネイティブアメリカン保護区、ハンガリー、ポーランド、中国、南アフリカ、ウクライナ、メキシコ、ニカラグア、エルサルバドルなどでも、欠けていたメンタルヘルスサービスを提供している。トランスワールド航空800便墜落事故、コロンバイン高校銃乱射事件、スコットランド・ダンブレインの無差別殺傷事件、ニューヨークとワシントンの9.11テロ事件のあった地域でも、治療活動を行い、トレーニングを提供して治癒の種を蒔いた。

EMDR-HAPボランティアは一般に、苦しんでいるが、治療を受ける資金のない人々を支援するため、少なくとも1年に1週間の治療またはトレーニング時間を寄付する。しかし、必要とされている場所へセラピストを送るには資金が必要である。アジア、バルカン半島、アフリカでのトレーニングは、国際救援チームやカトリック救援事業会などの組織が共同スポンサーとなったが、ほとんどは個人の寄付だけでまかなわれている。

HAPとその業績の詳細は **www.emdrhap.org** に記載されている。

所得控除の対象となる寄付金の送り先は、以下のとおりである。

EMDR-HAP
2911 Dixwell Avenue, Suite 201
Hamden, CT 06518
電話:(203)288-4450
ファクス:(203)288-4060

日本EMDR学会内にも人道支援プログラムの委員会があり、東日本大震災、熊本地震などの後の支援活動を行っている。

JEMDRA-HAP
ウェブサイト:hap.emdr.jp

付録 C

EMDR：トラウマ（心的外傷）研究の結果と参考資料

その他の研究論文を含む注釈付きリストは、http://www.emdr.com/gpyp を参照されたい。

EMDR 療法を有効なトラウマ治療法に指定している主な国際治療ガイドライン

American Psychiatric Association (2004). *Practice guideline for the treatment of patients with acute stress disorder and posttraumatic stress disorder.* Arlington, VA: American Psychiatric Association Practice Guidelines.

Bleich, A., Kotler, M., Kutz, I., & Shalev, A. (2002). A position paper of the (Israeli) National Council for Mental Health: Guidelines for the assessment and professional intervention with terror victims in the hospital and in the community. Jerusalem, Israel.

California Evidence-Based Clearinghouse for Child Welfare (2010). Trauma Treatment for Children. http://www.cebc4cw.org

CREST (2003). *The management of post traumatic stress disorder in adults.* A publication of the Clinical Resource Efficiency Support Team of the Northern Ireland Department of Health, Social Services and Public Safety, Belfast.

Department of Veterans Affairs & Department of Defense (2010). *VA/DoD clinical practice guideline for the management of post-traumatic stress.* Washington, DC: Veterans Health Administration, Department of Veterans Affairs and Health Affairs, Department of Defense. Office of Quality and Performance publication.

Dutch National Steering Committee Guidelines Mental Health Care (2003). *Multidisciplinary guideline for anxiety disorders.* Quality Institute Heath Care CBO/Trimbos Institute. Utrecht, Netherlands.

Foa, E. B., Keane, T. M., Friedman, M. J., & Cohen, J. A. (2009). *Effective treatments for PTSD: Practice guidelines of the International Society for Traumatic Stress Studies.* New York: Guilford Press.

INSERM (2004). *Psychotherapy: An evaluation of three approaches.* French National Institute of Health and Medical Research, Paris, France.

National Collaborating Centre for Mental Health (2005). *Posttraumatic stress disorder (PTSD): The management of adults and children in primary and secondary care.* London: National Institute for Clinical Excellence.

EMDR とトラウマに関する無作為割りつけ研究

Abbasnejad, M., Mahani, K. N., & Zamyad, A. (2007). Efficacy of "eye movement desensitization and reprocessing" in reducing anxiety and unpleasant feelings due to earthquake experience. *Psychological Research, 9,* 104-17.

Ahmad A., Larsson B., & Sundelin-Wahlsten, V. (2007). EMDR treatment for children with PTSD: Results of a randomized controlled trial. *Nord J Psychiatry, 61,* 349-54.

Arabia, E., Manca, M. L., & Solomon, R. M. (2011). EMDR for survivors of life-threatening cardiac events: Results of a pilot study. *Journal of EMDR Practice and Research, 5,* 2-13.

Carlson, J., Chemtob, C. M., Rusnak, K., Hedlund, N. L., & Muraoka, M. Y. (1998). Eye movement desensitization and reprocessing (EMDR): Treatment for combat-related post-traumatic stress disorder. *Journal of Traumatic Stress, 11,* 3-24.

Chemtob, C. M., Nakashima, J., & Carlson, J. G. (2002). Brief-treatment for elementary school children with disaster-related PTSD: A field study. *Journal of Clinical Psychology, 58,* 99-112.

Cvetek, R. (2008). EMDR treatment of distressful experiences that fail to meet the criteria for PTSD. *Journal of EMDR Practice and Research, 2,* 2-14.

de Roos, C., et al. (2011). A randomised comparison of cognitive behavioural therapy (CBT) and eye movement desensitisation and reprocessing (EMDR) in disaster exposed children. *European Journal of Psychotraumatology, 2:* 5694-doi: 10.3402/ejpt.v2i0.5694.

Edmond, T., Rubin, A., & Wambach, K. (1999). The effectiveness of EMDR with adult female survivors of childhood sexual abuse. *Social Work Research, 23,* 103-16.

Edmond, T., Sloan, L., & McCarty, D. (2004). Sexual abuse survivors' perceptions of the effectiveness of EMDR and eclectic therapy: A mixed-methods study. *Research on Social Work Practice, 14,* 259-72.

Hogberg, G., et al. (2007). On treatment with eye movement desensitization and reprocessing of chronic post-traumatic stress disorder in public transportation workers: A randomized controlled study. *Nordic Journal of Psychiatry, 61,* 54-61.

Ironson, G. I., Freund, B., Strauss, J. L., & Williams, J. (2002). Comparison of two treatments for traumatic stress: A community-based study of EMDR and prolonged exposure. *Journal of Clinical Psychology, 58,* 113-28.

Jaberghaderi, N., Greenwald, R., Rubin, A., Dolatabadim S., & Zand, S. O. (2004). A comparison of CBT and EMDR for sexually abused Iranian girls. *Clinical Psychology and Psychotherapy, 11,* 358-68.

Karatzias, A., Power, K., McGoldrick, T., Brown, K., Buchanan, R., Sharp, D., & Swanson, V. (2006). Predicting treatment outcome on three measures for post-traumatic stress disorder. *Eur Arch Psychiatry Clin Neuroscience, 20,* 1-7.

Kemp, M., Drummond, P., & McDermott, B. (2010). A wait-list controlled pilot study of eye movement desensitization and reprocessing (EMDR) for children with post-traumatic stress disorder (PTSD) symptoms from motor vehicle accidents. *Clinical Child Psychology and Psychiatry, 15,* 5-25.

Lee, C., Gavriel, H., Drummond, P., Richards, J., & Greenwald, R. (2002). Treatment of post-traumatic stress disorder: A comparison of stress inoculation training with prolonged exposure and eye movement desensitization and reprocessing. *Journal of Clinical Psychology, 58,* 1071-89.

Marcus, S., Marquis, P., & Sakai, C. (1997). Controlled study of treatment of PTSD using EMDR in an HMO setting. *Psychotherapy, 34,* 307-15.

Marcus, S., Marquis, P., & Sakai, C. (2004). Three-and 6-month follow-up of EMDR treatment of PTSD in an HMO setting. *International Journal of Stress Management, 11,* 195-208.

Power, K. G., McGoldrick, T., Brown, K., et al. (2002). A controlled comparison of eye movement desensitization and reprocessing versus exposure plus cognitive restructuring versus waiting list in the treatment of post-traumatic stress

disorder. *Journal of Clinical Psychology and Psychotherapy, 9,* 299-318.
Rothbaum, B. (1997). A controlled study of eye movement desensitization and reprocessing in the treatment of post-traumatic stress disordered sexual assault victims. *Bulletin of the Menninger Clinic, 61,* 317-34.
Rothbaum, B. O., Astin, M. C., & Marsteller, F. (2005). Prolonged exposure versus eye movement desensitization (EMDR) for PTSD rape victims. *Journal to Traumatic Stress, 18,* 607-16.
Scheck, M., Schaeffer, J. A., & Gillette, C. (1998). Brief psychological intervention with traumatized young women: The efficacy of eye movement desensitization and reprocessing. *Journal of Traumatic Stress, 11,* 25-44.
Shapiro, F. (1989). Efficacy of the eye movement desensitization procedure in the treatment of traumatic memories. *Journal of Traumatic Stress, 2,* 199-223.
Soberman, G. B., Greenwald, R., & Rule, D. L. (2002). A controlled study of eye movement desensitization and reprocessing (EMDR) for boys with conduct problems. *Journal of Aggression, Maltreatment, and Trauma, 6,* 217-236.
Taylor, S., et al. (2003). Comparative efficacy, speed, and adverse effects of three PTSD treatments: Exposure therapy, EMDR, and relaxation training. *Journal of Consulting and Clinical Psychology, 71,* 330-38.
Van der Kolk, B., Spinazzola, J., Blaustein, M., Hopper, J., Hopper, E., Korn, D., & Simpson, W. (2007). A randomized clinical trial of EMDR, fluoxetine and pill placebo in the treatment of PTSD; Treatment effects and long-term maintenance. *Journal of Clinical Psychiatry, 68,* 37-46.
Vaughan, K., Armstrong, M. F., Gold, R., O'Connor, N., Jenneke, W., & Tarrier, N. (1994). A trial of eye movement desensitization compared to image habituation training and applied muscle relaxation in post-traumatic stress disorder. *Journal of Behavior Therapy & Experimental Psychiatry, 25,* 283-91.
Wanders, F., Serra, M., & de Jongh, A. (2008). EMDR versus CBT for children with self-esteem and behavioral problems: A randomized controlled trial. *Journal of EMDR Practice and Research, 2,* 180-89.
Wilson, S., Becker, L. A., & Tinker, R. H. (1995). Eye movement desensitization and reprocessing (EMDR): Treatment for psychologically traumatized individuals. *Journal of Consulting and Clinical Psychology, 63,* 928-37.
Wilson, S., Becker, L. A., & Tinker, R. H. (1997). Fifteen-month follow-up of eye movement desensitization and reprocessing (EMDR) treatment of post-traumatic stress disorder and psychological trauma. *Journal of Consulting and Clinical Psychology, 65,* 1047-56.

作用メカニズム

　EMDRには、治療効果に寄与する多くの手順と要素がある。EMDRに使用する方法論は、幅広く検証されている（上記参照）が、作用のメカニズムについてはまだ疑問が残っている。しかし、EMDRが、「宿題」や暴露療法のような長時間のセッションなしに臨床的効果を上げていることから、神経生物学的処理が喚起される可能性が注目されている。眼球運動（その他の両側性刺激）は、治療手順のひとつにすぎないが、最も綿密に研究さ

れている。眼球運動の作用メカニズムを評価するランダム化比較研究を以下に挙げる。注釈付きリストは、http://www.emdr.com/gpypを参照されたい。

Elofsson, U. O. E., von Scheele, B., Theorell, T., & Sondergaard, H. P. (2008). Physiological correlates of eye movement desensitization and reprocessing. *Journal of Anxiety Disorders, 22,* 622-34.

Kapoula, Z., Yang, Q., Bonnet, A., Bourtoire, P., & Sandretto, J. (2010). EMDR effects on pursuit eye movements. *PLoS ONE 5(5): e10762.* doi: 10.1371/journal.pone.0010762.

Lee, C. W., Taylor, G., & Drummond, P. D. (2006). The active ingredient in EMDR: Is it traditional exposure or dual focus of attention? *Clinical Psychology and Psychotherapy, 13,* 97-107.

Lilley, S. A., Andrade, J., Graham Turpin, G., Sabin-Farrell, R., & Holmes, E. A. (2009). Visuospatial working memory interference with recollections of trauma. *British Journal of Clinical Psychology, 48,* 309-21.

MacCulloch, M. J., & Feldman, P. (1996). Eye movement desensitization treatment utilizes the positive visceral element of the investigatory reflex to inhibit the memories of post-traumatic stress disorder: A theoretical analysis. *British Journal of Psychiatry, 169,* 571-79.

Propper, R., Pierce, J. P., Geisler, M. W., Christman, S. D., & Bellorado, N. (2007). Effect of bilateral eye movements on frontal interhemispheric gamma EEG coherence: Implications for EMDR therapy. *Journal of Nervous and Mental Disease, 195,* 785-88.

Rogers, S., & Silver, S. M. (2002). Is EMDR an exposure therapy? A review of trauma protocols. *Journal of Clinical Psychology. 58,* 43-59.

Rogers, S., Silver, S., Goss, J., Obenchain, J., Willis, A., & Whitney, R. (1999). A single session, controlled group study of flooding and eye movement desensitization and reprocessing in treating posttraumatic stress disorder among Vietnam war veterans: Preliminary date. *Journal of Anxiety Disorders, 13,* 119-30.

Sack, M., Hofmann, A., Wizelman, L., & Lempa, W. (2008). Psychophysiological changes during EMDR and treatment outcome. *Journal of EMDR Practice and Research, 2,* 239-46.

Sack, M., Lempa, W., Steinmetz, A., Lamprecht, F., & Hofmann, A. (2008). Alterations in autonomic tone during trauma exposure using eye movement desensitization and reprocessing (EMDR) - results of a preliminary investigation. *Journal of Anxiety Disorders, 22,* 1264-71.

Wilson, D., Silver, S. M., Covi, W., & Foster, S. (1996). Eye movement desensitization and reprocessing: Effectiveness and autonomic correlates. *Journal of Behaviour Therapy and Experimental Psychiatry, 27,* 219-29.

眼球運動に関する仮説の無作為割りつけ研究

Andrade, J., Kavanagh, D., & Baddeley, A. (1997). Eye-movements and visual imagery: A working memory approach to the treatment of post-traumatic stress disorder. *British Journal of Clinical Psychology, 36,* 209-23.

Barrowcliff, A. L., Gray, N. S., Freeman, T. C. A., & MacCulloch, M. J. (2004). Eye-movements reduce the vividness, emotional valence and electrodermal arousal associated with negative autobiographical memories. *Journal of Forensic Psychiatry and Psychology, 15,* 325-45.

Barrowcliff, A. L., Gray, N. S., MacCulloch, S., Freeman, T. C. A., & MacCulloch, M. J. (2003). Horizontal rhythmical eye-movements consistently diminish the arousal provoked by auditory stimuli. *British Journal of Clinical Psychology, 42*, 289-302.

Christman, S. D., Garvey, K. J., Propper, R. E., & Phaneuf, K. A. (2003). Bilateral eye movements enhance the retrieval of episodic memories. *Neuropsychology 17*, 221-29.

Engelhard, I. M., van den Hout, M. A., Janssen, W. C., & van der Beek, J. (2010). Eye movements reduce vividness and emotionality of"flashforwards."*Behaviour Research and Therapy, 48*, 442-47.

Engelhard, I. M., et al. (2011). Reducing vividness and emotional intensity of recurrent"flashforwards"by taxing working memory: An analogue study. *Journal of Anxiety Disorders, 25*, 599-603.

Gunter, R. W., & Bodner, G. E. (2008). How eye movements affect unpleasant memories: Support for a working-memory account. *Behaviour Research and Therapy 46*, 913-31.

Hornsveld, H. K., Landwehr, F., Stein, W., Stomp, M., Smeets, S., & van den Hout, M. A. (2010). Emotionality of loss-related memories is reduced after recall plus eye movements but not after recall plus music or recall only. *Journal of EMDR Practice and Research, 4*, 106-12.

Kavanagh, D. J., Freese, S., Andrade, j., & May, J. (2001). Effects of visuospatial tasks on desensitization to emotive memories. *British Journal of Clinical Psychology, 40*, 267-80.

Kuiken, D., Bears, M., Miall, D., & Smith, L. (2001-2002). Eye movement desensitization reprocessing facilitates attentional orienting. *Imagination, Cognition and Personality, 21, (1)*, 3-20.

Kuiken, D., Chudleigh, M., & Racher, D. (2010). Bilateral eye movements, attentional flexibility and metaphor comprehension: The substrate of REM dreaming? *Dreaming, 20*, 227-47.

Lee, C. W., & Drummond, P. D. (2008). Effects of eye movement versus therapist instruction on the processing of distressing memories. *Journal of Anxiety Disorders, 22*, 801-8.

Maxfield, L., Melnyk, W. T., & Hayman, C. A. G. (2008). A working memory explanation for the effects of eye movements in EMDR. *Journal of EMDR Practice and Research, 2*, 247-61.

Parker, A., Buckley, S., & Dagnall, N. (2009). Reduced misinformation effects following saccadic bilateral eye movements. *Brain and Cognition, 69*, 89-97.

Parker, A., & Dagnall, N. (2007). Effects of bilateral eye movements on gist based false recognition in the DRM paradigm. *Brain and Cognition, 63*, 221-25.

Parker, A., Relph, S., & Dagnall, N. (2008). Effects of bilateral eye movement on retrieval of item, associative and contextual information. *Neuropsychology, 22*, 136-45.

Samara, Z., Bernet, M., Elzinga, B. M., Slagter, H. A., & Nieuwenhuis, S. (2011). Do horizontal saccadic eye movements increase interhemispheric coherence? Investigation of a hypothesized neural mechanism underlying EMDR. *Frontiers in Psychiatry* doi: 10.3389/fpsyt.2011.00004.

Schubert, S. J., Lee, C. W., & Drummond, P. D. (2011). The efficacy and psychophysiological correlates of dual-attention tasks in eye movement desensitization and reprocessing (EMDR). *Journal of Anxiety Disorders, 25*, 1-11.

Sharpley, C. F., Montgomery, I. M., & Scalzo, L. A. (1996). Comparative efficacy of

EMDR and alternative procedures in reducing the vividness of mental images. *Scandinavian Journal of Behaviour Therapy, 25,* 37-42.

Van den Hout, M., Muris, P., Salemink, E., & Kindt, M. (2001). Autobiographical memories become less vivid and emotional after eye movements. *British Journal of Clinical Psychology, 40,* 121-30.

EMDR 療法に対するその他の精神生理学的および神経生物学的評価

Bossini, L., Fagiolini, A., & Castrogiovanni, P. (2007). Neuroanatomical changes after EMDR in posttraumatic stress disorder. *Journal of Neuropsychiatry and Clinical Neuroscience, 19,* 457-58.

Kowal, J. A. (2005). QEEG analysis of treating PTSD and bulimia nervosa using EMDR. *Journal of Neurotherapy, 9(Part 4),* 114-15.

Lamprecht, F., Kohnke, C., Lempa, W., Sack, M., Matzke, M., & Munte, T. (2004). Event-related potentials and EMDR treatment of post-traumatic stress disorder. *Neuroscience Research, 49,* 267-72.

Lansing, K., Amen, D. G., Hanks, C., & Rudy, L. (2005). High resolution brain SPECT imaging and EMDR in police officers with PTSD. *Journal of Neuropsychiatry and Clinical Neurosciences, 17,* 526-32.

Levin, P., Lazrove, S., & van der Kolk, B. A. (1999). What psychological testing and neuroimaging tell us about the treatment of posttraumatic stress disorder (PTSD) by eye movement desensitization and reprocessing (EMDR). *Journal of Anxiety Disorders, 13,* 159-72.

Oh, D. H., & Choi, J. (2004). Changes in the regional cerebral perfusion after eye movement desensitization and reprocessing: A SPECT study of two cases. *Journal of EMDR Practice and Research, 1,* 24-30.

Ohtani, T., Matsuo, K., Kasai, K., Kato, T., & Kato, N. (2009). Hemodynamic responses of eye movement desensitization and reprocessing in posttraumatic stress disorder. *Neuroscience Research, 65,* 375-83.

Pagani, M., et al. (2007). Effects of EMDR psychotherapy on 99mTc-HMPAO distribution in occupation-related post-traumatic stress disorder. *Nuclear Medicine Communications, 28,* 757-65.

Propper, R., Pierce, J. P., Geisler, M. W., Christman, S. D., & Bellorado, N. (2007). Effect of bilateral eye movements on frontal interhemispheric gamma EEG coherence: Implications for EMDR therapy. *Journal of Nervous and Mental Disease, 195,* 785-88.

Richardson, R., Williams, S. R., Hepenstall, S., Gregory, L., McKie, S., & Corrigan, F. (2009). A single-case fMRI study EMDR treatment of a patient with posttraumatic stress disorder. *Journal of EMDR Practice and Research, 3,* 10-23.

Sack, M., Lempa, W., & Lemprecht, F. (2007). Assessment of psychophysiological stress reactions during a traumatic reminder in patients treated with EMDR. *Journal of EMDR Practice and Research, 1,* 15-23.

Sack, M., Nickel, L., Lempa, W., & Lamprecht, F. (2003). Psychophysiological regulation in patients suffering from PTSD: Changes after EMDR treatment. *Journal of Psychotraumatology and Psychological Medicine, 1,* 47-57. (German)

付録 D

主な参考文献

以下は、推奨される参考文献と読んでほしい資料のリストである。トピックが重複している章のリストは統合した。本書全体に関連する治療効果の研究論文は、付録Cに挙げた。本書の完全な参考文献リスト（http://www.emdr.com/gpyp）には、このほか何百もの引用が含まれる。

Chapter 1, 2
トラウマと EMDR
（さらに詳細な比較研究リストは、付録Cを参照）

American Psychiatric Association (2004). Practice guideline for the treatment of patients with acute stress disorder and posttraumatic stress disorder. Arlington, VA: *American Psychiatric Association Practice Guidelines.*

Bisson, J., & Andrew, M. (2007). Psychological treatment of post-traumatic stress disorder (PTSD). *Cochrane Database of Systematic Reviews 2007*, Issue 3. Art. No.: CD003388. DOI: 10.1002/14651858.CD003388.pub3.

Bossini, L., Fagiolini, A., & Castrogiovanni, P. (2007). Neuroanatomical changes after EMDR in posttraumatic stress disorder. *Journal of Neuropsychiatry and Clinical Neuroscience, 19*, 457-58.

Department of Veterans Affairs & Department of Defense (2010). *VA/DoD clinical practice guideline for the management of post-traumatic stress.* Washington, DC: Veterans Health Administration, Department of Veterans Affairs and Health Affairs, Department of Defense. Office of Quality and Performance publication.

Lansing, K., Amen, D. G., Hanks, C., & Rudy, L. (2005). High resolution brain SPECT imaging and EMDR in police officers with PTSD. *Journal of Neuropsychiatry and Clinical Neurosciences, 17*, 526-32.

Levin, P., Lazrove, S., & van der Kolk, B. A. (1999). What psychological testing and neuroimaging tell us about the treatment of posttraumatic stress disorder (PTSD) by eye movement desensitization and reprocessing (EMDR). *Journal of Anxiety Disorders, 13*, 159-72.

Marcus, S., Marquis, P., & Sakai, C. (1997). Controlled study of treatment of PTSD using EMDR in an HMO setting. *Psychotherapy, 34*, 307-15.

National Collaborating Centre for Mental Health (2005). *Post traumatic stress disorder (PTSD): The management of adults and children in primary and secondary care.* London: National Institute for Clinical Excellence.

Ohtani, T., Matsuo, K., Kasai, K., Kato, T., & Kato, N. (2009). Hemodynamic responses of eye movement desensitization and reprocessing in posttraumatic stress disorder. *Neuroscience Research, 65*, 375-83.

Rodenburg, R., Benjamin, A., de Roos, C., Meijer, A. M., & Stams, G. J. (2009). Efficacy of EMDR in children: A meta-analysis. *Clinical Psychology Review, 29*, 599-606.

Rothbaum, B. (1997). A controlled study of eye movement desensitization and reprocessing in the treatment of post-traumatic stress disordered sexual assault victims. *Bulletin of the Menninger Clinic, 61*, 317-34.

Shapiro, F. (1989). Efficacy of the eye movement desensitization procedure in the treatment of traumatic memories. *Journal of Traumatic Stress, 2*, 199-223.

Shapiro, F. (2001). *Eye movement desensitization and reprocessing: Basic principles, protocols and procedures* (2nd ed.). New York: Guilford Press.

Wilson, S., Becker, L. A., & Tinker, R. H. (1997). Fifteen-month follow-up of eye movement desensitization and reprocessing (EMDR) treatment of post-traumatic stress disorder and psychological trauma. *Journal of Consulting and Clinical Psychology, 65*, 1047-56.

ストレスのかかる出来事、PTSD、その他の症状

Arseneault, L., Cannon, M., Fisher, H. L., Polanczyk, G., Moffitt, T. E., & Caspi, A. (2011). Childhood trauma and children's emerging psychotic symptoms: A genetically sensitive longitudinal cohort study. *Am J Psychiatry, 168*, 65-72.

Bodkin, J. A., Pope, H. G., Detke, M. J., & Hudson, J. I. (2007). Is PTSD caused by traumatic stress? *Journal of Anxiety Disorders, 21*, 176-82.

Boyce, W. T., Essex, M. J., Alkon, A., Goldsmith, H. H., Kraemer, H. C., & Kupfer, D. J. (2006). Early father involvement moderates biobehavioral susceptibility to mental health problems in middle childhood. *Journal of the American Academy of Child & Adolescent Psychiatry, 45*, 1510-20.

Champagne, F. A. (2010). Early adversity and developmental outcomes: Interaction between genetics, epigenetics, and social experiences across the life span. *Perspectives on Psychological Science, 5*, 564-74.

Felitti, V. J., Anda, R. F., Nordenberg, D., Williamson, D. F., Spitz, A. M., Edwards, V., et al. (1998). Relationship of childhood abuse and household dysfunction to many of the leading causes of death in adults: The adverse childhood experiences (ACE) study. *American Journal of Preventive Medicine, 14*, 245-58.

Mol, S. S. L., Arntz, A., Metsemakers, J. F. M., Dinant, G., Vilters-Van Montfort, P. A. P., & Knottnerus, A. (2005). Symptoms of post-traumatic stress disorder after non-traumatic events: Evidence from an open population study. *British Journal of Psychiatry, 186*, 494-99.

Obradovic', J., Bush, N. R., Stamperdahl, J., Adler, N. E., & Boyce, W. T. (2010). Biological sensitivity to context: The interactive effects of stress reactivity and family adversity on socioemotional behavior and school readiness. *Child Development, 1*, 270-89.

Teicher, M. H., Samson, J. A., Sheu, Y-S, Polcari, A., & McGreenery, C. E. (2010). Hurtful words: Association of exposure to peer verbal abuse with elevated psychiatric symptom scores and corpus callosum abnormalities. *Am J Psychiatry, 167*, 1464-71.

記憶、情報処理、眼球運動、REM 睡眠

(その他の眼球運動研究のリストは、付録 C を参照)

Duvari, S., & Nader, K. (2004). Characterization of fear memory reconsolidation. *Journal of Neuroscience. 24*, 9269-75.

Foa, E. B., Huppert, J. D., & Cahill, S. P. (2006). Emotional processing theory: An Update. In B. O. Rothbaum (Ed.), *Pathological anxiety: Emotional processing in etiology and treatment.* New York: Guilford.

Le Doux, J. (2002). *The synaptic self: How our brains become who we are*. New York: Penguin.

Llinas, R. R., & Ribary, U. (2001). Consciousness and the brain: The thalamo-cortical dialogue in health and disease. *Annals of the New York Academy of Sciences, 929*, 166-75.

Schubert, S. J., Lee, C. W., & Drummond, P. D. (2011). The efficacy and psychophysiological correlates of dual-attention tasks in eye movement desensitization and reprocessing (EMDR). *Journal of Anxiety Disorders, 25*, 1-11.

Shapiro, F. (2007). EMDR, adaptive information processing, and case conceptualization. *Journal of EMDR Practice and Research, 1*, 68-87.

Singer, W. (2001). Consciousness and the binding problem. *Annals of the New York Academy of Sciences, 929*, 123-46.

Stickgold, R. (2002). EMDR: A putative neurobiological mechanism of action. *Journal of Clinical Psychology, 58*, 61-75.

Stickgold, R. (2008). Sleep-dependent memory processing and EMDR action. *Journal of EMDR Practice and Research, 2*, 289-99.

Suzuki, A., et al. (2004). Memory reconsolidation and extinction have distinct temporal and biochemical signatures. *Journal of Neuroscience, 24*, 4787-95.

Tronson, N. C., & Taylor, J. R. (2007). Molecular mechanisms of memory reconsolidation. *Nature, 8*, 262-75.

van der Kolk, B. A. (1996). Trauma and memory. In B. A. van der Kolk, A. C. McFarlane, & L. Weisaeth (Eds.), *Traumatic stress: The effects of overwhelming experience on mind, body, and society* (pp. 279-302). New York: Guilford Press.

Walker, M. P., & Stickgold, R. (2010). Overnight alchemy: Sleep-dependent memory evolution. *Nature Reviews Neuroscience, 11*, 218-19.

EMDR セッション記録

Popky, A. J., & Levin, C. (1994). [Transcript of EMDR treatment session.] MRI EMDR Research Center, Palo Alto, CA.

完全セッションの逐語は以下参照

Shapiro, F. (2002). Paradigms, processing and personality development in F. Shapiro (Ed.), *EMDR as an integrative psychotherapy approach: Experts of diverse orientations explore the paradigm prism*. Washington, D.C.: American Psychological Association Press.

Chapter 3, 4
さまざまな治療方法

Barlow, D. H. (Ed.) (2007). *Clinical handbook of psychological disorders, fourth edition: A step-by-step treatment manual*. New York: Guilford Press.

Cloitre, M., Cohen, L. R., & Koenen, K. C. (2006). *Treating survivors of childhood abuse: Psychotherapy for the interrupted life*. New York: Guilford Press.

Craske, M., Herman, D., & Vansteenwegen, D. (Eds.) (2006). *Fear and learning: From basic processes to clinical implications*. Washington, D.C.: APA Press.

Foa, E. B., Huppert, J. D., & Cahill, S. P. (2006). Emotional processing theory: An Update. In B. O. Rothbaum (Ed.), *Pathological anxiety: Emotional processing in etiology and treatment*. New York: Guilford.

Frederickson, J. (1999). *Psychodynamic psychotherapy: Learning to listen from multi-*

ple perspectives. New York: Routledge.
McWilliams, N. (1999). Assessing pathogenic beliefs. In *Psychoanalytic case formulations*. New York: Guilford Press, 180-99.
Shapiro, F. (Ed.) (2002). *EMDR as an integrative psychotherapy approach: Experts of diverse orientations explore the paradigm prism*. Washington, D.C.: American Psychological Association Press.
Shapiro, F. (2001). *Eye movement desensitization and reprocessing: Basic principles, protocols and procedures* (2nd ed.). New York: Guilford Press.
Solomon, M. F., Neborsky, R. J., McCollough, L., Alpert, M., Shapiro, F., & Malan, D. (2001) *Short-term therapy for Long-term change*. New York: Norton.
Weiner, I., & Craighead, W. E. (Eds.) (2010). *The Corsini encyclopedia of psychology* (4th ed.). Hoboken, NJ: Wiley.
Wolpe, J. (1990). *The practice of behavior therapy* (4th ed.). New York: Pergamon Press.

遺伝、経験、心理的問題

Arseneault, L., Cannon, M., Fisher, H. L., Polanczyk, G., Moffitt, T. E., & Caspi, A. (2011). Childhood trauma and children's emerging psychotic symptoms: A genetically sensitive longitudinal cohort study. *Am J Psychiatry, 168*, 65-72.
Brown, G. W. (1998). Genetic and population perspectives on life events and depression. *Soc Psychiatry Psychiatr Epidemiol. 33*, 363-72.
Boyce, W. T., Essex, M. J., Alkon, A., Goldsmith, H. H., Kraemer, H. C., & Kupfer, D. J. (2006). Early father involvement moderates biobehavioral susceptibility to mental health problems in middle childhood. *Journal of the American Academy of Child & Adolescent Psychiatry, 45*, 1510-20.
Caspi, A., Sugden, K., Moffitt, T. E., Taylor, A., Craig, I. W., Harrington, H., et al. (2003). Influence of life stress on depression: Moderation by a polymorphism in the 5-htt gene. *Science, 18*, 386-89.
Champagne, F. A. (2010). Early adversity and developmental outcomes: Interaction between genetics, epigenetics, and social experiences across the life span. *Perspectives on Psychological Science, 5*, 564-74.
Ellis, B. J., Essex, M. J., & Boyce, W. T. (2005). Biological sensitivity to context: I. An evolutionary-developmental theory of the origins and functions of stress reactivity, *Development and Psychopathology, 17*, 271-301.
Felitti, V. J., Anda, R. F., Nordenberg, D., Williamson, D. F., Spitz, A. M., Edwards, V., et al. (1998). Relationship of childhood abuse and household dysfunction to many of the leading causes of death in adults: The adverse childhood experiences (ACE) study. *American Journal of Preventive Medicine, 14*, 245-58.
Foa, E. B., Huppert, J. D., & Cahill, S. P. (2006). Emotional processing theory: An Update. In B. O. Rothbaum (Ed.), *Pathological anxiety: Emotional processing in etiology and treatment*. New York: Guilford.
Kendler, K. S. (1998). Major depression and the environment: A psychiatric genetic perspective. *Pharmacopsychiatry, 31*, 5-9.
Kendler, K. S., Hettema, J. M., et al. (2003). Life event dimensions of loss, humiliation, entrapment, and danger in the prediction of onsets of major depression and generalized anxiety. *Arch Gen Psychiatry, 60*, 789-96.
Luk, J. W., Wang, J., & Simon-Morton, B. G. (2010). Bullying victimization and substance use among U.S. adolescents: Mediation by depression. *Prevention Science. 11*, 355-59.

Meaney, M. J. (2001). Maternal care, gene expression, and the transmission of individual differences in stress reactivity across generations. *Annual Review of Neuroscience, 24,* 1161-92.

Obradovic', J., Bush, N. R., Stamperdahl, J., Adler, N. E., & Boyce, W. T. (2010). Biological sensitivity to context: The interactive effects of stress reactivity and family adversity on socioemotional behavior and school readiness. *Child Development, 81,* 270-89.

Pine, D. S., Cohen, P., Johnson, J. G., & Brook, J. S. (2002). Adolescent life events as predictors of adult depression. *J Affect Disord., 68,* 49-57.

Siegel, D. J. (1999). *The developing mind: Toward a neurobiology of interpersonal experience.* New York: Guilford Press.

van der Kolk, B. A. (1996). Trauma and memory. In B. A. van der Kolk, A. C. McFarlane, & L. Weisaeth (Eds.), *Traumatic stress: The effects of overwhelming experience on mind, body, and society* (pp. 279-302). New York: Guilford Press.

バタフライハグと EMDR 集団療法

Fernandez, I., Gallinari, E., & Lorenzetti, A. (2004). A school-based EMDR intervention for children who witnessed the Pirelli building airplane crash in Milan, Italy. *Journal of Brief Therapy, 2,* 129-136.

Jerero, I., Artigas, L., & Hartung, J. (2006). EMDR integrative group treatment protocol: A post-disaster trauma intervention for children and adults. *Traumatology, 12,* 121-29.

Zaghrout-Hodali, M., Alissa, F., & Dodgson, P. W. (2008). Building resilience and dismantling fear: EMDR group protocol with children in an area of ongoing trauma. *Journal of EMDR Practice and Research, 2,* 106-13.

EMDR 療法と抗うつ剤の比較

Van der Kolk, B., Spinazzola, J., Blaustein, M., Hopper, J., Hopper, E., Korn, D., & Simpson, W. (2007). A randomized clinical trial of EMDR, fluoxetine and pill placebo in the treatment of PTSD: Treatment effects and long-term maintenance. *Journal of Clinical Psychiatry, 68,* 37-46.

退役軍人のための EMDR 療法

Carlson, J., Chemtob, C. M., Rusnak, K., Hedlund, N. L, & Muraoka, M. Y. (1998). Eye movement desensitization and reprocessing (EMDR): Treatment for combat-related Post-traumatic stress disorder. *Journal of Traumatic Stress, 11,* 3-24.

Silver, S. M., & Rogers, S. (2002). *Light in the heart of darkness: EMDR and the treatment of war and terrorism survivors.* New York: Norton.

Silver, S. M., Rogers, S., & Russell, M. C. (2008). Eye movement desensitization and reprocessing (EMDR) in the treatment of war veterans. *Journal of Clinical Psychology: In Session, 64,* 947-57.

Chapter 5, 6
愛着、育児、トラウマ、ネグレクト

Ainsworth, M. D. S. (1982). Attachment: Retrospect and prospect. In C. M. Parkes & J. Stevenson-Hinde (Eds.), *The place of attachment in human behavior* (pp.

3-29). New York: Tavistock Publications.

Bowlby, J. (1989). The role of attachment in personality development and psychopathology. In S. I. Greenspan & G. H. Pollack (Eds.), *The course of life: Vol. 1. Infancy* (pp. 119-136). Madison, CT: International Universities Press.

Dozier, M., Stovall, K. C., & Albus, K. E. (1999). Attachment and psychopathology in adulthood. In J. Cassidy & P. R. Shaver (Eds.), *Handbook of attachment: Theory, research, and clinical applications* (pp. 497-519). New York: Guilford Press.

Kennell, J. H., & Klaus, M. H. (1998). Bonding: Recent observations that alter perinatal care. *Pediatric Review, 19*, 4-12.

Klaus, M. H., Jerauld, R., Kreger, N., McAlpine, W., Steffa, M., & Kennell, J. H. (1971). Maternal attachment: Importance of the first post-partum days. *New England Journal of Medicine, 286*, 460-63.

Lyons-Ruth, K., Alpern, L., & Repacholi, L. (1993). Disorganized infant attachment classification and maternal psychosocial problems as predictors of hostile-aggressive behavior in the preschool classroom. *Child Development, 64*, 572-85.

Madrid, A. (2007). Repairing maternal-infant bonding failures. In F. Shapiro, F. Kaslow, & L. Maxfield (Eds.), *Handbook of EMDR and family therapy processes* (p. 131). New York: Wiley.

Main, M., & Hesse, E. (1990). Parents' unresolved traumatic experiences are related to infant disorganized attachment status: Is frightened and/or frightening parental behavior the linking mechanism? In M. Greenberg, D. Cichetti, & M. Cummings (Eds.), *Attachment in the preschool years* (pp. 161-82). Chicago: University of Chicago Press.

Pietromonaco. P. R., Greenwood, D., & Barrett, L. F. (2004). Conflict in adult close relationships: An attachment perspective. In W. S. Rholes & J. A. Simpson (Eds.), *Adult attachment; Theory, research, and clinical implications* (pp. 267-299). New York: Guilford Press.

Porges, S. W. (2003). Social engagement and attachment: A phylogenetic perspective. *Ann NY Acad Sci, 1008*, 31-47.

Schore, A. (1994). *Affect regulation and the origin of the self: The neurobiology of emotional development*. Hillsdale, NY: Lawrence Erlbaum Associates.

Shapiro, F. (2007). EMDR and case conceptualization from an adaptive information processing perspective. In F. Shapiro, F. Kaslow, & L. Maxfield (Eds.), *Handbook of EMDR and family therapy processes*. New York: Wiley.

Shapiro, F., & Laliotis, D. (2011). EMDR and the adaptive information processing model: Integrative treatment and case conceptualization. *Clinical Social Work Journal. 39*, 91-200.

Shapiro, F., & Maxfield, L. (2002). EMDR: Information processing in the treatment of trauma. *In Session: Journal of Clinical Psychology, Special Issue: Treatment of PTSD, 58*, 933-46.

Siegel, D. J. (1999). *The developing mind: Toward a neurobiology of interpersonal experience*. New York: Guilford Press.

Siegel, D. J., & Hartzell, M. (2003). *Parenting from the inside out: How a deeper self-understanding can help you raise children who thrive*. New York: Tarcher/Penguin.

van Ijzendoorn, M. H. (1992). Intergenerational transmission of parenting: A review of studies in nonclinical populations. *Developmental Review, 12*, 76-99.

Waters, E., Merrick, S. K., Treboux, D., Crowell, J., & Albersheim, L. (2000). Attachment security in infancy and early adulthood: A twenty-year longitudinal study. *Child Development, 71*, 684-89.

Wesselmann, D. (2007). Treating attachment issues through EMDR and a family systems approach. In F. Shapiro, F. Kaslow, & L. Maxfield (Eds.), *Handbook of EMDR and family therapy processes*. New York: Wiley.

記憶、認知、トラウマ

Bower, G. H. (1981). Mood and memory. *American Psychologist, 36*, 129-48.

Heller, W., Etienne, H. A., & Miller, G. A. (1995). Patterns of perceptual asymmetry in depression and anxiety: Implications for neuropsychological models of emotion. *Journal of Abnormal Psychology, 104*, 327-33.

Herman, J. (1992). *Trauma and Recovery: The aftermath of violence-From domestic abuse to political terror*. New York: Basic Books.

van der Kolk, B. A., McFarlane, A., & Weisaeth, L. (1996). *Traumatic stress: The effects of overwhelming experience on mind, body, and society*. New York: Guilford Press.

恐怖症の治療

Craske, M., Herman, D., & Vansteenwegen, D. (Eds.) (2006). *Fear and learning: From basic processes to clinical implications*. Washington, D.C.: APA Press.

Davey, G. C. L. (1997). *Phobias: A Handbook of theory, research and treatment*. New York: John Wiley and Sons.

De Jongh, A., & ten Broeke, E. (2007). Treatment of specific phobias with EMDR: Conceptualization and strategies for the selection of appropriate memories. *Journal of EMDR Practice and Research, 1*, 46-56.

Shapiro, F. (2001). *Eye movement desensitization and reprocessing: Basic principles, protocols, and procedures* (2nd edition). New York: Guilford Press.

Zimmar, G., Hersen, M., & Sledge, W. (Eds.) (2002). *Encyclopedia of psychotherapy*. New York: Academic Press.

環境に対する反応の高まり

Essex, M. J., Klein, M. H., Cho, E., & Kalin, N. H. (2002). Maternal stress beginning in infancy may sensitize children to later stress exposure: Effects on cortisol and behavior. *Biol Psychiatry, 52*, 776-84.

Meaney, M. J. (2001). Maternal care, gene expression, and the transmission of individual differences in stress reactivity across generation. *Annual Review of Neuroscience, 24*, 1161-92.

Obradovic', J., Bush, N. R., Stamperdahl, J., Adler, N. E., & Boyce, W. T. (2010). Biological sensitivity to context: The interactive effects of stress reactivity and family adversity on socioemotional behavior and school readiness. *Child Development, 81*, 270-89.

遺伝、経験、心理的問題

Chapter 3, 4を参照。

トラウマのEMDR治療

(さらに詳細なトラウマ研究リストは、付録Cを参照)

Carlson, J., Chemtob, C. M., Rusnak, K., Hedlund, N. L., & Muraoka, M. Y. (1998). Eye movement desensitization and reprocessing (EMDR): Treatment for combat-related post-traumatic stress disorder. *Journal of Traumatic Stress, 11,* 3-24.

Edmond, T., Rubin, A., & Wambach, K. (1999). The effectiveness of EMDR with adult female survivors of childhood sexual abuse. *Social Work Research, 23,* 103-16.

Edmond, T., Sloan, L., & McCarty, D. (2004). Sexual abuse survivors' perceptions of the effectiveness of EMDR and eclectic therapy: A mixed-methods study. *Research on Social Work Practice, 14,* 259-72.

Rothbaum, B. (1997). A controlled study of eye movement desensitization and reprocessing in the treatment of post-traumatic stress disordered sexual assault victims. *Bulletin of the Menninger Clinic, 61,* 317-34.

Russell, M. C., Silver, S. M., Rogers, S., & Darnell, J. (2007). Responding to an identified need: A joint Department of Defense-Department of Veterans Affairs training program in eye movement desensitization and reprocessing (EMDR) for clinicians providing trauma services. *International Journal of Stress Management, 14,* 61-71.

Russell, M. C. (2008). War-related medically unexplained symptoms, prevalence, and treatments: Utilizing EMDR within the armed services. *Journal of EMDR Practice and Research, 2,* 212-26.

Silver, S. M., & Rogers, S. (2002). *Light in the heart of darkness: EMDR and the treatment of war and terrorism survivors.* New York: Norton.

Silver, S. M., Rogers, S., & Russell, M. C. (2008). Eye movement desensitization and reprocessing (EMDR) in the treatment of war veterans. *Journal of Clinical Psychology: In Session, 64,* 947-57.

Shapiro, F. (2001). *Eye movement desensitization and reprocessing: Basic principles, protocols and procedures* (2nd edition). New York: Guilford Press.

Shapiro, F., & Maxfield, L. (2002). EMDR: Information processing in the treatment of trauma. In Session: *Journal of Clinical Psychology, Special Issue: Treatment of PTSD, 58,* 933-46.

Solomon, R., & Shapiro, F. (in press). EMDR and adaptive information processing: The development of resilience and coherence. In K. Gow & M. Celinski (Eds.), *Trauma: Recovering from deep wounds and exploring the potential for renewal.* New York: Nova Science Publishers.

Wesson, M., & Gould, M. (2009). Intervening early with EMDR on military operations: A case study. *Journal of EMDR Practice and Research, 3,* 91-97.

Chapter 7
ストレスとトラウマが身体に与える影響

Altemus, M., Dhabhar, F. S., & Yang, R. (2006). Immune function in PTSD. *Ann. N.Y. Acad. Sci. 1071,* 167-83.

Arabia, E., Manca, M. L., & Solomon R. M. (2011). EMDR for survivors of life-threatening cardiac events: Results of a pilot study. *Journal of EMDR Research and Practice, 5,* 2-13.

Boynton-Jarrett, R., Rich-Edwards, J. W., Jun, H-J, Hibert, E. N., & Wright, R. J. (2010). Abuse in childhood and risk of uterine leiomyoma: The role of emotional support in biologic resilience. *Epidemiology, 9,* DOI: 10.1097/EDE.0b013e3181ffb172.

Chemtob, C. M., Nakashima, J., & Carlson, J. G. (2002). Brief-treatment for elementary school children with disaster-related PTSD: A field study. *Journal of Clinical Psychology, 58,* 99-112.

Cummings, N.A., & van den Bos, N. (1981). The twenty year Kaiser Permanente experience with psychotherapy and medical utilization: Implications of national health policy and national health insurance. *Health Policy Quarterly, 2,* 159-75.

Dew, M. A., Kormos, R. L., Roth, L. H., Murali, S., DiMartini, A., & Griffith, B. P. (1999). Early post-transplant medical compliance and mental health predict physical morbidity and mortality one to three years after heart transplantation. *Journal of Heart and Lung Transplantation, 18,* 549-62.

Grossarth-Maticed, R., & Eysenck, H. J. (1995). Self-regulation and mortality from cancer, coronary heart disease and other causes: A prospective study. *Personality and Individual Differences, 19,* 781-95.

Gupta, M., & Gupta, A. (2002). Use of eye movement desensitization and reprocessing (EMDR) in the treatment of dermatologic disorders. *Journal of Cutaneous Medicine and Surgery, 6,* 415-21.

Kelley, S. D. M., & Selim, B. (2007). Eye movement desensitization and reprocessing in the psychological treatment of trauma-based psychogenic non-epileptic seizures. *Clinical Psychology and Psychotherapy, 14,* 135.

Kusumowardhani, R. (2010). *Safe place and light stream stabilization techniques during the EMDR preparation phase are effective for coping with insomnia in women patients newly diagnosed with HIV.* Presentation at the EMDR-Asia Association Conference. Bali, Indonesia, July 2010.

Roelofs, K., & Spinhoven, P. (2007). Trauma and medically unexplained symptoms. *Clinical Psycholovgy Review, 27,* 798-820.

Servan-Schreiber, D. (2004). *The Instinct to Heal: Curing stress, anxiety and depression without drugs and without talk therapy.* New York: Rodale.

Shapiro, F. (1989). Efficacy of the eye movement desensitization procedure in the treatment of traumatic memories. *Journal of Traumatic Stress, 2,* 199-223.

Shapiro, F. (2001). *Eye movement desensitization and reprocessing: Basic principles, protocols and procedures* (2nd ed.). New York: Guilford Press.

Shemesh, E., Yehuda, R., Milo, O., Dinur, I., Rudnick, A., Vered, Z., et al. (2004). Posttraumatic stress, nonadherence, and adverse outcome in survivors of a myocardial infarction. *Psychosomatic Medicine, 66,* 521-26.

Thombs, B. D., de Jonge, P., Coyne, J. C., Hooley, M. A., Frasure-Smith, N., Mitchell, A. J. et al. (2008). Depression screening and patient outcomes in cardiovascular care: A systematic review. *JAMA, 300,* 2161-71.

van der Kolk, B. A., McFarlane, A., & Weisaeth, L. (1996). *Traumatic stress: The effects of overwhelming experience on mind, body, and society.* New York: Guilford Press.

パニック障害

Craske, M. G., Roy-Byrne, P., Stein, M. B., Donald-Sherbourne, C., Bystritsky, A., Katon, W., et al. (2002). Treating panic disorder in primary care: A collaborative care intervention. *General Hospital Psychiatry, 24,* 148-55.

de Beurs, E., Balkom, A. J. L. M., Van Dijck, R., & Lange, A. (1999). Long-term outcome of pharmacological and psychological treatment for panic disorder with agoraphobia: A two year naturalistic follow-up. *Acta Psychiatrica Scandinavica, 99,* 59-67.

Fernandez, I., & Faretta, E. (2007). EMDR in the treatment of panic disorder with agoraphobia. *Clinical Case Studies, 6*, 44-63.

Feske, U., & Goldstein, A. (1997). Eye movement desensitization and reprocessing treatment for panic disorder: A controlled outcome and partial dismantling study. *Journal of Consulting and Clinical Psychology, 36*, 1026-35.

McNally, R. J., & Lukach, B. M. (1992). Are panic attacks traumatic stressors? *American Journal of Psychiatry, 149*, 824-26.

Oppenheimer, K., & Frey, J. (1993). Family transitions and developmental processes in panic disordered patients. *Family Process, 32*, 341-52.

Raskin, M., Peeke, H. V. S., Dikman, W., & Pinker, H. (1982). Panic and generalized anxiety disorders: Developmental antecedents and precipitants. *Archives of General Psychiatry, 39*, 687-89.

子どもの喘息

Klaus, M. H., & Kennell, J. H. (1976). *Maternal-infant bonding*. New York: Mosby.

Madrid, A. (2007). Repairing maternal-infant bonding failures. In F. Shapiro, F. Kaslow, & L. Maxfield (Eds.), *Handbook of EMDR family therapy processes*, (pp. 131-45). New York: Wiley.

Madrid, A., & Pennington, D. (2000). Maternal-infant bonding and asthma. *Journal of Prenatal and Perinatal Psychology and Health, 14*, 279-89.

Suglia, S. F., Enlow, M. B., Kullowatz, A., & Wright, R. J. (2009). Maternal intimate partner violence and increased asthma incidence in children: Buffering effects of supportive caregiving. *Arch Pediatr Adolesc Med, 163*, 244-50.

Wright, R. J. (2007). Prenatal maternal stress and early caregiving experiences: Implications for childhood asthma risk. *Paediatr Perinat Epidemiol, 21(suppl 3)*, 8-14.

Wright, R. J., Cohen, S., Carey, V., Weiss, S., & Gold, D. (2002). Parental stress as a predictor of wheezing in infancy: A prospective birth-cohort study. *Am J Respir Crit Care Med., 165*, 358-65.

幻肢痛と他の痛み

de Roos, C., et al. (2010). Treatment of chronic phantom limb pain (PLP) using a trauma-focused psychological approach. *Pain Research and Management, 15*, 65-71.

Flor, H. (2002). Phantom pain: Characteristics, causes and treatment. *Lancet Neurol, 1*, 182-89.

Grant, M., & Threlfo, C. (2002). EMDR in the treatment of chronic pain. *J Clin Psychol, 58*, 1505-20.

Halbert, J., Crotty, M., & Cameron, I. D. (2002). Evidence for optimal management of acute and chronic phantom pain: A systematic review, *Clin J Pain, 18*, 84-92.

Melzack, R. (1992). Phantom limbs, *Sci Am, 226*, 120-26.

Ramachandran, V. S., & Hirstein, W. (1998). The perception of phantom limbs, *Brain, 121*, 1603.

Ray, A. L., & Zbik, A. (2001). Cognitive behavioral therapies and beyond. In C. D. tollison, J. R. Satterhwaite, & J. W. Tollison (Eds.), *Practical pain management*, 3rd ed. (pp. 189-208). Philadelphia: Lippincott.

Rome, H., & Rome, J. (2000). Limbically augmented pain syndrome (LAPS): Kindling, cortolimbic sensitization, and convergence of affective and sensory symptoms in chronic pain disorders. *Pain Med, 1*, 7-23.

Schneider, J., Hofmann, A., Rost, C., & Shapiro, F. (2008). EMDR in the treatment of chronic phantom limb pain. *Pain Medicine, 9*, 76-82.

Sherman, R. A. (1997). *Phantom pain*. New York: Plenum Press.

ボディイメージ

Brown, K. W., McGoldrick, T., & Buchanan, R. (1997). Body dysmorphic disorder: Seven cases treated with eye movement desensitization and reprocessing. *Behavioural and Cognitive Psychotherapy, 25*, 203-7.

Buhlmann, U., Cook, L. M., Fama, J. M., & Wilhelm, S. (2007). Perceived teasing experiences in body dysmorphic disorder, *Body Image, 4*, 381-85.

Lochner, C., & Stein, D. J. (2003). Olfactory reference syndrome: Diagnostic criteria and differential diagnosis. *Journal of Postgraduate Medicine, 49*, 328-31.

McGoldrick, T., Begum, M., & Brown, K. W. (2008). EMDR and olfactory reference syndrome: A case series. *Journal of EMDR Practice and Research, 2*, 63-68.

Osman, S., Cooper, M., Hackmann, A., & Veale, D. (2004). Spontaneously occurring images and early memories in people with body dysmorphic disorder. *Memory, 12*, 428-36.

Phillips, K. A. (1991). Body dysmorphic disorder: The distress of imagined ugliness. *American Journal of Psychiatry, 148*, 1138-49.

ADHD と知的障害

Barol, B. I., & Seubert, A. (2010). Stepping stones: EMDR treatment of individuals with intellectual and developmental disabilities and challenging behavior. *Journal of EMDR Practice and Research, 4*, 156-69.

Evans, W. N., Morrill, M. S., & Parente, S. T. (2010). Measuring inappropriate medical diagnosis and treatment in survey data: The case of ADHD among school-age children. *Journal of Health Economics, 29*, 657-73.

Faraone, S. V., & Mick, E. (2010). Molecular genetics of attention deficit hyperactivity disorder. *Psychiatric Clinics of North America, 33*, 159-80.

Mayes, S. D., Calhoun, S. L., & Crowell, E. W. (2000). Learning disabilities and ADHD: Overlapping spectrum disorders. *Journal of Learning Disabilities, 33*, 417-24.

Mevissen, L., Lievegoed, R., & De Jongh, A. (2010). EMDR treatment in people with mild ID and PTSD: 4 cases. *Psychiatric Quarterly*, DOI: 10.1007/s11126-010-9147-x.

Visser, S. N., Lesesne, C. A., & Perou, R. (2007). National estimates and factors associated with medication treatment for childhood attention-deficit/hyperactivity disorder. *Pediatrics, 119*(Supplement 1), S99-S109.

Zuvekas, S. H., Vitiello, B., & Norquist, G. S. (2006). Recent trends in stimulant medication use among U.S. children. *American Journal of Psychiatry, 163*, 579-85.

Chapter 8
家族療法の概要

Bowen, M. (1978). *Family Therapy in Clinical Practice*. New York: Aronson.

Kaslow, F. (2007). Family systems theories and therapeutic applications: A contextual overview. In F. Shapiro, F. Kaslow, & L. Maxfield (Eds.), *Handbook of EMDR and family therapy processes* (pp. 35-75). New York: Wiley.

愛着と大人の関係

Banse, R. (2004). Adult attachment and marital satisfaction: Evidence for dyadic configuration effects. *Journal of Social and Personal Relationships, 21*, 273-82.

Davila, J. (2003). Attachment processes in couple therapy. In S. Johnson & V. Whiffen (Eds.), *Attachment processes in couples and family therapy* (pp. 124-43). New York: Guilford Press.

Johnson, S., & Whiffen, V. (2003). *Attachment processes in couples and family therapy*. New York: Guilford Press.

家族問題の治療

Adler-Tapia, R., Settle, C., & Shapiro, F. (2012). Eye movement desensitization and reprocessing (EMDR) psychotherapy with children who have experienced sexual abuse and trauma. In P. Goodyear-Brown (Ed.), *The handbook of child sexual abuse: Identification, assessment and treatment.* (pp. 229-50) Hoboken, NJ: Wiley.

Bardin, A. (2004). EMDR within a family system. *Journal of Family Psychology, 15*, 47-61.

Brown, S., & Shapiro, F. (2006). EMDR in the treatment of borderline personality disorder. *Clinical Case Studies, 5*, 403-20.

Errebo, N., & Sommers-Flanagan, R. (2007). EMDR and emotionally focused couple therapy for war veteran couples. In F. Shapiro, F. Kaslow, & L. Maxfield (Eds.), *Handbook of EMDR and family therapy processes* (pp. 202-22). New York: Wiley.

Knudsen, N. (2007). Integrating EMDR and Bowen Theory in treating chronic relationship dysfunction. In F. Shapiro, F. Kaslow, & L. Maxfield (Eds.), *Handbook of EMDR and family therapy processes* (pp. 169-86). New York: Wiley.

Shapiro, F. (2001). *Eye movement desensitization and reprocessing: Basic principles, protocols, and procedures* (2nd edition). New York: Guilford Press.

Stowasser, J. (2007). EMDR and family therapy in the treatment of domestic violence. In F. Shapiro, F. Kaslow, & L. Maxfield (Eds.), *Handbook of EMDR and family Therapy Processes* (pp. 243-61). New York: Wiley.

Tofani, L. R. (2007). Complex separation, individuation processes, and anxiety disorders in young adulthood. In F. Shapiro, F. Kaslow, & L. Maxfield (Eds.), *Handbook of EMDR and family therapy processes* (pp. 265-68). New York: Wiley.

Wesselmann, D. (2007). Treating attachment issues through EMDR and a family systems approach. In F. Shapiro, F. Kaslow, & L. Maxfield (Eds.), *Handbook of EMDR and family therapy processes* (pp. 113-30). New York: Wiley.

家庭内虐待

Burke, J. G., Lee, L. C., & O'Campo, P. (2008). An exploration of maternal intimate partner violence experiences and infant general health and temperament. *Maternal Child Health Journal, 12*, 172-79.

Essex, M. J., Klein, M. H., Cho, E., & Kalin, N. H. (2002). Maternal stress beginning in infancy may sensitize children to later stress exposure: Effects on cortisol and behavior. *Biological Psychiatry, 52,* 776-84.

Herman, J. (1992). *Trauma and Recovery: The aftermath of violence-From domestic abuse to political terror.* New York: Basic Books.

Ludermir, A. B., Lewis, G., Valongueiro, S.V., de Araujo, T. V. B., & Araya, R. (2010). Violence against women by their intimate partner during pregnancy and postnatal depression: A prospective cohort study. *Lancet, 376,* 903-10. Published online September 6, 2010 DOI:10.1016/S0140-6736(10)60887-2.

Suglia, S. F., Enlow, M. B., Kullowatz, A., & Wright, R. J. (2009). Maternal intimate partner violence and increased asthma incidence in children: Buffering effects of supportive caregiving. *Arch Pediatr Adolesc Med, 163,* 244-50.

Walker, L. (1979). *The battered woman.* New York: Harper & Row.

戦争で生じたトラウマの影響

Errebo, N. E. (1995). Object relations family therapy and PTSD: Family therapy with four generations of a Vietnam veteran's family. In D. K. Rhoades, M. R. Leaveck, & J. C. Hudson (Eds.), *The legacy of Vietnam veterans and their families: Survivors of war-Catalysts for changes*: Papers from the 1994 National Symposium (pp.420-27). Washington, D.C.: Agent Orange Class Assistance Program.

Riggs, D. S., Byrne, C., Weathers, F., & Litz, B. (1998). The quality of intimate relationships of male Vietnam veterans: Problems associated with posttraumatic stress disorder. *Journal of Traumatic Stress, 11,* 87-101.

Chapter 9
生涯を通じた暴力

Babinski, L. M., Hartsough, C. S., & Lambert, N. M. (1999). Childhood conduct problems, hyperactivity-impulsivity, and inattention as predictors of adult criminal activity. *Journal of Child Psychology and Psychiatry, 40,* 347-55.

Schaeffer, C. M., Petras, H., Ialongo, N., Poduska, J., & Kellam, S. (2003). Modeling growth in boys' aggressive behavior across elementary school: Links to later criminal involvement, conduct disorder, and antisocial personality disorder. *Developmental Psychology, 39,* 1020-35.

薬物乱用

Brown, S. H., Gilman, S. G., Goodman, E. G., Adler-Tapia, R., & Freng, S. (in submission). Integrated trauma treatment: Combining EMDR and seeking safety.

Brown, S., Stowasser, J. E., & Shapiro, F. (2011). Eye movement desensitization and reprocessing (EMDR): Mental health-substance use. In D. B. Cooper (Ed.), *Intervention in mental health-substance use.* (pp. 165-93) Oxford: Radcliffe Publishing.

Kessler, R. C., Sonnega, A., Bromet, E., et al. (1995). Posttraumatic stress disorders in the National Comorbidity Survey. *Archives of General Psychiatry, 52,* 1048-60.

Najavits, L. M. (2002). *Seeking safety: A manual for PTSD and substance use treatment.* New York: Guilford.

Najavits, L. M., Weiss, R. D., & Shaw, S. R. (1999). A clinical profile of women with PTSD and substance dependence. *Psychology of Addictive Behaviors, 13*, 98-104.

Ouimette, P., & Brown, P. (Eds.) (2003). *Trauma and substance abuse: Causes, consequences and treatment of comorbid disorders*. Washington: American Psychological Association.

Ries, R. K., Miller, S. C., Fiellin, D. S., & Saitz, R. (2009). *Principles of addiction medicine (4th edition)*. Philadelphia, PA: Lippincott.

Schneider Institute for Health Policy, Brandeis University for the Robert Wood Johnson Foundation (2001). *Substance abuse: The nation's number one health problem*. Princeton, NJ.

Shapiro, F., Vogelmann-Sine, S., & Sine, L. (1994). EMDR: Treating substance abuse and trauma. *Journal of Psychoactive Drugs, 26*, 379-91.

Zweben, J., & Yeary, J. (2006). EMDR in the treatment of addiction. *Journal of Chemical Dependency Treatment, 8*, 115-27.

ドメスティックバイオレンス

Burke, J. G., Lee, L. C., & O'Campo, P. (2008). An exploration of maternal intimate partner violence experiences and infant general health and temperament. *Maternal Child Health Journal, 12*, 172-79.

Campbell, J. C., et al. (2003). Risk factors for femicide in abusive relationships: Results from a multisite case control study. *American Journal of Public Health, 93*, 1089-97.

Committee on the Judiciary United States Senate, 102nd Congress (1992). *Violence against women: A majority staff report*.

Dutton, D. G. (1998). *The abusive personality: Violence and control in intimate relationships*. New York: Guilford Press.

LaViolette, A. D., & Barnett, O. W. (2000). *It can happen to anyone: Why battered women stay*. Thousand Oaks, CA: Sage.

Ludermir, A. B., Lewis, G., Alves, S. V., de Araujo, T. V. B., & Araya, R. (2010). Violence against women by their intimate partner during pregnancy and postnatal depression: A prospective cohort study, *Lancet, 376*, 903-10, Published online September 6, 2010, DOI:10.1016/S0140-6736(10)60887-2.

Porges, S. W. (2007). The polyvagal perspective. *Biological Psychology, 74*, 116-43.

Rennison, C. M., & Welchans, S. (2000). *Bureau of Justice special report: Intimate partner violence*. Washington, DC: U.S. Department of Justice, Office of Justice Programs. Retrieved July 2, 2004, from http://www.ojp.usdoj.gov/bjs/pub/pdf/ipv.pdf.

Roberts, A. L., McLaughlin, K. A., Kerith, J., Conron, K. J., & Koenen, K. C. (2011). Adulthood stressors, history of childhood adversity, and risk of perpetration of intimate partner violence, *Am J Prev Med, 40*, 128-38.

Seligman, M. E. P. (1975). *Helplessness: On depression, development, and death*. San Francisco: W.H. Freeman.

Stowasser, J. (2007). EMDR and family therapy in the treatment of domestic violence. In F. Shapiro, F. Kaslow, & L. Maxfield (Eds.), *Handbook of EMDR and family therapy processes* (243-61). New York: Wiley.

Umhau, J. C., George, D. T., Reed, S., Petrulis, S. G., Rawlings, R., & Porges, S. W. (2002). Atypical autonomic regulation in perpetrators of violent domestic abuse. *Psychophysiology, 39*, 117-23.

Walker, L. (1979). *The battered woman*. New York: Harper & Row.

子どもに対する性的虐待

Adler-Tapia, R., Settle, C., & Shapiro, F. (2012). Eye movement desensitization and reprocessing (EMDR) psychotherapy with children who have experienced sexual abuse and trauma. In P. Goodyear-Brown (Ed.), *The handbook of child sexual abuse: Identification, assessment and treatment.* (pp. 229-50) Hoboken, NJ: Wiley.

Finkelhor, D. (1994). Current information on the scope and nature of child sexual abuse. *Future Child, 4,* 31-53.

Hanson, R. K., Gordon, A., Harris, A. J. R., Marques, J. K., Murphy, W., Quinsey, V. L., & Seto, M C. (2002). First report of the Collaborative Outcome Data Project on the effectiveness of psychological treatment for sexual offenders. *Sexual Abuse: A Journal of Research and Treatment, 14,* 169-94.

Jeperson, A. F., Lalumiere, M. L., & Seto, M. C. (2009). Sexual abuse history among adult sex offenders and non-sex offenders: A meta-analysis. *Child Abuse and Neglect, 33,* 179-92.

Marques, J. K., Wiederanders, M., Day, D. M., Nelson, C., & van Ommeren, A. (2005). Effects of a relapse prevention program on sexual recidivism: Final results from California's sex offender treatment and evaluation project (SOTEP). *Sexual Abuse: A Journal of Research and Treatment, 17,* 79-107.

McGrath, R. J., Cumming G., Burchard, B., Zeoli, S., & Ellerby, L. (2009). *Current practices and trends in sexual abuse management. The safer society 2002 national survey*. Brandon, VT: Safer Society Foundation.

Pereda, N., Guilera, G., Forns, M., & Gomez-Benito, J. (2009). The prevalence of child sexual abuse in community and student samples: A meta-analysis. *Clin Psychol Rev. 29,* 328-38. Published online: March 5, 2009.

Ricci, R. J. (2006). Trauma resolution using eye movement desensitization and reprocessing with an incestuous sex offender, *Clinical Case Studies, 5,* 248-65.

Ricci, R. J., Clayton, C. A., & Shapiro, F. (2006). Some effects of EMDR on previously abused child molesters: Theoretical reviews and preliminary findings. *The Journal of Forensic Psychiatry & Psychology, 17,* 538-62.

van der Kolk, B. A. (1989). The compulsion to repeat the trauma: Re-enactment, revic-timization, and masochism. *Psychiatric Clinics of North America, 12,* 389-411.

Walker, J. L., Carey, P. D., Mohr, N., Stein, D. J., & Seedat, S. (2004). Gender differences in the prevalence of childhood sexual abuse and in the development of pediatric PTSD. *Archives of Women's Mental Health, 7,* 111-21.

トラウマ、刑務所、精神病質

Caldwell, M., Skeem, J., Salekin, R., & Van Ryoboek, G. (2006). Treatment response of adolescent offenders with psychopathy features: A two-year follow-up. *Criminal Justice & Behavior, 33,* 571-96.

Chakhassi, F., de Ruiter, C., & Bernstein, D. (2010). Change during forensic treatment in psychopathic versus nonpsychopathic offenders. *Journal of Forensic Psychiatry and Psychology, 21,* 660-82.

Department of Policy and Legal Affairs. National Alliance on Mental Illness (n.d.). *A guide to mental illness and the criminal justice system: A systems guide for fami-*

lies and consumers. Arlington, VA: National Alliance on Mental Illness.

Dyer, C. (2010). Re-offending rates are lower among offenders treated in secure hospitals than among mentally ill people held in prison. *British Medical Journal, 341*:c6447 doi: 10.1136/bmj.c6447.

Fazel, S., & Baillargeon, J. (2010). The health of prisoners. *Lancet, 377*, 956-65.

Heide, K. M., & Solomon, E. P. (2006). Biology, childhood trauma, and murder: Rethinking justice. *International Journal of Low and Psychiatry, 29*, 220-33.

James, D. J., & Glaze, L. E. (2006) *Mental health problems of prison and jail inmates.* Bureau of Justice Statistics Special Report, U.S. Department of Justice, Washington, D.C., NCJ 213600.

Kinsler, P. J., & Saxman, A. (2007). Traumatized offenders: Don't look now, but your jail's also your mental health center. *J Trauma Dissociation, 8*, 81-95.

Leon-Carrion, J., & Ramos, F. (2003). Blows to the head during development can predispose to violent criminal behaviour: Rehabilitation of consequences of head injury is a measure for crime prevention. *Brain Injury 15*, 207-16.

National GAINS Center for People with Co-Occurring Disorders in the Justice System (2001). *The prevalence of co-occurring mental health and substance use disorders in jails: Fact sheet series*. Delmar, NY: The National GAINS Center.

Skeem, J. L., Monahan, J., & Mulvey, E. P. (2002). Psychopathy, treatment involvement, and subsequent violence among civil psychiatric patients. *Law and Human Behavior, 26*, 577-603.

Solomon, E. P., & Heide, K. M. (2005). The biology of trauma: Implications for treatment. *Journal of Interpersonal Violence, 20*, 51-60.

van der Kolk, B. A. (1989). The compulsion to repeat the trauma: Re-enactment, revic-timization, and masochism. *Psychiatric Clinics of North America, 12*, 389-411.

Chapter 10, 11
ストレスの影響

Alfonso, J., Frasch, A. C., & Flugge, G. (2005). Chronic stress, depression and antidepressants: Effects on gene transcription in the hippocampus. *Rev Neurosci, 16*, 4356.

Champagne, F. A. (2010). Early adversity and developmental outcomes: Interaction between genetics, epigenetics, and social experiences across the life span. *Perspectives on Psychological Science, 5*, 564-74.

Epel, E. S., Blackburn, E. H., Lin, J., Dhabhar, F.S., et al. (2004). Accelerated telomere shortening in response to life stress. *PNAS, 101*, 17312-15.

McEwen, B. S. (2007). Physiology and neurobiology of stress and adaptation: Central role of the brain. *Physiol Rev, 87*, 873-904.

Ortega, F. B., Lee, D., Sui, X., Kubzansky, L. D., Ruiz, J. R., et al. (2010). Psychological well-being, cardiorespiratory fitness, and long-term survival. *Am J Prev Med, 39*, 440-48.

Sapolsky, R. M. (2004). Organismal stress and telomeric aging: An unexpected connection. *PNAS, 101*, 17323-24.

Simon, N. M., Smollera, J. W., McNamara, K. L., Master, R. S., et al. (2006). Telomere shortening and mood disorders: Preliminary support for a chronic stress model of accelerated aging. *Biological Psychiatry, 60*, 432-35.

付録 D

ストレス軽減、瞑想、ライフスタイルの変化の利点

Amen, D. (2010). *Change your brain, change your body.* New York: Harmony Books.

Bossini, L., Fagiolini, A., & Castrogiovanni, P. (2007). Neuroanatomical changes after eye movement desensitization and reprocessing (EMDR) treatment in post-traumatic stress disorder. *Journal of Neuropsychiatry and Clinical Neuroscience, 19,* 475-76.

Brown, K. W., Ryan, R. M., & Creswell, J. D. (2007). Mindfulness: Theoretical foundations and evidence for its salutary effects. *Psychological Inquiry, 18,* 211-37.

Davidson, R. J., Kabat-Zinn, J., Schumacher, J., Rosenkranz, M., Muller, D., Santorellie, S. F., et al. (2003). Alterations in brain and immune function produced by mindfulness meditation. *Psychosomatic Medicine, 65,* 564-70.

Doidge, N. (2007). *The brain that changes itself: Stories of personal triumph from the frontiers of brain science.* New York: Penguin.

Dunn, A. L., et al. (2005). Exercise treatment for depression: Efficacy and dose response. *American Journal of Preventive Medicine, 28,* 1-8.

Dusek, J. A., Out, H. H., Wohlhueter, A. L., Bhasin, M., Zerbini, L. F., et al. (2008). Genomic counter-stress changes induced by the relaxation response. *PLoS ONE 3(7):* e2576. doi:10.1371/journal.pone.0002576.

Jazayeri, S., et al. (2008). Comparison of therapeutic effects of omega-3 fatty acid eicosa-pentaenoic acid and fluoxetine, separately and in combination, in major depressive disorder. *Australian and New Zealand Journal of Psychiatry, 42,* 192-98.

Kabat-Zinn, J. (2005). *Coming to our senses.* New York: Hyperion.

Levine, S. (1991). *Guided meditations, explorations and healings.* New York: Anchor.

McEwen, B. S. (2007). Physiology and neurobiology of stress and adaptation: Central role of the brain. *Physiol Rev, 87,* 873-904.

Siegel, D. (2010). *Mindsight: The new science of personal transformation.* New York: Bantam.

Siegel, D. J. (2007). *The mindful brain: Reflection and attunement in the cultivation of well-being.* New York: W. W. Norton.

Servan-Schreiber, D. (2004). *The Instinct to Heal: Curing stress, anxiety and depression without drugs and without talk therapy.* New York: Rodale.

不安、心象、パフォーマンス向上

Burton, D. (1988). Do anxious swimmers swim slower? Reexamining the elusive anxiety-performance relationship. *Journal of Sports and Exercise Psychology, 10,* 45-61.

Barker, R. T., & Barker, S. B. (2007). The use of EMDR in reducing presentation anxiety. *Journal of EMDR Practice and Research, 1,* 100-108.

Foster, S., & Lendl, J. (1995). Eye movement desensitization and reprocessing: Initial applications for enhancing performance in athletes. *Journal of Applied Sport Psychology, 7* (Supplement), 63.

Foster, S., & Lendl, J. (2007). Eye movement desensitization and reprocessing: Four case studies of a new tool for executive coaching and restoring employee performance after setbacks. In R. R. Kilburg & R. C. Diedrich (Eds.), *The Wisdom of Coaching.* Washington, D.C: American Psychological Association Press.

Gould, D., & Tuffey, S. (1996). Zones of optimal functioning research: A review and critique. *Anxiety, Stress & Coping, 9,* 53-56.

Hall, C. (2001). Imagery in sport and exercise. In R. Singer, H. Hausenblas, & C. Janelle (Eds.), *Handbook of sport psychology* (pp. 529-49). New York: Wiley.

Murphy, S. M., Jowdy, D. P., & Durtschi, S. K. (1990). *Imagery Perspective Survey: U.S. Olympic Training Center*. Unpublished manuscript. U. S. Olympic Training Center.

Orlick, T., & Partington, J. (1988). Mental links to excellence. *The Sport Psychologist, 2*, 105-30.

Post, P. G., Wrisberg, C. A., & Mullins, S. (2010). A field test of the influence of pre-game imagery on basketball free throw shooting. *Journal of Imagery Research in Sport and Physical Activity, 5*, Available at: http://www.bepress.com/jirspa/vol5/iss1/art2 DOI: 10.2202/1932-0191.1042.

Szpunar, K. K., Watson, J. M., & McDermott, K. B. (2007). Neural substrates of envisioning the future. *PNAS, 104*, 642-47.

Wilson, G., Taylor, J., Gundersen, F., & Brahm, T. (2005). Intensity. In J. Taylor & G. Wilson (Eds.), *Applying sports psychology: Four perspectives* (pp. 33-49). Champaign, IL: Human Kinetics.

ストレス軽減とパフォーマンス向上の手続き

Hays, K. F., & Brown, Jr., C. H. (2004). *You're on! Consulting for peak performance*. Washington, D.C.: American Psychological Association.

Lendl, J., & Foster, S. (2003). EMDR: *Performance enhancement for the workplace: A practitioner's guide*. Hamden, CT: EMDR-HAP.

Levine, S. (1991). *Guided meditations, explorations and healings*. New York: Anchor.

Lohr, B. A., & Scogin, f. (1998). Effects of self administered visuo-motor behavioral rehearsal on sports performance of collegiate athletes. *Journal of Sport Behavior, 21*, 206-18.

May, R. (2010). Sport performance interventions. In I. Weiner & W. E. Craighead (Eds.), *The Corsini encyclopedia of psychology* (4th edition). Vol.4 (pp. 629-32). Hoboken, NJ: Wiley.

Orlick, T. (2007). *In pursuit of excellence*. Champaign, IL: Human Kinetics.

Shapiro, E. (2009). Four elements exercise for stress management. In M. Luber (Ed.), *EMDR scripted protocols*. New York: Springer.

Shapiro, F. (2001). *Eye movement desensitization and reprocessing: Basic principles, protocols and procedures* (2nd ed.). New York: Guilford Press.

Shapiro, F. (2006). *EMDR and new notes on adaptive information processing*. Camden, CT: EMDR Humanitarian Assistance Programs.

EMDR の世界的展開

Abbasnejad, M., Mahani, K. N., & Zamyad, A. (2007). Efficacy of"eye movement desensitization and reprocessing"in reducing anxiety and unpleasant feelings due to earthquake experience. *Psychological Research, 9*, 104-17.

Aduriz, M. E., Bluthgen, C., & Knopfler, C. (2009). Helping child flood victims using group EMDR intervention in Argentina: Treatment outcome and gender differences. *International Journal of Stress Management, 16*, 138-53.

Brown, L. (2008). *Cultural competence in trauma therapy: Beyond the flashback*. Washington, DC: American Psychological Association.

EMDR Humanitarian assistance Programs (2010). Accomplishments and efforts world-wide. http://www.emdrhap.org.

Fernandez, I., Gallinari, E., & Lorenzetti, A. (2004). A school-based EMDR intervention for children who witnessed the Pirelli building airplane crash in Milan, Italy. *Journal of Brief Therapy, 2,* 129-36.

Jarero, I., Artigas, L., Montero, M., & Lena, L. (2008). The EMDR integrative group treatment protocol: Application with child victims of a mass disaster. *Journal of EMDR Practice and Research, 2,* 97-105.

Konuk, E., Knipe, J., Eke, I., Yuksek, H., Yurtsever, A., & Ostep, S. (2006). The effects of EMDR therapy on post-traumatic stress disorder in survivors of the 1999 Marmara, Turkey, earthquake. *International Journal of Stress Management, 13,* 291-308.

Shapiro, F., & Solomon, R. (1995). Eye movement desensitization and reprocessing: Neurocognitive information processing. In G. Everley (Ed.), *Innovations in Disaster and Trauma Psychology, Vol. 1* (pp. 216-237). Elliot City, MD: Chevron Publishing.

Silver, S. M., Rogers, S., Knipe, J., & Colelli, G. (2005). EMDR therapy following the 9/11 terrorist attacks: A community-based intervention project in New York City. *International Journal of Stress Management, 12,* 29-42.

Solomon, R. M., & Rando, T. A. (2007). Utilization of EMDR in the treatment of grief and mourning. *Journal of EMDR Practice and Research, 1,* 109-17.

Sprang, G. (2001). The use of eye movement desensitization and reprocessing (EMDR) in the treatment of traumatic stress and complicated mourning: Psychological and behavioral outcomes. *Research on Social Work Practice, 11,* 300-320.

Wadaa, N. N., Zaharim, N. M., & Alqashan, H. F. (2010). The use of EMDR in treatment of traumatized Iraqi children. *Digest of Middle East Studies, 19,* 26-36.

Zaghrout-Hodali, M., Alissa, F., & Dodgson, P. W. (2008). Building resilience and dismantling fear: EMDR group protocol with children in an area of ongoing trauma. *Journal of EMDR Practice and Research, 2,* 106-13.

索　引

■A〜Z

ADHD 140, 141, 142, 277
EMDR 「臨床家やセラピスト」も参照
　治療の3段階 222, 223
　CBTとの比較 24, 39
　―で使用する眼球運動 18, 20, 21, 23, 25, 264
　―と精神力動の比較 38
　―による記憶処理 11, 13, 23, 24, 26, 41, 50
　―による人格の変化 33, 51
　―の作用メカニズム(の仕組み) 4, 5, 19, 23, 24, 29, 32, 263, 268
　―の初期の研究 19
　―の発見 18
　―の幅広い効果 22, 23, 29, 30
　―の有効性 19, 21, 23, 24, 29, 53
　―の臨床家コミュニティによる評価 21
　不適切な反応と適切な反応 41, 47, 48
　プロセスの概要 4, 255
　略語の説明 18, 21
　―を使用したPTSD研究 22-23
　―を証明する研究 20, 22, 53, 197, 237, 261
EMDR人道的支援プログラム (HAP) 186, 247, 252, 258
HAP 247, 248, 252, 258, 259
PTSD 104-109
　海馬と― 22, 23
　地震後の― 25, 28, 29
　退役軍人や救急隊員の― 8, 59, 105, 106
　他人の立場を想像したトラウマ 105, 134
　小さな体験による症状 8, 58
　―に伴う安全ではない/弱い 100, 114
　―に伴うパニック障害 59
　―の原因となる子ども時代の出来事 28, 33, 58, 230
　―のさまざまな症状 7, 22, 23, 104, 106, 129
　―の診断 7, 108, 230
　―の調査におけるセラピストの必要性 111, 117
　―の背後にある未処理の記憶 28, 100, 230
　飛行機事故後の― 102, 202
　―を使用したEMDR研究 20, 22, 23, 29

REM睡眠 16, 19, 23, 25, 265, 268
TICESログ 73, 74, 75, 117, 213, 215, 251, 253, 254
　―のC（認知） 73
　―のE（感情） 73
　―のI（情景） 73
　―のS（感覚またはSUD） 74
　―のT（引き金） 73

■あ行

アルコール依存症 「薬物の使用と依存症」参照
安全/穏やかな場所のテクニック
　基本テクニック 42
　肯定的な感情に結び付ける 118
　肯定的な記憶と― 42, 85-86
　呼吸シフトのテクニックと― 45, 47
　困難な状況に備える 120
　自分を表現するための― 174
　人生の困難に対処するための― 74
　―でニュートラルに戻る 64, 70, 74
　―に反応しない複雑な障害 61
　―の効果を試す 44
　―の日常的利用 54, 173
　―の用途 44, 85
　光の流れのテクニックと― 145, 252
　不快な記憶を閉じる 120
　両側性刺激と― 45
安全ではない/弱い 「不安と恐怖」「PTSD」も参照
　EMDR処理の第2のカテゴリーとしての― 109
　恐怖症 100, 102, 114
　肯定的な子ども時代の例 118-119
　症例の経過 9-11, 31, 50-53, 98-99, 102-104, 114-115
　性的虐待 109-113
　―に起因する面倒見の悪さ 113
　―に対処する肯定的認知 60, 120
　―による二次的利得 104
　―のための自己ケア 118-121
　幅広い問題 100
　否定的認知 68, 100, 109, 114-115
　不安定な愛着と― 99, 152
安全の問題 「安全ではない/弱い」参照

依存症 「薬物の使用と依存症」参照
痛み 「身体的問題」も参照
　精神的状態の身体症状への転換 30, 123, 131, 132
　―に対処する光の流れのテクニック 144-145
　偏頭痛 131
　幻 128, 129, 130, 132, 276
　慢性的痛み 1, 18, 128, 139
遺伝的問題
　愛着スタイルと― 78
　依存症になりやすい遺伝的性質 181
　環境的ストレスに対する反応性 78, 126
　精神障害と― 11, 58
　経験的問題と― 147-148
　―の引き金を引く未処理の記憶 205,
うつ 51-53, 86, 89, 118-119
オメガ3脂肪酸 213

■か行
海馬 22, 23
家族 「人間関係の問題」参照
家庭内虐待 4, 9, 88, 91, 109, 110, 160, 186, 190, 209, 278
感情スキャンのテクニック 63, 70, 71, 75, 223, 251
記憶の回復 59, 61, 86
記憶（未処理な）「試金石記憶」も参照
　一般的な記憶ネットワークからの隔離 17, 90
　苦痛の結果としての― 8, 11
　現在の問題に関係する記憶の数 61
　処理された記憶と―の違い 30, 58
　処理の定義 4
　成長後の症状の基盤となる子ども時代の― 181, 206, 208
　―とともに保存される感情、感覚、思い込み 3, 17
　―に対するEMDRの作用 24-30
　―によるPTSD 30
　―による身体的な反応 72
　不安の引き金としての― 60, 144, 161
　不快な記憶を閉じる 120
　変化に遅すぎることはない 50
傷つきやすさ 「安全ではない/弱い」参照
絆と愛着 「不安定な愛着スタイル」も参照
　赤ん坊と絆を作らない父親 80
　赤ん坊と絆を作らない母親 80, 81, 82

安全ではない/弱い 99, 152
安定した愛着スタイル 82
　産後の気分と― 79, 80
　試金石記憶の特定 94-95
　自己ケア 95-96
　症例の経過 77-78, 81-82, 82-83, 84, 88-91
　責任と― 89, 99
　人間関係の問題と― 148-150, 151-152
　パニック障害と― 126
　不安定な愛着スタイル 81, 82, 83, 84, 98, 148, 149, 194
　分離の原因 79, 80
　両親との三角関係 165-166
ギャング 189, 190
急速眼球運動（REM）睡眠 16
恐怖 「不安と恐怖」参照
恐怖症 「不安と恐怖」も参照 97, 100, 101, 102, 104, 114, 117, 201, 232, 273
拒絶型の愛着スタイル 83, 149
空気、4つのエレメントのテクニック 216, 217, 252
グリーフ 238
結婚 「人間関係の問題」参照
幻肢痛 128, 130, 132, 135, 276
高圧洗浄機のテクニック 47, 55, 73, 213
抗うつ剤 53, 78, 213, 218, 271
交互に叩くことによる両側性刺激 21, 45, 54, 85, 106, 120, 162, 213, 248, 251
肯定的認知 68, 69, 157, 219, 224, 226, 240, 241, 242
行動実験 39, 101
呼吸シフトのテクニック 44, 45, 54, 61, 70, 71, 74, 92, 221
呼吸のテクニック 213, 220
　呼吸シフト 47, 63, 64, 73, 87, 94, 95, 120, 172, 251
　センタリング 221-222
　不快な記憶を閉じる 23, 24, 222
　腹式呼吸 95, 114, 252
子どもとの同調不足 「不安定な愛着スタイル」参照
コントロール/力がない
　EMDR処理の第3カテゴリーとしての 109
　家庭内虐待 155-158, 190
　衝動と― 116
　症例の経過 13, 31, 115-116, 129-130, 154-158

ストレスと― 226, 274
選択できない 12-13, 112-113
内的統制の所在と― 115
―に対処する肯定的認知 68
否定的認知 68, 115, 117
不安と恐怖の軽減 120-121
無力感と― 115-117
コントロールの問題 「コントロール/力がない」参照

■さ行
死
　自分の―と向き合う 242-244
　に対する怒り 238-239
　に対する恐怖 137-139, 139-140
　喪 238
試金石記憶 「記憶（未処理）」も参照
　責任の問題に対処するための―の特定 94-95
　定義 251
　―に結び付く多くの体験 51-52
　―に結び付く記憶のネットワーク 72
　―の引き金となる現在の状況 62
　プロの手助けが必要なときを判断する 61
試金石リスト
　最近の悩みについての―の作成 63
　仕事の業績と― 22
　漂い戻りテクニックと― 70-71
　定義 251
　―における否定的認知 67
　―を構築するための TICES ログ 253
自己ケア
　安全ではない/弱い 68, 100, 102, 114
　ストレス 213-215, 220-224
　責任の問題 95-96
自己非難
　性的虐待に関する― 105, 109, 131
　病気に関する― 137-139
自尊心の問題 「責任の問題（欠陥がある）」参照
児童虐待 「不安定な愛着スタイル」も参照
　症例の経過 65-66, 67-70, 198-199
　性的― 109-112, 160
　性的虐待者 195-201
　責任の問題と― 88-91
　後の関係の問題と― 152-154, 160-164
　無秩序型愛着と― 83-84

死に伴う悲嘆 236-238
社会 「文化と社会」参照
宗教とスピリチュアリティ 240-246
　死に向き合う 242-244
　スピリチュアルな断絶 240-241
　罪深さ 241-242
　―の自己探求 244-246
集中するテクニック 221
主観的障害単位（SUD）スケール 251
人格に対する EMDR の影響 30
信仰 「宗教と精神性」参照 242-244
心身的問題 「身体の問題」参照 18, 76, 143
身体的問題 「ストレス」も参照 18, 76, 143
　ADHD 140, 141, 142, 277
　外見 136-137
　感覚や効果の範囲 127, 128
　幻肢痛 128, 129, 130, 132, 135, 276
　幻痛 131-132
　心と身体の結び付き 127, 131-132, 134-135
　子ども時代の恥と― 135-137, 143-144
　死に対する恐怖 97, 138
　身体化 30
　身体的治療に対する誤った探索 137
　性的問題 132
　摂食障害 1, 10, 136
　喘息 126, 127, 276
　臭いと汗 135
　脳と身体の結び付き 15, 76
　―の自己探求 143-144
　―の精神身体医学的側面 135
　パニック障害 124, 125, 127, 206, 275
　片頭痛 131
　慢性的な痛み 128, 139
　醜さに関する羞恥心 135
心的外傷後の成長 246
睡眠
　REM 16, 19, 23, 25, 268
　不眠 106, 129, 145, 240, 252
ストレス
　遺伝的問題と― 48, 78
　家族と人間関係における 206-208
　幸福と―軽減 224-227
　コントロールの問題と― 194, 210
　職場の― 209-211, 218-221, 224-227
　出来事の日付と― 212, 215
　―に対する自己ケア 213-215, 220-224
　パニック障害と― 206

―理解のためのタイムライン 215-216
　―を軽減する4つのエレメント 216, 217, 252
　―を軽減する自己意識 4, 50, 82, 213
スパイラルテクニック 86-87, 93
スピーチに対する恐怖 100, 124
成功のリハーサル 222
精神性 「宗教と精神性」参照
精神的状態の身体症状への転換 30, 123, 131, 132
精神力動療法 38
性的虐待
　EMDR処理のカテゴリー 110
　虐待者による否認 196
　自己非難 104, 197
　児童虐待 109-112, 160
　児童虐待者 195-201
　症例の経過 109-111
　助けを得る 111
　被害者の非難 197, 198
　レイプ 112-113
性的パフォーマンスの問題 198, 199
責任の問題（欠陥がある）67, 68, 87-96
　EMDR処理の最初のカテゴリーとしての― 110
　愛着スタイルと― 87-95
　試金石記憶の特定 60-64
　症例の経過 33-34, 49-50, 88-91, 225-226
　―に対処する肯定的認知 67-69
　―に対処する自己ケア 95-96
　―に対処する準備 94
　人間関係の問題と― 166-167, 168-170
　否定的認知 68, 88-91, 91-93
　醜さに関する羞恥心 135
摂食障害 1, 10, 136
セラピスト 「臨床家かセラピスト」参照
喘息 126, 127, 276

■た行
大地、4つのエレメントのテクニック 216, 217, 252
タイムアウト計画 159
タイムライン 215, 251, 254
「ダメ」と「ヨシ」の実験 36, 37
漂い戻りのテクニック
　感情スキャンと― 70-71
　身体的問題を探索する― 143-144
　―による試金石記憶の特定 94-95
　の後でニュートラルに戻る 64, 71
　の指示 71
　を利用する際のアドバイス 118
力の問題 「コントロール/力がない」参照
注意欠陥・多動性障害（ADHD）140
適応的解決 16, 28
適応的情報処理 17, 25, 40, 42
テクニックとツール 「各種」も参照 251-254
飛ぶことに対する恐怖 38-41
とらわれ型の愛着スタイル 83, 151

■な行
内的統制の所在 115
泣くこと、―に対する恐怖 26-30, 103-104
二次的利得 104
人間関係の提案
　寛大になる 174
　計画の作成と合意 159
　傾向を探す 159
　原因を探す 133, 173
　コミュニケーションスキル 150, 193
　タイムアウト計画 159
　助けを求める 148, 164
　常に心を開く 174
　引き金を知り、伝える 159
人間関係の問題 「反社会的行動」も参照
　愛着スタイルと― 148-152
　―家族からの断絶 230-233
　家族との― 163-165
　家庭内虐待 278
　子ども時代の虐待と― 152-154, 160-163
　子ども時代のトラウマと― 9-12
　責任の問題と― 166-171
　ネットワークの衝突 30-32
　の多さ 148
　―の拒否 168
　―の自己探求 174-175
　見捨てられることへの対する恐れ 3-4
　両親との三角関係と 165-166
認知行動療法（CBT）39
濡れたスポンジのテクニック 47, 252
脳 「無意識」も参照
　海馬とPTSD 22-24
　―が作る複数の結び付き 33-34
　自動的反応 1-14, 21, 31, 42, 52, 80, 83, 84, 96, 177
　身体的問題と― 18, 76

心身的問題 123-124, 127
—による治癒 16, 19, 76, 225, 238
—による適応的解決 16, 28
—の働きによる無意識 2, 3, 4, 5
パニック障害と— 124-125, 127
非合理な反応 7

■は行

パーソナルテーブル 253, 254
破壊的な行動 「反社会的行動」参照 177, 182, 201
暴露療法 101
恥 「責任の問題（欠陥がある）」参照
「はず」「こうであるべき」 57, 70, 210
バタフライハグのテクニック 45, 119, 120, 213, 247, 248, 251, 271
パニック障害 124, 125, 127, 206, 275
バラは赤い…… 1, 2, 7, 34, 111, 212, 295, 296
ハロー効果 52
反社会的行動 「児童虐待」「人間関係の問題」「性的虐待」も参照
　家庭内虐待 154-161, 278
　ギャング 189, 190
　性的虐待者 178, 196, 197, 200
　—に対する罰 181
　—に必要な理解 177-178, 181, 186-187, 201, 202
　—の治療可能な性質 201-202
　暴力への依存 154-159
　薬物の使用と依存症 181-187, 230-233, 279
　幼稚園児の— 178-182
火、4つのエレメントのテクニック 217, 252
光の流れのテクニック 144-145, 252
否定的認知 65-69
　TICES ログにおける— 73-76
　記憶へのアクセス 70-76
　自分をどう感じるかに関する— 65-66
　説明と— 65-66
　定義 65
　—と安全ではない／弱い 68
　—とコントロール／力がない 68
　—と責任の問題 68
　—によって明らかになる未処理の記憶 66, 73-76
　—によって説明される最悪の瞬間 67
　—のカテゴリー 67, 68
　—の特定 67-69
　—のリスト 68
非難
　EMDR は—ではない 12
　依存症の責任は自制心の欠如にあるという— 184-185
　自責 109, 197, 198, 237
　被害者への非難 197
　理解による—の緩和 177
不安定な愛着スタイル
　拒絶型の愛着 83, 149
　試金石記憶の特定 94-95
　症例の経過 82-84
　責任の問題と— 88-91
　定義 82
　とらわれ型の愛着 83, 151
　人間関係の問題と— 148-150, 151-152, 163-164
　—の影響の逆転 84-85
　—の自己ケア 95-96
　無秩序型の愛着 83, 84
不安と恐怖 「コントロール／力がない」「安全ではない／弱い」「PTSD」も参照
　犬と小動物に対する— 97, 101, 103, 140
　恐怖症 97, 100-102, 104, 114, 117, 201, 232, 273
　車の運転に対する— 102
　公共交通に対する— 102
　死に対する— 137-142
　スピーチに対する— 100, 124
　成績に関する— 222, 223, 226, 227
　注意に対する— 218-219
　飛ぶことに対する— 38-40
　泣くことに対する— 26-30, 103-104
　—の有用性と自然さ 97
　バタフライハグによる—の軽減 45, 119-120, 251
　パニック障害 124, 125, 127, 206, 275
　太腿を交互に叩くことによる—の軽減 45, 120
　ヘビに対する— 100-104
　見捨てられることに対する— 1, 3, 4, 9, 10, 125, 151, 161, 206, 219
腹式呼吸のテクニック 95, 114, 252
復讐 238
物質乱用 「薬物の使用と依存症」参照 181, 182

太腿を交互に叩く 45, 54, 85, 120, 213, 248
文化と社会
　家族との断絶 230-233
　死と悲嘆 236-238
　宗教と精神性 239-242
　他人に対する共感 246-249
　偏見 232, 235, 236
ペンキ缶のテクニック 64, 73, 93, 120, 213, 252
偏見 232, 235, 236
片頭痛 131
ホーンズ効果 235

■ま行
漫画のキャラクターのテクニック 46, 64, 73, 213, 252
慢性的な痛み 128, 139, 206, 208
未処理の記憶 「記憶（未処理）」参照
水、4つのエレメントのテクニック 216, 217, 252
見捨てられること、―に対する恐怖 9, 10, 125
未来の鋳型 222, 223, 224, 226, 227, 252
無意識 2, 3, 4, 5, 13, 69
無秩序型の愛着と― 83, 84
無秩序型の愛着スタイル 83, 84
瞑想 32, 42, 121, 240, 241, 244, 245, 246, 252, 253, 283

■や行
薬物依存症専門裁判所プログラム 182, 183, 184
薬物の使用と依存 181-190
　依存行動 185-190
　依存症になりやすい遺伝的性質 181
　家族との断絶と― 186-190
　助けを求める 184
　―に必要な理解 185-186
　―に不十分な自制心 185
　パニック障害と― 185-186
　未治療のトラウマと― 181-182
　薬物依存症専門裁判所プログラム 182, 183, 184
誘導ビジュアリゼーション 245
「ヨシ」と「ダメ」の実験 36, 37
4つのエレメントのテクニック 216-217, 252

■ら行

両親との三角関係 165-166
臨床家かセラピスト（専門家）
　PTSD治療に必要な― 25, 29
　うつに対応する― 86
　―が必要かどうかの判断 61, 75-76, 118
　―との協力 255
　―の選択 255, 256
　療法とトレーニングリソース 256-258
レイプ　「性的虐待」も参照 112

監訳者あとがき

本書は『*Getting Past Your Past-Take Control of Your Life with Self-Help Techniques from EMDR Therapy*』の全訳である。1987年にこの方法が発見されてから25年目に本書の原書が出版され、遅れること5年、発見から30年を経て日本語版が発刊される。この間のEMDRの歩みは、いろいろ論争はあったとはいえ、着実に世界中に広まったと言える（本文中には過去20年で7万人のセラピストが訓練を受けたと記述がある）。日本でも日本EMDR学会の会員は1,300名を越え、増え続けている。

Self-Help Techniquesとあるように、EMDRの考え方に則った自分でできる自己啓発本の作りとなっている。こうした目的の書籍が出ることは画期的であり、EMDRを取り巻く世界がまたワンランクアップすることとなるだろう。EMDRはしっかり訓練を受けた専門家が施す専門的な治療技法であるが、安定化、感情のコントロールの方法などは読者のみなさん自身でもぜひ身につけて、役立ててほしいところだ。EMDRについて、またトラウマの与える影響について読者のみなさんが理解し、EMDRの準備作業を実施してもらうことは大いに治療の助けとなる。ただし、注意していただきたいのは過去を見渡す作業は誰にでも簡単と言えるものではないことだ。幼少期からの根深いトラウマを抱えた方には、振り返る作業だけでも苦痛が膨らむことを憶えておいてほしい。そういう方は無理せずに、躊躇なく専門家の援助を受けてもらいたい（p.257 日本EMDR学会のHP参照）。そうでない方には、自己探求は大変興味深い経験となるだろう。

本書の翻訳をShapiroから提案された時、「日本語で『バラは赤い、スミレは青い』に当たる言葉はあるのか」と質問された。まだ、本書を読んでいない時点だったので、「桃栗3年、柿8年」でも「犬も歩けば棒に当たる」でもいいのではないかと思った。前半を聞けば、反射的に後半が浮かぶものと解釈した。日本人に馴染みのあるものに置き換えたほうが、より読者に身近に感じてもらえるのではないかと思ったものだった。しかし、この本を通じて、『バラは赤い、スミレは青い』は何回も繰り返される。日本人にとっては、この2対の言葉や、その結びつきに必然性はないのだが、マザーグースの詩に親しんで育

ったアメリカ人にとっては、バラは「赤い」し、その次に出てくるのは、「スミレ」と決まっているし、そして、スミレは「青い」のだ。わざわざ断る必要もないと思うが、アメリカにも白いバラも、黄色いバラもある。スミレだって、ピンクも、紫もある。しかし、慣れ親しんだフレーズは、無批判に、反射的に出てくる。

これが示しているのは、我々が、自身の意思とは関係なく出てくる、反射的な反応に支配されていることがあるというものだ。さらには、子どものときに取り入れたものが、実は真実ではない場合もあるということも示している。ある特定の状況への恐怖反応は、身につけた小さい時には必然性があったが、大人である今には、必要がないかもしれない。このような含蓄のある『バラは赤い、スミレは青い』なので、無闇に別フレーズに置き換えることは諦めた。さらに言えば、桃、栗、柿、犬どれもバラやスミレほどの美しさはない。

Getting Past Your Past は、「過去をきちんと過去にする」と訳した。例えば、フラッシュバックに苦しむ人にとって、出来事は実際には遠い昔に起こっていても、フラッシュバックの瞬間にタイムスリップして、今現在として、その出来事を体験してしまう。遠い昔のことが、今の反応や行動を支配している。過去が現在になってしまっているのだ。EMDRで治癒がもたらされた人は、「ようやく、過去だとわかりました」とおっしゃる。ここで問題になっているのは、「知っていること」と「わかること」の違いである。頭のレベルと体のレベル、大脳皮質のレベルと辺縁系のレベルと言い換えてもいいかもしれない。体のレベルでわかること、無批判な反射を変えることができるのがEMDRである。

本書にはキラ星のごとくに多くの症例が掲載されている。世界中のEMDRコミュニティの臨床家が協力することで集められた症例である。Shapiroも記しているように、この数多い症例の中に、あなたと似た症例が見つかるといいと思う。自身もこんなふうに癒される可能性があると感じていただきたい。

出てくる症例の名前はたしかに日本人の名前ではない。しかし、出て来る症例には共通項を見いだせることは多い。DVや虐待、それに対するEMDRに文化差はほとんどない。小さな頃のささいなトラウマ、それに対するEMDRにも文化差はほぼないと言えるだろう。イ

ラク帰還兵の話などは日本とは遠い世界のように聞こえるかもしれないが、日本にも太平洋戦争の「生き残り」の方もいれば、国連の平和維持軍から帰還した隊員もいる。東日本大震災で遺体の回収を行った自衛隊員も、消防士も、事務方の公務員も、深い心の傷を負っている。EMDR は彼らに対しても十分成果を上げられる。ストレスと身体の関係、薬物依存、加害者臨床、死別も、それへの EMDR 適用も日本文化と異なる点はほとんど見当たらない。本書の症例を対岸の火事とせずに学ぶことが必要だろう。

　本書をぜひとも手にしてほしいのは、EMDR の専門家、EMDR に興味のある臨床家、EMDR に興味のある学生諸君、EMDR を受けてみたい方々、EMDR が何か知りたい方々である。また、トラウマについて知りたい方、過去の記憶と今の自分の関係に興味のある方、心と身体の関係に興味のある方、なぜかわからないが、ある場面で不安が出て来る方、なんらかの苦手意識のある方、自身をコントロールできない感じのある方にも役に立つだろう。

　本書は Shapiro が彼女の生涯をかけて取り組んできた一大プロジェクトの記録である。そのプロジェクトの末席に本書が連なるであろうと勝手に確信し、その栄誉を誇りと思っている。

　最後になったが、本書の完成に向けて終始丁寧にご助力頂いた二瓶社の宇佐美社長に深謝したい。

2017 年　初夏

市井雅哉

■ 著者・監訳者

フランシーン・シャピロ

米国カリフォルニア州パロアルトの精神研究所の上級研究員およびMEDR研究所の所長を務め、非営利団体のEMDR人道支援プログラムの設立者でもある。EMDR創始者として、心理療法のための国際ジークムント・フロイト賞（ウィーン市）、トラウマ心理学実践への卓越した貢献に対するトラウマ心理学部門賞（アメリカ心理学会）、心理学における卓抜した科学的業績賞（カリフォルニア心理学会）を受賞。世界中の心理学関連会議や大学での講演に招かれている。

市井　雅哉　いちい　まさや

兵庫教育大学大学院発達心理臨床研究センター教授。本多クリニック、臨床心理士。専門行動療法士。EMDRIA認定コンサルタント。EMDR研究所トレーナー。日本EMDR学会理事長。日本行動療法学会編集委員。EMDR Asia理事。著・訳書に『EMDR革命：脳を刺激しトラウマを癒す奇跡の心理療法　生きづらさや心身の苦悩からの解放』星和書店、『こころの臨床アラカルト(27(2))EMDR－トラウマ治療の新常識』星和書店、『こころの臨床 a・la・carte (18(1)) EMDR－これは奇跡だろうか？』星和書店、『EMDR―外傷記憶を処理する心理療法』二瓶社、『トラウマからの解放：EMDR』二瓶社、『スモール・ワンダー――EMDRによる子どものトラウマ治療』二瓶社、『EMDRがもたらす治癒―適用の広がりと工夫』二瓶社、『こわかったあの日にバイバイ！トラウマとEMDRのことがわかる本』東京書籍、『図説 臨床心理学特別講義―認知行動療法』岩崎学術出版社など。

過去をきちんと過去にする
EMDRのテクニックでトラウマから自由になる方法

2017年8月15日　　第1版 第1刷
2021年12月20日　　　　　　第2刷

著　　者　　フランシーン・シャピロ
監訳者　　市井雅哉
発行所　　(有)二瓶社
　　　　　　TEL 03-4531-9766　FAX 03-6745-8066
　　　　　　e-mail: info@niheisha.co.jp
　　　　　　郵便振替 00990-6-110314
装　幀　　株式会社クリエイティブ・コンセプト
装　画　　shutterstock
印刷製本　　亜細亜印刷株式会社

万一、乱丁・落丁のある場合は購入された書店名を明記のうえ小社までお送りください。送料小社負担にてお取り替え致します。但し、古書店で購入したものについてはお取り替えできません。なお、本書の一部あるいは全部を無断で複写複製することは、法律で認められた場合を除き、著作権の侵害となります。定価はカバーに表示してあります。

©Masaya Ichii, 2017, 2021　Printed in Japan
ISBN 978-4-86108-081-4　C3011

二瓶社好評既刊

EMDR 外傷記憶を処理する心理療法

フランシーン・シャピロ【著】 **市井雅哉**【監訳】

A5判／592ページ／上製本　定価6,800円+税

トラウマからの解放：EMDR

フランシーン・シャピロ／マーゴット・S・フォレスト【著】
市井雅哉【監訳】

A5判／400ページ／上製本　定価4,200円+税

スモール・ワンダー
EMDRによる子どものトラウマ治療

ジョアン・ラベット【著】
市井雅哉【監訳】伊東ゆたか【訳】

A5判／320ページ／並製本　定価3,000円+税

EMDRによる解離性障害・複雑性PTSDの治療
キャロル・フォーガッシュ講義録

キャロル・フォーガッシュ【著】　日本EMDR学会【編】

B5判／96ページ／並製本　定価2,500円+税

二瓶社好評既刊

EMDRがもたらす治癒
適用の広がりと工夫

ロビン・シャピロ ◎ 編

市井雅哉／吉川久史／大塚美菜子 ◎ 監訳

天野玉記／榎日出夫／大澤智子／太田茂行／岡田太陽／菊池安希子／北村雅子／近藤千加子／仁木啓介／福井義一／布施晶子／本間美紀／蓑和路子／森貴俊 ◎ 訳

A5判／480ページ／上製本　定価 ◎ 5,400円+税

目次　臨床の助けとなるケースが盛りだくさんの1冊です！

第1章	EMDRの戦略的発達モデル
第2章	EMDR実践に資源の開発の戦略を統合する
第3章	解離性同一性障害（DID）、特定不能の解離性障害（DDNOS）、自我状態を持つクライエントに対するEMDR
第4章	解離を伴うクライエントにおけるEMDR処理：オピオイド拮抗薬による補助療法
第5章	幻肢痛プロトコル
第6章	両手の編み込み
第7章	DeTUR、アディクションおよび機能不全行動のための衝動低減プロトコル
第8章	報われない愛の苦しみ、共依存、回避、そして先延ばしを取り除くために肯定的な感情をターゲットにすること
第9章	トラウマとトラウマに関連した身体的痛みへの再演プロトコル
第10章	文化的、そして世代的取り入れへのEMDR
第11章	「むちゃ食い・ダイエットサイクル」からの脱出
第12章	トラウマと虐待の回復グループにおけるEMDRとDBTの使用
第13章	カップルセラピーにおけるEMDRの利用
第14章	知的障害のあるクライエントとのEMDR
第15章	EMDRで不安障害を扱う
第16章	アート、プレイ、ストーリーテリングによる子どもの感情調節